玩笑三国系列之二

白马晋一　著

别说你懂三国

中国发展出版社
CHINA DEVELOPMENT PRESS

图书在版编目（CIP）数据

别说你懂三国/白马晋一著．—北京：中国发展出版社，2014.3

ISBN 978－7－5177－0047－0

Ⅰ.①别…　Ⅱ.①白…　Ⅲ.①中国历史—三国时代—通俗读物Ⅳ.①K236.09

中国版本图书馆CIP数据核字（2013）第270795号

书　　名：别说你懂三国
著作责任者：白马晋一
出版发行：中国发展出版社
（北京市西城区百万庄大街16号8层　100037）
标准书号：ISBN 978－7－5177－0047－0
经　销　者：各地新华书店
印　刷　者：北京明恒达印务有限公司
开　　本：710mm×1000mm　1/16
印　　张：18.75
字　　数：249千字
版　　次：2014年3月第1版
印　　次：2014年3月第1次印刷
定　　价：35.00元

联系电话：（010）68990642　68990692
购书热线：（010）68990682　68990686
网络订购：http：//zgfzcbs.tmall.com//
网购电话：（010）68990639　88333349
本社网址：http：//www.develpress.com.cn
电子邮件：fazhanreader@163.com

自 序
玩会，你懂的

写三国，纯粹是因为好玩。可惜的是，现代人偏偏却不大懂得玩。其实想想也是，肩负着房贷、养老、医疗几座大山，还得拉着个人资产想方设法跑赢CPI，你不跑，肯定得缩水。途中，还要经过PM2.5、三聚氰胺接二连三地洗礼，好容易有了喘口气的歇点，刚要琢磨一番时间都去哪儿了，却发现总有一位满脸温情的职业美女，拿着话筒一个劲儿追问：“您幸福吗？您哪儿都幸福吗？”你看，连幸福都成问题的时候，谁还有心思玩？

现代人玩不起，并不代表古代人玩不起。而在古代人中，曹操绝对是一个好玩的人，换做现代书面的说法，就是极富有娱乐精神的行为艺术家。曹操不仅好玩，而且玩得起。从曹操穿着开裆裤满街跑开始，无论是王侯将相、文人骚客，还是乡野匹夫，用了近两千年的时间，对其极尽调侃。譬如，同时代有个叫陈琳的，就搞了一篇《为袁绍檄豫州文》，骂尽曹操一家老小；东吴那边，也有好事的文人，编了《曹瞒传》，专挑曹操的花边新闻进行揶揄。到了宋朝，不明真相的民间百姓们，更是毫无保留地把思想升华到“闻刘备军胜而喜，闻曹操军胜而悲”的境界。而在一些戏剧作品里，曹操也大多被小丑化，被直接劈头盖脸地来了一张大白脸。后来，有个叫罗贯中的，干脆顺应民意，编了本《三国演义》，给曹操贴的标签就是赤裸裸的奸贼。被人如此编排，曹操活的时候，没有被气死，曹操死了以后，也没有被气的从墓里活过来。既然没有，说明曹操做人格局大，玩得起。曹操玩得起，那我只好搭了古人留下的顺风车，畅快地来调戏一把。

于是，当你翻开《别说你懂三国》，打头炮的自然就是曹操。在这里，杀杀人、泡泡妞，顺便抢抢地盘，对于曹操来说，都已经LOW爆了，我们的这位大叔，玩得还有更前卫的，譬如，玩玩盗墓。盗墓的小伙伴们，还有公务员编制的，比如“摸金校尉”。盗墓的钱用来干吗？引进人才呗！人才不肯来怎么办？曹操自有办法。譬如，有个叫阮瑀的，书香门第出身，是个很有腔调的人，嫌弃曹操出身不好，躲进了深山老林。可被曹操放火烧山这么一烧，效果就出来了。阮瑀是读书人，一看这架势不对，拍拍屁股就出山了。你瞧，曹操就是喜欢玩大的。当然，曹操还有句口头禅很出名，叫“宁我负人，毋人负我”，按现代话讲，就是“恶心别人，成全自己”，够拽吧？试想，曹操若生在19世纪的欧罗巴大陆，准会拉着尼采的手，一起高喊：上帝死了。

不过，三国若只有曹操一个人玩，那多没意思。于是，刘备、孙权冒出头来，至少，也得凑一桌斗地主吧。当然，三个人打也没太多味道，总也得拉些人起起客，热热场子吧。于是诸葛亮、周瑜、司马懿一干人等全出来了。既然露面了，那就得弄点动静吧？比如诸葛亮，别看是个种田的，却是个营销高手，刘备再配合搞个“三顾茅庐”真人秀，个人品牌价值就出来了。结合现代的观点，我们大抵可以看出诸葛亮造势的清晰思路：抛出富有争议性话题（自比管、乐）、雇佣水军（名流徐庶、崔州平为其背书）、制造绯闻（迎娶丑女黄月英）、寻求大咖支持（公知黄承彦、庞德公大力推荐)。这几个步骤下来，想不出名都难。你看，现在“微博红人”在网络炒作上流行的那套，两千年前诸葛亮早就玩得不爱玩了。

还有周瑜。爱看韩剧的妹子，估计都喜欢亲切地叫他“美周郎”，也就是男神。可他在江东地位的确立，也很有意思。当然，周瑜是个很有本事的人，这个我们都知道。可在当时，有本事的人多了去了，周瑜能拔得头筹，还有一个原因，就是他是江东CEO孙策的拜把子兄弟。那么，周瑜和孙策是如何“勾搭”上的?原来，周瑜在当地是个“官二代”，不差钱。孙策刚出来创业的时候，手头资金还有点吃紧，周瑜一看，大手一挥道，哥们，我手头上有几套房产，也不值钱，你就凑合着用吧。这一来，感情就出来了。后来孙策做大了，投桃报李，还给周瑜一堆的豪宅、美女。你看，不仅几套房子的本回来了，后来周瑜还成了大都督。现代人拿钱炒房，挣几个破钱就屁颠屁颠地笑开了，这境界，跟周瑜真是没法比，人家拿房产搞投资，赢的是人脉，厉害吧?

再比如司马懿，因为他的孙子成了晋朝的开国皇帝，所以一直被抬得很高。现代很多人有这样的观点，认为司马懿从跟曹操混的那天起，就处心积虑地想篡位，也就是说，这老兄在下一盘很大的棋。其实，司马懿在曹操手下时，哪敢有什么谋反的心思，并且混的特低调，主要法宝还是官场的老一套：装孙子。当然，他偶尔也提提意见。后来曹丕、曹植哥俩争王储的时候，司马懿押宝曹丕，扭着猫步鞍前马后的，天天加班，就差没提夜壶了。当然，他这样做，也不是为了上位，只是为了保命（谁叫曹操看他不太顺眼呢）。可即便这样，到了魏明帝曹睿一朝，人家还是处处提防着他，要不是后来曹睿的几个秘书和曹家那几个掌权的贵族闹矛盾，司马懿想上位，估计也难！

怎么样，这样的三国，有了想搞懂的冲动吧？当然，三国还远不只这些。翻开本书，我们还会发现：献帝刘协钉子户、土豪董卓拆迁办、猛男吕布喜人妻、萝莉貂蝉恋大叔、皇叔刘备爱装死、战神马超是孤星……无论，你是关注时政民生的愤青大叔、女白领，还是，热衷八卦绯闻的居家腐女、小宅男，抑或，45度仰望天空迎风流泪的文艺小清新，在这个打包了一干猛料的大咖乱世里，通通可以陪你玩个遍。

当然，行文最后，还得感谢中国发展出版社的编辑同志们，正是他们一贯的支持，才最终丰满了这个三国系列。你别误会，这可不是那种在领奖台上一个劲地感谢这、感谢那、感谢某TV的矫情。我很严肃地告诉你，我这感谢，可是白纸黑字发自肺腑。最后，我希望能在这个《玩笑三国》系列里，继续有节操没正经地玩出格调。是为序。

甲午年元月于福州

目 录

第 1 章 爆曹操一个底朝天

第 2 章 这里的官场房事也疯狂

第 3 章　你想不到的非常套路

第 4 章　其实，你已落伍两千年

第 5 章　让你 OUT 了的牛掰小伙伴

第 6 章　惊呆你想象力的破碎情怀

第7章　无法理解的悲催人生

第1章

爆曹操一个底朝天

干爹门，奸雄的手牌

中国人一向提倡“圈子文化”，自古似乎就有攀亲带故的习惯。但凡有些利益纠葛的，即便没有亲缘关系，也要创造条件琢磨出“情感脐带”。诸如结个儿女亲家的，摆个结义兄弟的。当然，倘若年纪地位悬殊的，认个干爹干儿子也不失为一个好的想法，譬如后唐太祖武皇帝李克用，就曾靠着十三义子（十三太保）打江山，甚至如明代阉人魏忠贤，也曾赶趟时髦，借着“九千岁”的名头，在民间养了“五虎”、“五狗”、“十孩”等诸多义子。

时光倒转至三国，在这个乱世里，竟也住着一位痴迷甘当“便宜老爸”的人物。此人不是别人，正是大名鼎鼎的曹操。如若翻开曹操家谱，我们会很自然地发现这位枭雄一生中共育有25位儿子。一位如此“高产”的“英雄父亲”，为何还要热衷四处“收集”干儿子？个中谜团，接下来自然是要解开的。

原来，曹操这人有个习惯，就是仗打到哪里，女人就玩到哪里。也是，身在九死一生的沙场，晚上在床上润滑一番筋骨，想必是提神的好方法。有趣的是，**曹操尽管好色，却不是始乱终弃的臭男人。他每同女人有了肌肤之亲，似乎连带着将她的下半生一并接管，倘若有带拖油瓶的，顺其自**

然也就成为其连带法律监护人。

史书里记载着这样一个故事，吕布手下有位叫秦宜禄的官员，老婆杜氏生的可是浑圆性感。后来吕布兵败，杜氏自然也被曹操“收编”。杜氏膝下有个拖油瓶男孩，名叫秦朗，打小生得活泼可爱，见到曹操，也不认生，一口一个干爹的叫唤。天上掉下如此乖巧的儿子，曹操自然满心欢喜，逢人便说：“人是人他妈生的，妖是妖他妈生的。我儿阿苏（秦朗小名）啊，虽不是亲生的，可却是我的心肝宝贝。”（“朗随母氏畜于公宫，太祖甚爱之，每坐席，谓宾客曰，世有人爱假子如孤者乎？”《献帝传》）

不过，这个蜜罐里长大的干儿子，成年后可丝毫没有他干爹君临天下的气度（也是，本来基因就非一脉相承），相反，却养成了纨绔子弟的浮夸习气，终日只知遛狗斗鸡。当然，在残酷宫廷夺嫡斗争中，无才无德也许是个优势，加之曹操先前肉麻的热捧，曹家子弟均同秦朗颇有亲近。到了魏明帝曹睿一朝，秦朗更被授予骁骑将军一职，亲近一时无两。（“朗游遨诸侯间，历武、文之世而无尤也。及明帝即位，授以内官，为骁骑将军。”《魏略》）朝中一些善于钻营的蝇营狗苟之辈，当然懂得见风使舵，至此秦朗府中的“特供产品”，自然也是数不胜数。

当然，在曹门府第，享有倾情款待的绝不止秦朗一人，譬如还有何晏。何晏的母亲，曾是东汉最有权力的男人、大将军何进的女儿。后家道中落，辗转流离，竟沦落到了曹操床上。这一个温柔同眠，自然将小屁孩何晏的此后人生，也给顺带一同捎上。（“曹操为司空时纳其母，并收养晏。”《三国志》）由于身为金枝玉叶之后，何晏打小骨子里就有一股雍容之气，似乎不屑于秦朗那般“卖萌取巧”，偏要口无忌惮，声称自己是名门之后，绝不为寄人篱下之事，高声嚷嚷要同诸曹公子一般待遇。（“晏无所顾惮，服饰拟于太子。”《三国志》）

童言无忌，曹操对于何晏如此冒犯自然毫不在意。与之相反，曹操倒是惊异其早熟的明慧聪颖，至于对这位干儿子索要的一切待遇，总是一脸慈祥地全盘同意。（“晏少时聪慧过人，曹操宠若诸公子。”《魏略》）**有了曹操的骄纵，锦衣玉食中长大的何晏，竟成了不学无术的混世魔王。他每日所做，无非弄些夸夸清玄文章，寻思风花雪月之事，抑或磕磕毒品图个刺激。按现代话讲，就是一点正经都没有**。如此荒唐做派，一经曹门失势、司马家掌权之际，人头落地自然是瓜熟蒂落之事。

不过，曹操诸多干儿子中，也并非全是秦朗、何晏这样的草包，至少，曹真是个例外。有意思的是，把曹真“引荐”给曹府的，不是丰乳肥臀的女人，而是一位胡子拉碴的纯爷们。《魏略》是这样记载的：“真父邵募徒众，为州郡所杀。太祖哀真少孤，收养与诸子同，使与文帝共止。”可以看出，曹真是位“烈士”遗孤，而他的父亲秦邵正是曹操出生入死的好哥们。曹操有个极其人性化的人生信条，即但凡为曹家“革命事业”牺牲的勇士，他们的子女终会为曹操妥善收养。（这也让许多勇士少了后顾之忧，乐于为其卖命。譬如替曹操挡刀的典韦，儿子典满亦被养于府中，衣食无忧）

虽是养子名分，但毕竟是孤寡之后，曹真自然不能像何晏那般有恃无恐。不过，这样的童年，对于曹真的人格塑造，反而是件好事。逆境之中的磨砺，集聚了曹真独当一面的小宇宙，这颗金子，终于在需要的时候发光了。在某次曹氏家族集体出猎的行动中，忽然林中窜出一只斑纹猛虎，跟班的杂役见此情形，大多惊慌失措，四下逃散，唯独曹真处乱不惊，力拔三尺大弓，只听“嗖”的一声，猛虎应声倒地。一旁的曹操见了，感叹时光如梭，不经意间此儿已成栋梁之才，于是大手一挥，破格将其提拔为虎豹骑的统领（虎豹骑为曹魏集团精锐特种部队）。

此后，曹真战功不断，士卒皆愿为其所用。到了曹睿一朝，更是数次成功阻击西蜀神级高手诸葛亮的北伐行动。（绝非《三国演义》里，屡被诸葛亮戏弄的“酱油党”）

在曹操的义子名簿里，诸如曹真这般能干的大有其人，譬如阎柔。阎柔这人的出身，似乎比起曹真还要悲惨得多。根据《三国志》记载，阎柔打小就在乌丸、鲜卑之地身为俘虏，过着低人一等的生活。艰苦的生存环境，练就了阎柔三个优势：一是能忍，二是能打，三是能讲。终于，善于察言观色又颇为勇武的阎柔得到了乌丸、鲜卑领导人的信任，逐步成为军事委员会成员。（“(阎柔）少没乌丸、鲜卑中，为其所归信。”《三国志》）

从奴隶到将军，阎柔一路走来并不容易，当然，这也打造了他极其敏感的政治嗅觉。官渡一战后，阎柔风闻了曹操的厉害，于是寻个机会，领着乌丸、鲜卑部众，立马顺势拜下，甘当子弟，并协助曹操打压乌丸地区的反动势力。当然，面对阎柔这个“半路出家”的干儿子，曹操自然甚是欢喜，一路加封不断，终也得到了善终（位至关内侯）。

认干爹

现代流行的一种隐晦的契约型人际关系，关系双方多为异性。女方常通过私下达成的某种协议步入上流社会，从而达到卖萌、炫富等人生终极目标。但在古代，达成此种关系的双方也可为同性，譬如，曹操就是一例。

当然，纵观三国时代，也并非所有的人都要给曹操面子，譬如东吴少主孙权。赤壁战后，曹操经过五年休养，建安十八年，亲率数十万大军围攻濡须口，孙权亲率精兵抵抗，全然不落下风。远望对面将士严明整肃，曹操当爹的情怀忽然泛滥，不禁脱口叹道：“生子当如孙仲谋！”面对曹操的隔空喊话，孙权微微一笑，给曹操回了一封颇有意思的信，道：“曹操大人，您这干爹我孙权可是消受不起啊，不过，晚辈还是友情提醒一下，长江春季涨潮在即，倘若前辈不慎失足落江淹殁，当然，到时晚辈倒愿意给干爹烧个高香的。”（“春水方至，公宜速去，足下不死，孤不得安。”《资治通鉴》）曹操看着来信，一时啼笑皆非，又叹东吴军容整齐，只好含憾退兵。

由此看来，无论是床上女人的，还是帐下兄弟的，抑或沙场中“一见钟情”的，但凡看得顺眼，曹操同志泛滥的“父爱”总会翻腾不止，恨不得马上收于囊中。当然，相比董卓这个不长心的悲催干爹，“便宜老爸”曹操的眼光恐怕真要高明许多。

豪门不易，儿媳的双重标准

自古以来，最难处的人际关系应该非“婆媳关系”莫属。公婆和媳妇之间，少有温情脉脉，多是势同水火，倘若处理不当，甚至导致家庭分崩离析。当然，我们还是把目光移至三国，来窥探一番这个时代的第一家庭曹操府上的油盐酱醋。

按现在流行说法，把握朝权的曹门无疑是豪门，嫁入豪门应该是天下女人的梦想，不过嫁入曹家的女人日子并不好过。原来，曹操这人讲究朴素节俭，不仅自己穿打补丁的衣服，而且也令家人不准铺张奢华，并定下家规：家常便饭，只可三菜一汤，浮华衣裳、锦绣花鞋，无论男女，一并禁止；如有违禁，一律家法处置，绝不姑息。

遇到如此“抠门”的公公，料必荣华富贵的念想是没有了，不仅如此，小女人们甚至还不得不忍受这位极品公公的变态怪癖。曹操是三国时代著名的“人妻控”，这在当时可是人尽皆知。当美艳儿媳遭遇好色公公，厅堂餐会一个坐定，夹一道菜，舀一勺汤，难免目光一个游离，场面似乎也就尴尬起来。所幸的是，我们无需浮想联翩，因为史料中确有记载曹操和儿媳之间零星的往事，这里只需撷取一二，借以窥探一下这位盖世奸雄的休闲时光。

在曹操的诸多儿媳里面，甄宓的名头无疑是最大的。甄宓原是袁绍二公子袁熙的爱人，后来袁氏家变，曹操家的二公子曹丕趁乱收藏了这位如花的二手女人。对于这段离奇的夺爱往事，一向八卦的《世说新语》给出的解释是很有意思的："曹公之屠邺也，令疾召甄，左右曰，五官中郎（曹丕）已将去。公曰，今年破贼，正为奴。"如此说来，曹操其实早对甄宓有意，只是被宝贝儿子曹丕抢了先。

公公对自己有意，天资聪敏的甄宓怎能察觉不到。可同在一个屋檐下，老是这么躲着避着肯定不是长久之计。如何化解暧昧关系，巧妙脱身呢？甄宓自然是有办法的。于是，但凡空暇时光，甄宓就到婆婆的膝下斟茶倒水，左口一个妈，右口一声妈，只哄得卞氏心花怒放。（"后朝武宣皇后，望幄座悲喜，感动左右。"《三国志》）**一旁的曹操见了，倒是尴尬起来，心想，如今天下未定，人心浮动，倘若此时弄个"干爹门"，恐将为天下人所耻笑**。如此观察几日，曹操见这位儿媳确实殷勤真切，心里的倾慕也渐渐变成了怜爱。

《三国志》记载了这样一个故事：曹丕某日恰赶上一件喜事，于是瞒着曹操，游猎宴乐，酒酣耳热之际，命甄宓出来和各位拜见。夫君请客吃饭，自然不能驳了面子，于是甄宓精心打扮一番，落落亮相。如此明艳照人的美人，令座上宾客自然心襟荡漾，但碍于礼数，只能从眼余光里偷偷欣赏下这位闻名天下的美女（依照封建礼教，臣子看视诸侯君王，只能看取面部以下部分，否则就是"非礼"不敬）。其中一位叫刘桢的文人，是曹丕的铁哥们，心想朋友妻占占便宜又何妨，于是借着酒胆，直勾勾看着甄宓，过了把眼瘾。赶巧的是，此事后来竟然被曹操所知，不仅曹丕被他痛骂了一通，刘桢更是被贬为奴役，险些因此丢了性命。（"太祖闻之，乃收桢，减死输作"）如此看来，甄宓得宠可见一斑。

甄宓日益得宠，曹操的另一位儿媳崔氏可不高兴了。崔氏是曹家三公子曹植的妻子，曹植这人，才高八斗，天资聪颖，很受曹操的欢喜。因此，曹丕、曹植两位公子，谁能成为世子，倒也是个悬念。有了此层关系，崔氏对甄宓有所成见也是可以理解的。面对两位公子如花似玉的妻室间的明争暗斗，曹操这位做公公的能否一碗水端平？遗憾的是，曹操做得一塌糊涂。

原来，崔氏虽有母仪天下的野心，可终究出身名门，按现代语讲就是胸大无脑的“白富美”。因此，和打小流离失所的甄宓相比，处事经验高下立判。**在崔氏的“辅助”下，曹植境遇每况愈下，他夜夜笙歌，饮酒赋诗，偶尔还会带了几个随扈深夜到市中心“超速酒驾”。**（“植尝乘车行驰道中，开司马门出，太祖大怒。”《三国志》）一位可能的国家未来领导人，如此不注重公众形象，让原本寄予厚望的曹操十分痛心。怨子不争，迁怒于邻，于是，曹操对曹植这位枕边人的印象愈加的糟糕。

恰巧，崔氏这人有个爱好，就是喜欢涂脂抹粉，着花衣裳。女人爱美，不一定是件坏事，但在门第森严的豪门，绝对不是一件好事。一个月明星稀的夜晚，这个爱美的女人终于出事了。原来，曹操接到前方胜仗的消息，心中痛快，于是破了个禁，在家里摆了个夜宴，请上曹氏、夏侯氏几个本家亲戚过来吃个饭。酒兴高了，自然要有歌姬助阵，一旁的崔氏见了，心想，夫君如今并不得志，不如就着喜庆，讨公公一个欢心。想着想着，崔氏头脑一阵发热，径直走下内室，换上华丽衣裳。

烛火跳跃，霓裳弄影，座上宾客，可是兴致正欢。舞池中央的崔氏，甚是妖艳。就着婀娜的身姿，崔氏瞟了一眼一旁座上素衣斟酒的甄宓，心中暗笑，这个黄脸婆，怎有资格和青春正茂的本小姐争风头。怎料，舞曲过半，原本春风满面的曹操脸色忽然僵硬了起来，喝道，堂下之

豪　门

豪门，就是镶了金边的围城。外面的女人，想进去；里面的女人，想出去。其实，豪门给人的正是这种进进出出的快感。

人可是植儿之妻崔氏？气氛如此变故，崔氏一时不知所措，聂聂应道，正是奴下。好大胆子，曹操拍案而起，你难道不知本家家规？如此花枝招展，岂不败坏家风？这般女子，留你何用？于是勒令将其打入死牢。瘫在地上的崔氏，目光无助地投向了座上的夫君，却见此时的曹植，少了往日的倜傥，竟是蒙下了头，一言不发，任由爱妻被活活拖下。

如此看来，甄宓华衣露面却为庇护，崔氏绣衣取宠横遭棒杀，曹操对待美艳儿媳竟有双重标准，实在让人叹息不止。

女儿大多不“性福”

曹操这人好色，应该是没有疑义的。只是，我们的这位奸雄同志，平生消费了太多艳福，到了他的宝贝女儿们这儿，竟然不约而同在情感路上销了运气，活脱脱地成了怨妇。

根据史书的相关记载，曹操至少有六位女儿，分别为曹宪、曹节、曹华，以及安阳公主、金乡公主、清河长公主（此三人名字未见记载）。此六人中，曹宪最为年长，曹华年纪最小。好吧，我们就从曹宪、曹华这一对长幼悬殊的姐妹花开始谈起，因为她俩的情感归宿，竟然指向了同一人，即大权旁落的傀儡皇帝汉献帝刘协。

曹宪、曹华缘何共事一夫？这就有必要先“插播”一段血腥的宫廷旧事了。原来，当年曹操挟天子以令诸侯，巧妙地占据了政治制高点。可曹操本是阉党出身，却身居高位（依汉朝的风气，是讲究论资排辈的），这不仅引起了在野党党首袁绍等人的反对，而且触发了朝中老臣们的抵制情绪。董承就是其中一位老臣。

这个董承，名义上应该算是汉献帝的岳父了。他的女儿董贵人，是汉献帝刘协的宠妃。后汉的政坛一直有个传统，就是宦官外戚轮流坐庄，阉党张让等人已被诛杀，董承认为自己身为皇亲，上位应该也是顺理成章的。董承的想法，自然得到了刘协当时的正室伏寿皇后的老爹伏完同志的支持。于是，两位当朝皇帝的老岳父，面对着共同的政敌曹操，一经商议，倒也达成了政治联盟。

联盟的分工大致是这样的，伏完首先上书皇帝，言呈今十常侍（汉末阉党势力）虽已摈除，可阉人余党尚且把持朝政，自己能力不足，望请告老还乡。说白了，就是罢官，当然，也不是真罢官。不用说，演的这一出戏，明摆着是在朝廷中给曹操脸色看的。（“完以政在曹操，自嫌尊戚，乃上印绶。”《后汉书》）伏完挑起朝中对曹操的不满情绪，接下来的事情，自然由董承接手了，这就是历史上著名的“血衣带诏”。

当然，关于“血衣带诏”的结局，略懂三国的人大抵都知道。这个“斩首行动”还未展开，就被老辣的曹操给一锅端掉了，《三国志》里给了这样的交代:“承等谋泄，壬午，曹操杀董承等，夷三族。”作为“斩首行动”的潜在支持者，伏完同志虽未被牵连，但日子过得也战战兢兢，唯恐哪日东窗事发。这一担心，一晃就是近十年。

可这段宫廷旧事，和曹操嫁女又有何关系？这里，我们必须还得交代一人，此人的名字，叫做荀彧，因为他是这门亲事的媒人。荀彧这人，在历史上评价是很高的，有“王佐之才”(《三国志》)，可就是这样一位天下奇才，为何却有闲情逸致，客串了一把“非诚勿扰”主持人？若要究其动机，恐怕有些难以启齿了。

《献帝春秋》是这样记载的:“董承之诛，伏后与父完书，言司空（曹操）杀董承，帝方为报怨。”也就是说，伏完收到一条女儿的“微信”，大抵是这样说的，爹地啊，你的皇帝女婿对曹操相当的不满意，你看一下能不能在朝中找几个可靠的有志之士，寻个机会把这小子给做了。当然，换个文艺的说法，就是伏后在宫中酝酿着策划一场“二次革命”。可革命同志哪里找？伏完自然想到了曹操身边的心腹荀彧。于是，他把女儿的“微信”转发给了荀彧。

荀彧收到了“微信”，着实吓了一跳。对曹操的手段，自己早已“耳濡目染”，和一个“宁负天下人”的奸雄为敌，这不是自找死路嘛。可伏后打着皇帝这块金字招牌，倘若与之翻脸，自己经营多年的好名声恐怕也要付之东流了。冥思苦想之后，荀彧选了一条中庸的方法：装聋作哑。（“完得书以示彧，彧恶之，久隐而不言。”《献帝春秋》）

不过，荀彧也许没有想到，装聋作哑的并非只有他一人，至少，曹操也算一个。原来，伏完的“微信”，本就不止转给了荀彧一人，伏完的小舅子樊普手中也有一条。可这个樊普，本就是个胆小之人，拿着烫手的“微信”，也顾不上义气，竟转发到了曹操手里。不用说，伏后的算盘，曹操是知道了。（“完以示妻弟樊普，普封以呈太祖，太祖阴为之备。”《献帝春秋》）

曹操只是对此事装作不知道，其实，荀彧应该已经想到这点了。曹操越缄默不言，荀彧就越是心慌。终于，荀彧在时隔数年后一个月黑风高的夜里，敲开了曹家的大门。（“彧后恐事觉，欲自发之。”《献帝春秋》）不过，夜访曹操的荀彧，不是来坦白的，而是来当红娘的。一顿寒暄之后，荀彧的开篇倒是直接，老领导啊，您看这大汉国母伏后，生性乖张，睚眦必报，正因如此，皇帝到现在也没有龙脉相承的，（“伏后无子，性又凶邪。”《献帝春秋》）我这儿有个主意，不如将您的女儿许配皇上，将来倒也会成了一段佳话。（“劝太祖以女配帝。”《献帝春秋》）

曹操一听，连忙摇头道，“今朝廷有伏后，吾女何得以配上，吾以微功见录，位为宰相，岂复赖女宠乎（《献帝春秋》）。”可是，话虽是客套着说，曹操脑海里倒也浮起当年的“微信”事件。不仅如此，曹操还想起一桩心惊肉跳的狼狈往事。《献帝春秋》是这样记载的，“操后以事入见殿中，帝不任其愤，因曰：君若能相辅，则厚；不尔，幸垂恩相舍。”**换做大白话就是，阿瞒啊，我这皇帝也是你争取来的嘛，如果你愿意帮我坐稳这个江山，那**

是最好了；如果你不愿意，就早点说出来嘛，我也好准备一下，找两个司仪小姐，搞个什么仪式，让位于你就是啦。小皇帝话虽说得“中肯”，可两侧的刀斧手可就没有好脸色了。跪拜在地的曹操自然汗流浃背，一面口中高呼“万岁说笑了”，一面倒爬着出了殿门。（“操失色，俯仰求出。”《献帝春秋》）有了这段往事阴影，曹操琢磨着荀彧这话，倒也有几分靠谱，于是家中一声招呼，老大曹宪、老么曹华就这般糊里糊涂地进宫了。

天上掉下来了“曹妹妹”，可我们的汉献帝刘协同志，却怎么也高兴不起来，因为在他的心里，同样留有一道来自曹操给的伤痕。原来，当年董承行动事败，株连三族，刘协的心头好董贵人自然也在名单之列，更悲催的是，这个女人当时已怀孕了。于是，刘协寻来了曹操，希望能法外开恩，走走后门，未想却给一口回绝了。（“帝以贵人有妊，累为请，不能得。”《三国志》）连自己心爱的女人都保护不了，刘协作为皇帝的自尊心自然被打得体无完肤。如今，当年诛杀爱妃的刽子手的女儿，竟和自己同床共枕，刘协之心中苦闷，可想而知。

大女儿曹宪，毕竟年长，倒是有些掌故的，隐忍着打发时光就是。可小女儿曹华，还处在“你不要写奇怪的诗给我，因为我们没有萍水相逢过，我是女生，漂亮的女生……”的悸动青春初级阶段。这样一位天真烂漫，脑子里装满了幻想的女生，却要成天面对着一张忧郁的成年面孔，一朵含苞欲放的花朵未经开放，恐怕就此凋零了。更何况，后宫之主伏后，本就对新来的曹家姐妹心存芥蒂，曹宪、曹华心中的幸福指数，恐怕是难以高昂的。

其实，当时“打包”进了皇室的，并非只有曹宪、曹华两姐妹，还包括曹操的二女儿曹节。《后汉书》是这样记载的：“操进三女宪、节、华为夫人，聘以束帛五万匹。”只是，我们的这位曹节女士，运气应该比她的姐妹们稍好一些，因为她成了皇后。曹节成了皇后，那她的前任伏后又是怎样的境遇呢？这恐怕还得扯出一段腥风血雨的往事。

原来，面对着新来的曹氏三姐妹（包括曹节），伏后自然牢骚满腹。一是自己已年老色衰，相形自然见绌；二是三个女人一台戏，即便夫君对曹家之人多有排斥，可枕边风吹多了，自己的宫中地位恐怕不保。女人心思多了，自然话多，于是，我们的伏后在宫中碰上一个能说话的，就得埋怨两句当年父亲的窝囊（伏完此时已经去了西天）。听的人多了，自然就传到了曹操耳里。其实，这段“微信”往事不捅破也罢，大家心照不宣倒也安宁，可捅破了，自然就要撕破脸来。

决心撕破面子的曹操，绝对是没有商量的余地的。接下来的场面，自然是鸡飞蛋打。（“事乃露泄，操追大怒，遂逼帝废后。”《后汉书》）伏后倒还想做个挣扎，央求夫君给曹操告个饶，此事就此作罢，未想却遭来夫君一面冷水：“我亦不知命在何时（《后汉书》）。”曹操的亲兵们可没有耐心听此缠绵，也不搭话，直接上前扯着伏后蓬乱的长发（女人头发长，关键时候就误事了不是），一个径直，给扔进了冷宫。（“遂将后下暴室，以幽崩。”《后汉书》）

幸福感

虽说，幸福是个比较级，但喜欢把幸福感挂在嘴边的人，比来比去，到头来却发现大家其实都不幸福。譬如，大汉伏皇后，这姓伏（幸福）的一家，最后却因为得罪领导曹操，被没收家族财产。其实，所谓的幸福感，只是领导的一句话。至于你是姓伏还是姓焦，并不重要。

伏后虽已被废，但国母还是要立的。曹操在三姐妹里一个折中，老二曹节倒也安妥了皇后的头衔。可这条皇后之路，曹节走的并不安心，摆在面前的两件事情，却是令这位新晋皇后头疼不已。一是**她的夫君刘协接连受此恫吓（爱妃董氏、爱妻伏氏接连被废），对男欢女爱之事已是提不起“性致”，床上恐怕只是循规蹈矩地例行公事了**。二是她的父亲曹操，衰老得似乎比预想得快。父亲老了，做女儿的一番伤感，本也属常事，可曹节更伤怀的是，她的哥哥曹丕却还年轻。

曹节担心的事情，终于还是发生了。就在曹节登上后位的第七个年头，他的父亲终于一病不起了，随后哥哥曹丕继承了王位。曹丕一上台就开始寻思着威逼汉献帝刘协“禅让”了。刘协做了数十年的傀儡，对皇位已没有了太多的眷恋，倒也十分配合。可曹节却不答应了，回想着父亲当年安排了这门亲事，终是许了幸福的瞩望。面对着接连而来做工作的曹丕手下，曹节自然不曾有过好脸色，若是顶了气头，就是一番劈头盖脸的谩骂。

不过，一个女人是无法改变历史的节点的，特别是软弱男人身后的纤纤女子。一场禅让的大型秀，进行得倒也稳妥风光。当然，对于刘协这个大方的妹夫，曹丕并没有对他太多地为难，使其在封地里得到了善终。刘协死后，曹节守了26年的孤寡时光，终于阖上了眼睛，按照汉家皇后的礼仪，和刘协合葬在了禅陵。曹节身后的归宿，倒也为这段不算美满的婚姻，划上一个相对安详的句点。至于她的姐妹曹宪、曹华，史书却再无记载。

告别了曹宪三姐妹的情感悲歌，我们不妨再走入曹操另外三位女儿清河公主、金乡公主、安阳公主的婚姻往事。当然，相对于步入宫闱的姐妹们的凝重，这三位姑娘可要幸运得多，至少，她们是下嫁。下嫁，就少了诸多繁文缛节的规矩。可是，在那个男尊女卑的年代，即便你是“白富美”，恐怕也脱不了睡冷炕头的际遇。

我们就先从年纪稍长的清河公主说起吧。其实，这位“白富美”身世是颇为凄惨的。她的生母刘氏，原为曹操的姬妾。可当时的曹操，正在为赚到人生的第一桶金苦苦挣扎，居无定所的日子自然常有，而刘氏本是羸弱之人，竟经不起舟车颠簸，终于撒手西去。这位少不经事的小公主，自然转给曹操当时的正室丁夫人抚养（魏文帝曹丕生母卞氏的前任）。

同清河公主一同过继给丁夫人的，还有她的亲哥哥曹昂。这位丁夫人，倒也有着母仪天下的范，对兄妹俩视如己出。于是，清河公主幼小心灵上的创伤，终于慢慢开始愈合。可就在此时，她的爹地曹操出事了。原来，曹操有次到宛城“出差”，一时兴起，竟公然“开房招嫖”，后遭周围群众举报，给人一锅端了，曹昂也在此次抓捕行动中壮烈牺牲。丁夫人由此迁怒曹操，卷起铺盖回了娘家，至此再也没有回来过。

经过生母离世、亲哥身死、养母离家等一系列家庭变故的清河公主，脾气自然开始变得乖张。而我们的曹操同志，心中自知有愧，更是百般地纵容。就这般，这对父女在冷战中拉长了岁月的线，我们的清河公主长大了。男大当婚，女大当嫁，这在中国人的传统思想里恐怕是根深蒂固的(当时还不流行剩女)，于是，清河公主要出嫁了。当然，对于未来的夫君，这位刁蛮公主倒是实在地摆出了三个条件：有房，有车，还要帅。

以曹操的家庭背景，遇见有房有车的主，自然不是难事，可这个“帅”，倒是拦住了许多颇有实力的应征者（譬如有位叫做丁仪的“富二代”，对清河公主倒是一往情深，就因为长得丑被拒之门外）。经过一番甄选，桃花棋终于落在了夏侯惇的长子夏侯楙身上。这位夏侯楙同志，在“官方网站”上的口碑那可是“文能提笔控相如，武能马上安匈奴”。如此看来，郎才女貌，倒也算是天设一对，可一通花轿过去，清河公主却后悔了。

原来，这位成长中的“白富美”，在婚姻生活中摸索出了一个人生哲理:“帅哥靠得住，母猪会上树。”夏侯楙的风流本性，在婚后不久就暴露无遗了。原本他还算老实，只是在“电脑硬盘”里下点岛国动作片自娱自乐一番，后来却是变本加厉，竟千方百计地寻了机会出外喝花酒。对夏侯楙在外面的小动作，自幼敏感的清河公主怎能不知？于是**这位愤愤不平的女子，在个人博客上发了这样的牢骚:“官方信息”都是骗人的，什么“相如”、“匈奴”，分明是“文能提笔控萝莉，武能床上安人妻。”**(“多蓄伎妾，公主由此与楙不和。”《三国志》)

其实，对于家丑，除却发发牢骚，清河公主也没有其他的办法。也是，清官难断家务事，若和风流老爸吐了苦水，可能反倒会招来笑话。“男人嘛，都这样，睁一只眼闭一只眼日子不就过去了”，对爹地的台词，清河公主倒也都能想到。于是，这样睁眼闭眼的日子，一晃就过了十数年。这十数年间，夏侯姑爷可是歌照唱舞照跳，愈活愈是倜傥逍遥，而清河公主却活脱脱成了怨妇。

有道是三十年河东，三十年河西，清河公主终于还是等来了一解怨气的机会。原来，夏侯楙有几个弟弟，仗着哥哥的名头，到处欺行霸市，终于被告上了府第。夏侯楙这人，虽然喜欢女人，但绝不做违于律法的事（譬如洗头按摩去夜店可以，但绝不能轮流发生性关系）。对于诸弟的荒诞行为，他自然是狠狠训斥了一顿，并扬言决不姑息纵容，定要送官严办。（“群弟不遵礼度，楙数切责。”《三国志》）

于是，这几个平时骄横的“官二代”怕了，竟相约敲开了清河公主的房门，想寻个关系开个后门。安排了几个小叔子围在一块“哭诉”了一顿后，清河公主亮了亮嗓，道，“夏侯楙本是无情无义之人，他既然要办你们，你们哪，恐怕是在劫难逃了。”公主这一吓唬，小伙伴们惊呆了，忙问如何是好。公主幽幽道，他既不仁，也别怪你们不义，不如先发制人，先把他给办了。

嫂子语重心长一番话，几个小叔子自然醍醐顿开，于是星夜开始罗织驸马爷诽谤朝廷的罪状。（“弟惧见治，乃共构楙以诽谤，公主奏之。”《三国志》）诽谤朝廷，那可是重罪（做皇帝的，谁不想听点好话），身为堂堂国家高级公务员，竟然非议朝政，造天子的谣，这成何体统？于是，魏明帝曹睿怒了（当时已到明帝一朝）。对于曹睿的反应，《三国志》是这样记载的：“有诏收楙，帝意欲杀之。”如此看来，**夏侯楙犯了男人最容易犯的两个错误：一是没管好自己的小弟，二是没管好自己的“小弟弟”**。只是清河公主竟蛇蝎心肠，全然将老公生生推向断头台，这是令人始料未及的。

后来发生的事情，倒可以用“峰回路转”来形容。原来，我们的曹睿同志气头过了之后，回味起来，觉得好像不对，姑父（清河公主辈分上是曹睿的姑姑）这人“性无武略，怯而无谋”（《三国志》），怎会做出如此胆大之事？于是命长水校尉段默代审此案。经过一番庭审激辩，案情终于水落石出，系“清河公主与楙不睦，出于谮构，冀不推实耳”(《三国志》)。夏侯楙无罪释放，清河公主倒是无颜相见，从此，两人形同陌路，直到终老，实在让人蹉叹。

清河公主的婚姻不“性福”，她同父异母的妹妹金乡公主，恐怕也脱不了魔咒。关于金乡公主的身世，其实也是颇为离奇的。她的母亲尹氏，原是汉末大将军何进的儿媳，后来何进冒进托大，竟命丧阉党之手，尹氏自觉无所依靠，于是拖着未成年的儿子何晏改嫁进了曹操家门。曹府本就是个二手女人的“收容所”，尹氏和曹操床笫贪欢，诞下公主，又何来离奇之说呢？

原来，待到金乡公主及笄之年，曹操开始为宝贝女儿张罗如意夫君。也许是出于肥水不流外人田的缘由吧，曹操最后落锤的婚书里，竟将她许配给了同母异父的哥哥何晏。（“晏妇金乡公主，即晏同母妹。”《魏末传》）如此婚姻搭配，即便是性观念相对开放的今日，也是不可思议的，搁在当时，两人性生活不和谐，恐怕是难免了。

当然，若是要窥究这对小两口的婚姻生活，何晏其人，是不得不说的。根据《魏略》记载，何晏“动静粉白不去手，行步顾影”，按现代话讲，就是吹气如兰、貌美如花的伪娘。伪娘的一般属性大抵是对猛男感兴趣（至少，也得是女汉子这款的），可我们的何晏，却是实实在在的美女控。家中闲来无事，他就拿出“微信”摇一摇，倘若摇到头像、名字风骚的人儿（譬如叫烈焰红唇、寂寞Bra什么的），立马发个暧昧的表情，做出一副“约炮”的姿态。（“又好色，故黄初时无所事任。”《魏略》）

对于“远房哥哥”兼老公的拈花惹草，金乡公主自然不胜其扰，可木已成舟，也只能嫁鸡随鸡吧。只是，性生活的不愉快总得找人倾诉，不然得憋出内分泌失调的，于是金乡公主赶上天气好的时候，总会喊上司机到曹府上找婆婆吐吐心声（这婆婆不就是自己的妈吗？不知“婆婆妈妈”一词是否语出于此）。可每逢聊起此事，“婆婆妈妈”总会想着安慰道，女儿

啊，你可别吃何晏的醋啦，你们手心手背都是妈的肉啊，这男人啦，总有收心的时候。（“母笑曰，汝得无妒晏邪！”《魏略》）

可遗憾的是，金乡公主没有等到何晏收心，这位风流作孽的美男子，就因为站错了政治队伍，被兵变夺权的司马懿给送上了断头台。望着夫君妖娆的身影在沉重的刑具下扭曲残缺，金乡公主微微一笑，不发一语，托人在深山寻了一间草庐，索性安心做起了寡妇，以此打发余生。

夏侯楙

夏侯楙，富二代，高富帅，传说中的优质男。遗憾的是，对这个绩优股，千古一相孔明给出的评价却是：土鸡（夏侯楙）怎可配凤凰（姜维）？当然，正是夏侯楙的无私垫背，成就了姜维同志成为有书以来最早的“凤凰男”。

相对于清河、金乡两位公主，安阳公主的婚姻似乎要安坦一些，因为她的夫君名叫荀恽，为曹魏柱国功勋荀彧长子。荀彧此人，前文已经提及，颇有“王佐之才”，而且乃名门之后（祖父荀淑知名当世，父亲荀绲曾任济南相，叔父荀爽曾任司空）。荀恽自幼受家风濡染，自律严谨是肯定的，诸如夏侯楙、何晏这般流连花丛的事情，自然不会染指。倘若时光正常推演，安阳公主的婚姻倒应该在波澜不惊中度过的，可是，她的公公荀彧，打破了最初的宁静。

荀彧打碎了安阳公主的人生，倒不是因为老同志对儿媳有不满意的地方，而是，这位自家公公和自己爹地，这对原本亲密无间的战友卯上了。事情的原委是这样的，统一北方的曹操，欲晋爵国公，加封九锡（九锡是古代帝王对大臣的九种赏赐，有车马、衣服、乐器、武士、弓矢等，这是对大臣的最高礼遇）。可荀彧不知是哪根神经搭错了，还是心怀汉室的旧念忽然泛滥，竟毫不惜身地加之劝诫（和前文的“微信”事件判若两人）。

事件的结果，自然是曹操火了。曹操火了，自然是不留情面的，于是，这位奸雄托人捎给了荀彧一个颇为精致的食器。荀彧打开器皿一看，里头空无一物，心中自知在劫难逃，一个悲从中来，索性把心一横，眼睛一睁一闭就服毒自尽了。老父意外身死，荀恽自然悲痛万分，迁怒于安阳公主也是正常，于是小两口开始了不长不短的冷战。这床头冷战的时间，说不短，是因为挺长，说不长，是因为荀恽命短。不久，抑郁难耐的荀恽，竟干脆闭上了双眼，到地府里追随老父的循循教诲去了，而我们的安阳公主，也打理了行装，开始了寡妇生涯。

祖上的三好太监

提起太监一词，恐怕历代文人大多要摇摇头，以致在众多文字记录里，太监大多以反面形象示人。但凡祸国殃民者，似乎总要和太监沾点边，譬如指鹿为马的赵高、私植党羽的魏忠贤等，总让后人恨得咬牙切齿。其实，太监的心思刁滑，也好理解，裆下少点什么，胸中多点心眼，此消彼长，似乎也是应该的。

当然，翻来中国历史，也并非所有的当权太监都是如此不堪，有如提倡造纸的大发明家蔡伦、七下西洋的资深驴友郑和，也是为人们津津乐道。其中，还有一位太监，竟在史书里被尊为魏高皇帝，此人不是别人，正是叱咤三国的奸雄曹操的祖父曹腾。

当然，曹腾这个皇帝头衔，是他的玄孙魏明帝曹睿追封的，在曹腾当世之时，身份仍然还是太监，只不过是一个混得风生水起的成功太监。揭开曹腾入宫的身世，还是颇为心酸的，原来，曹腾的父亲曹节（巧的是，竟和曹操女儿同名），本只是农家。自古的农民，大多敦厚老实，曹节自然也不例外。《三国志》里援引了这样一个故事，说的是曹节的邻居养了一头猪。猪这种动物，生活规律很简单，无非就是吃饭睡觉。可邻家的这头，却是一只特立独行的猪，耐不住寂寞，跑了。生活口粮丢了，邻家自然着急，方圆数里寻踱半晌，依然未果。愁眉之际，忽见曹节圈里的猪肥头大耳，一时顿感亲切，非得说是自己的。

见邻家胡搅蛮缠，曹节也不搭话，只是淡淡地招呼一声，拿去吧。有趣的是，不久之后，那只会独立思考的猪，在外面的世界溜达了一圈，又回来了。邻家大为惭愧，道歉是自然的。不过，尽管误会一场，但毕竟人穷气短，曹节越是寻思，越不是滋味，瞧着一旁的四个儿子，心中感叹，“穷二代”这路可不能这样走下去了。可路在何方呢？当老板嘛，恐怕连基本的原始资金都没有；考公务员嘛，早有“官二代”盯着有限的编制。不过，**善于思考的曹节，终于琢磨出了规律：这年头，裤裆一脱，黄金万两。女人是如此的，男人恐怕也是这般，当然，小小的牺牲肯定是有的。**

于是，**年纪最小的儿子曹腾，因为一只私奔的猪，伴随着父亲的手起刀落，扎起了裤带，开始了此后人生中漫长的“宦海”之旅。**宫中的太监可是多如牛毛，要得到皇上的赏识，恐怕比宫女受到临幸还要困难得多，照此下去，恐怕一辈子都只是九流公公。不过，这一切对于曹腾而言，绝非问题。不久，曹腾的机会来了。

根据《续汉书》记载，当时的太子刘保，到了读书的年纪，太后寻思着寻个陪读的书童，于是，一向机灵温谨的曹腾进入了慧眼。太子就是未来天子，曹腾心里自知，接下来要做的自然就是讨好太子了。经过多方打听，曹腾了解到刘保虽贵为当朝皇帝的独子，可惜母亲早逝，童年难免留下阴影。于是，年纪稍长的曹腾不失时宜地嘘寒问暖。谁说没妈的孩子是根草，面对冷暖相知的曹腾，小太子心中感动万端。当然，作为回报，曹腾同志在“太监界”的地位自然一路飙升。（“太子特亲爱腾，饮食赏赐与众有异”）

应该说，对于关键的人生第一桶金，我们聪明的曹腾挖得很好。至刘保即位（即汉顺帝）始，此后的数十年间，曹腾一路官位亨通，一直位及中常侍、大长秋（太监系统也有自己的一套编制，中常侍秩俸二千石，待遇等同于御史大夫）。当然，纵观曹腾在事业上所取的成就，除却通晓“奴才心理学”外，恐怕还是离不开以下两点的。

一是皇上命短。（《续汉书》载其“历事四帝”，包括力挺曹腾的汉顺帝刘保也不过活到30岁）

二是自己命长。（“在省闼三十余年”）

为何这样说呢？原来，每逢帝位更迭，掌权者总得设法笼络各方的势力。世故的曹腾总能在对的时间站在对的位置上。面对这位前朝“重臣”的站队呐喊，新帝自然满心欢愉，赏赐肯定是厚重的。到了汉桓帝一朝，他更被封为费亭侯。（“桓帝即位，以腾先帝旧臣，忠孝彰著，封费亭侯，加位特进。”《续汉书》）就这般，我们这位当年的懵懂少年，渐渐在宫中熬成了元老级人物。

其实，在东汉王朝统治的后期，太监的社会名声已经是很差了，但凡谁手上有些权力，搜刮民脂似乎成了自然的事。当然，曹腾也不例外。不过，他“搜刮”的不是金钱，而是人才。在曹腾30多年太监生涯里，举荐的官员数不胜数，位列公卿的（省部级以及以上级高官），也有不下10人。《续汉书》曾记载了这样一个故事：当时的蜀郡太守，自然知道曹腾这位编外“组织部长”的分量，于是自作聪明地托人送了点“意思”。国语是博大精深的，所谓“意思意思”，当然是以求事业上有所发展的。不巧的是，这位太守的“小意思”居然给益州刺史种暠查获了。

种暠这人是个直肠子，在当时混沌官场应该算个另类，而且，此人还有个特点，就是看那些平日狐假虎威的太监特别不顺眼。逮到如此好的机会，种暠怎能放过，于是立马上书奏告蜀郡太守，并借此弹劾曹腾，请求将他交于廷尉问罪。当时的皇帝汉桓帝，自然是偏护曹腾的，推脱书信是由外头来的，因此也没有怪罪。面对咄咄逼人的人身攻击，换作其他太监，恐怕种暠的政治生涯就此终结了，不过，我们的曹腾并不计较，还逢人便夸称赞种暠真是个“有种”的好官。

曹腾在政治上的虚怀若谷，似乎和太监睚眦必报的传统形象大相径庭，当然，这也为他在士官圈子里的形象添分不少。不过，事业上的成功并不能掩盖他感情生活上的空虚。摸着裆下空空如也，曹腾每逢夜深人静时，心中自然分外落寞。终于，耐不住寂寞的曹腾结婚了（也称“对食”，娶妻纳妾在东汉时期是高级太监的合法权利），和他成婚的女人，是一名吴姓的宫女。太监寻求对食，大多借以满足自己缺失的淫欲，总得变态地在女人身上折腾些离谱的动作。但曹腾却不这样。对于这位结发“妻子”，他除却日常地嘘寒问暖，还颇为用心地在家谱上给予了名分（到了魏明帝一朝更追封为高皇后）。

组建新的家庭，有了油盐酱醋的炊烟，繁忙的工作之余，曹腾躺在床上，感受着家的温暖，可闭目养神之间，心中感觉似乎缺少什么。可是，进宫之时早已绝了后路，曹腾自然心知肚明，于是和兄长一个交代，领养了家中男丁，即曹操的父亲曹嵩。（“乞兄子继之，既嵩也”）尽管家境显赫，但对于这位养子，曹腾却是不敢造次，家教甚严。当别家的太监“子弟”飞鹰走狗惹出一地鸡毛的时候，我们的曹嵩，却只能在油灯下无聊地看着四书五经。有了良好的家庭教育，曹嵩性格可是“质性敦慎，所在忠孝”(《续汉书》)。到了曹腾归天，生性温良的曹嵩承袭了他的封国爵位，自然也就没有争议了。

由此看来，曹腾在自己的工作岗位上任劳任怨，兢兢业业数十年，绝对称为一位死心塌地为领导服务的好干部。同样，回归了家庭的曹腾，也能很好地扮演好丈夫、好父亲的角色。可以说，正是由于祖上这位“三好太监”的荫庇，才有了后来曹操在三国时代的呼风唤雨。

男宠小秘密

曹操这一辈子，除了戎马沙场，恐怕就是流连于女人温床之间了，即便是在弥留时光，曹操仍然不忘房中之事，非要将一干女子一阵嘱咐（详见曹操《遗令》，载于《三国志》）。当然，即便曹操这般富有想象力的男人，天马行空一番房事之余，有时也难免玩一把怀旧，换换口味，亲近一番男性结实的躯体。

为何说曹操“怀旧”呢？原来，自汉代以来，上层人士皆有好男色的风雅，这似乎是公开的秘密。但凡位高权重者，总要动了沾沾“腥味”的心思，也许，这在当时是种品味。譬如，几乎汉代所有的帝王，都有男风经验（譬如汉哀帝刘欣曾有断袖之风，此外，汉文帝、汉武帝等也曾闹过类似绯闻，我们就不一一列举）。汉末乱世，曹操的地盘逐渐做大，他风光之余，附庸风雅一番，当然也是可以的。

有趣的是，曹操对女人花心，总想多多益善，可对于男宠，却专一得多。从建安初年顺延此后约二三十年光景间，有史料记载的曹操男宠，似乎只有孔桂一人。孔桂此人，单寻名字，就颇有几分香艳味道。其有何能，竟得一代枭雄专宠？如要拨开个中关系，我们还得先看看孔桂的个人履历。

《魏略》是这样记载孔桂同志的人生出场的:“(孔) 桂字叔林，天水人也。建安初，数为将军杨秋使诣太祖，太祖表拜骑都尉。”所谓骑都尉，在当时的公务员编制里，其实只是较低级别的武官。如此看来，孔桂同志的职场首秀并不出彩。既无经世之才，也无孔武之力，孔桂对自己的分量，倒也掂量得很清楚。如此身段，如何在人才爆棚的魏营里安身下来，自然是个问题。好在，孔桂是个聪明人。

孔桂的聪明之处在于，知道如何剑走偏锋。孔桂的偏锋，就是他身上的文艺细胞。其实，孔桂属武行出身，在汉末文艺圈里寻章摘句，自然不是擅长，可他的特长，却是别人少有，就是通晓棋弈。身边吟诗作画的人多了，曹操自然无心留意，可善摆棋局的人物却是不多，于是留了刮目相看的心眼。除却下了一手好棋，孔桂还有着一身脚法。《魏氏春秋》有如下记载:“桂性便辟，晓博弈、蹹鞠。”这个蹹鞠，应该就是现代足球的艺术原型，《水浒传》里的高俅同志，就凭这口混得人模狗样。当然，孔桂若搁在今日，恐怕也是个“现象级”的偶像国脚 (粉丝几千万的那种)。

可在当时，孔桂是做不成国脚的。做不成国脚的原因很简单，曹操的敌对势力刘备、孙权们，正在厉兵秣马搞对抗，曹操自然是无心搞“三国杯”足球联赛的 (其实建安初年，当时三国格局还未成型)。当不成国脚，孔桂却并不伤心，因为他的文艺才华得到了曹操的欣赏。如此一来，孔桂被唤到曹操房里谈人生的机会自然多了起来。两个大男人关起门来谈人生，自然是颇让人浮想的，至于其中的动静声息，似乎不便记述，《魏略》自然语焉模糊地寥寥数字:“太祖爱之，每在左右，出入随从。”

那么，曹操对孔桂的宠爱，究竟到何种程度呢？我们不妨再搬出《魏略》来寻个究竟:“数得赏赐，人多餽遗，桂由此侯服玉食。”看得出来，**凭借着和曹操这层暧昧的关系，孔桂不仅在岁终年会上，拿着比别人大的绩效红包，寻常日子也总有一些溜须拍马的官员，捡个名目 (譬如远房大姨妈来了、干女儿过生日什么的)，送上一些厚道的“小意思”**。甚至，连准王储曹丕以及一干侯爷公子哥们，也会寻些缘由，到孔府串门攀个眼熟。（“太祖既爱桂，五官将（曹丕）及诸侯亦皆亲之。”《魏略》）

本来，身为一把手身边的幸宠，顺带沾点好处费的，自古以来是不在少数。可不得不提的是，曹操这人，是颇讲究节俭的，自己的内裤打满了补丁不说，还要求手下官员们过着粗茶淡饭的日子，上朝谁要是穿了新裤子，肯定是受不了好眼色的。譬如，前文就提到曹操有个儿媳（曹植的老婆），就是因为和闺蜜到奢侈品店买了件名牌衣服，竟给生生斩了容颜。如此想来，孔桂“侯服玉食”，是很不正常的。他明目张胆地和时政相违，如果没有曹操的默许，是断然不敢如此的。

男色消费

男色消费是自古以来就存在的一种消费习惯。不过，同现代只需简单地脱衣秀人鱼线就可吸引眼球不同的是，曹操的消费起点颇高。不仅要能脱敢脱，还必须精通足球、围棋等多项技能，譬如孔桂。当然，若曹操命长，活至今日，中国足球恐怕有救。

有意思的是，孔桂冒犯曹操底线的事，却不止锦衣玉食一件。原来，兴许是见了袁绍刘表立嫡事件里闹出的风波，曹操对于下属干涉自己的家事，是相当反感的。不识好歹的，如著名才子杨修同志，自负才名，硬为临菑侯曹植强出头，结果闹了人头落地。不过，我们这位曹操“身边人”，却不吃这套，吹吹“枕边风”倒成了一种习惯。每与曹操亲近之余，孔桂总会谈点时政八卦，偶尔也会拿曹操的几个儿子说事。孔桂提及之时，曹操并不介意，总是抚掌大笑，孔桂则一旁赔笑，这似乎成了一种默契。（“桂察太祖意，喜乐之时，因言次曲有所陈。”《魏略》）

曹操不介意孔桂八卦家事，可有人介意，此人正是后来的魏文帝曹丕。原来，孔桂同志押的宝，竟是曹植（看来，这位踢球的脑袋不好使）。可遗憾的是，最终上台的，却是曹丕。（“桂见太祖久不立太子，而有意于临菑侯。”《魏略》）对于曹丕的心眼，史书上的评价是不高的，如此想来，他对孔桂秋后算账是自然的。

对于孔桂的人生归宿,《魏略》做了如下记载,“桂私受西域货赂，许为人事，事发，有诏收问，遂杀之。”看得出来，孔桂到底托大了，竟忘了一朝天子一朝臣的说法，仗着曹操先前的宠臣之名，竟做了违法的勾当，终于让曹丕寻个把柄。当然，对于此时有了年纪的孔桂，陪睡曹丕恐怕是没有念想了，如此顺势枕着曹操地下长眠，也不失一条好的出路吧。

顽主有本“盗墓笔记”

在历代帝王将相里，曹操无疑是最可爱的“顽主”。曹操的可爱之处在于，其他“成功人士”都不像他这样能玩，也没他玩的洒脱。唐宗宋祖，耍两下玄武门机变或是黄袍加身的把戏，心中已是坐立不安。一代天骄成吉思汗，无非也是拔张大弓射大雕。即便像朱元璋这样野和尚出身的，登基之后也要正襟危坐，摆出一副一本正经饱读诗书的模样。

曹操同志可不管这些君子礼数。打孩提时代起，曹操的荷尔蒙分泌似乎就比同龄儿童多，闲着没事就会卖个萌装个傻，逗逗家里那位年长的三叔。及年稍长时，又像个“二逼青年”一般，胸前开两个扣子充好汉，呼三喝五打家劫舍调戏良家妇女（族弟夏侯渊还为此替他蹲了牢房）。到了发育成熟，他的兴趣开始向“普通青年”靠拢，满世界找女人睡觉并以身作则写体验报告。当然，每次“性致盎然”之时，曹操又会像个文艺青年，泪眼婆娑地朗诵两把情诗。反正，**当代青年梦寐的整蛊秘籍、打砸手册、泡妞宝典之类的玩抄，曹操同志一并收藏。此外，在这位玩的就是心跳的曹操同志手中的众多收藏中，居然还有本见不得光的“盗墓笔记”。**

所谓“盗墓笔记”，自然是记载着如何和死人打交道的。盗墓这行当，可不是谁都能玩转的玩意，但对于集普通青年、“二逼青年”、文艺青年之大成者的曹阿瞒同志而言，到底还是小意思。曹操是何时开始研究盗墓的，这个不得而知，但他真正把这项兴趣当做事业来干，大概是在董卓进京之后。董卓进京，“大刀阔斧”地破坏了两样东西：原有的政治秩序和经济秩序。既然天下大乱，“贪玩”的曹操决定玩把大的，和董卓、袁绍几个大佬争一下江山。但董卓这条经济蛀虫，一到京城就搞了套金融改革，大规模发行劣质铜币，导致整个社会通货膨胀、民不聊生（据史书记载，当时买一袋大米大概要花上万钱）。经济硬着陆，大概只有真金白银还能勉强保值了（就跟现在的房子一样）。曹操祖上是太监，积蓄也有一些，但经过董卓这一折腾，恐怕所剩也是不多。招兵买马是要本钱的，此时，曹操想起了压箱底的“盗墓笔记”。

重拾“盗墓笔记”，曹操审时度势地进行了完善修改。当然，此时的曹操并非一个人在战斗，身边多了郭嘉、荀攸这样的文秘鬼才。他们撰写策划文案，论证可行性报告，并制定了一套完整的盗墓计划。当然，**为保证盗墓的产出比，像年轻时小打小闹肯定是不行的，必须要有组织有纪律。于是，曹操引入事业编制，专门在军中设立了“摸金校尉”、“发丘中郎将”等职，并由自己直接领导，根据年度业绩规定绩效工资。**（“操率将校吏士亲临发掘，又署发丘中郎将、摸金校尉。”《魏氏春秋》）

那么，什么样的墓地才有油水呢？平头百姓的肯定是不入法眼的，有名望的圣贤之墓恐怕也是不行，树大招风，容易引起群众公愤。**经过一系列论证考察，曹操认为王侯高官的墓地性价比最高。这些不学无术的社会寄生虫，生前敛财无数，生后仍要霸占资源，对于诸类吸血鬼，社会认同感普遍不强，老百姓未必会有好感。如此一来，可以将恶劣的社会影响降至最低。**

有了前期的预备，不久，曹操的盗墓小组挖到“组队”以来的最大一桶金。唐高祖李渊下令编修的《艺文类聚》上是这样记载的：“操别入砀，发梁孝王冢，破棺，收金宝数万斤。”文中的梁孝王，名叫刘武。刘武的老爹是汉文帝，老哥是汉景帝，“文景之治”应该算是汉代最辉煌的时期，可我们的刘武同志，仗着老妈窦太后的欢心，竟一心寻思着做皇帝，可无奈天不遂人愿，处处棋差一招。心灰意冷之后，他索性转了性子，闲暇时光，就以收集各宗奢侈品和珍奇古玩为乐，及至入土，依然“不离不弃”。曹操这次行动，“收金宝数万斤”。如此意外之财，据说打发了曹操手下全军将士足足三年时光。

盗　墓

乱世发家致富最快捷的方式之一。只需简单粗暴地坑、挖、拆、抢，就能拉动个人账户可观的“GDP”总量。除了曹操，相传三国时代董卓、吕布等人也颇好此法。

可奇怪的是，就当曹操盗墓事业进行得如火如荼之时，却再无后续相关记载。也许，高潮来得太快，接下来偃旗息鼓也就自然了。其间，发生了一件事情，让曹操又一次开始深刻地思考人生。事情的背景大致是这样的：通过盗墓进行融资之后，曹操的产业迅速扩张，这自然引起袁绍眼红。为阻止曹操就此做大，袁绍授意身边才华横溢的“水军”陈琳对其进行抹黑，写了篇专稿《讨曹檄文》，文中一针见血地痛斥曹操不正当的发家史，并通过旗下各大媒体广为宣传。

盗墓这行当，完成创业初期的资本积累还行，倘若要形成产业链，社会压力太大，舆论导向也未必同意。见好就收，不失为人生境界，于是曹操决定今后开始专心致志玩女人，至于那本“盗墓笔记”，也从此封存起来。值得一提的是，曹操金盆洗手之后，铁骑踏过荆州，却由此错过了盗墓业一件极其有趣的事件。《世说新语》是这样记载的：西晋太康年间，一位曹操的“仰慕者”，挖开昔日之主刘表的冢墓（此时刘表身死已80余年），惊见刘表夫妻身形竟如在生时，芳香闻于数里。我们不妨做个设想，当时曹操兴致犹在，掘开刘表之墓看个究竟，以其贪玩本性，必习以研究不腐之躯，倘若加以推广，定可用于战时肉食保鲜。恐怕时至今日，曹操同志还会多出一顶响亮头衔：伟大科学家、罐头保鲜技术的权威领导者。

压箱底的肉麻“赞美诗”

赞美其实是一门艺术，古今但凡有些抱负的人，大多都精于此道。譬如当年群雄逐鹿的三国，人心思动，良禽大多择木而栖，如何稳住己方人才的心思，有时甜言蜜语就很有必要了。譬如我们的刘皇叔，三顾茅庐时一句“如鱼得水”，就让孔明把后半辈子的操劳，心甘情愿搁在了汉营。而孙权同志，赤壁战后的庆功会上，一把拉着周瑜的臂膀高呼“公瑾雄烈，胆略兼人”(《三国志》)，直说得江东将士热泪盈眶，至于周瑜，更把不长的生命线，至此全献给了江东事业。

虽说刘备、孙权深谙赞美之道，但把赞美艺术发挥得“登峰造极”的，恐怕还是曹操。当然，我们不妨翻开相关史载，一起来追忆“那些年，阿瞒哥赞美的男人们”。首先登场的，自然是大名鼎鼎的郭嘉。郭嘉此人，按现代话讲，应该算是“性格色彩学”的鼻祖人物，其对袁绍“有十败之劣”、孙策“必死刺客之手”精辟的心理分析，使之毫无争议地登上三国第一鬼才的宝座。

其实，曹、郭二人的初次见面，是颇有点缘分的。原先，曹操帐内的头号秘书，名叫戏志才。只是这位戏志才同志才高命浅，经不起军中折腾，竟一命呜呼了。于是，这才录用了郭嘉。（“志才卒，又进郭嘉。”《三国志》）也就是说，郭嘉原本只是“备胎”。可就在一番攀谈之后，曹操彻底为郭嘉独创的一套心理学理论给深深折服了，立马将这位“临时工”转正，并且逢人便讲，“使孤成大业者，必此人也”(《三国志》)。

可有意思的是，享有曹操如此肉麻赞美的，却不止郭嘉一人，至少，荀攸也算一位。荀攸此人，在《三国演义》里出场戏份颇足，按现代话讲，至少也是个二线明星。当然，在相关史料记述里，此君也绝非等闲之辈。官渡之战时，他献计声东击西，成功斩杀了袁军头牌上将颜良、文丑，后力主曹操接纳许攸，划策乌巢，为会战取得最后胜利立下大功。对于功勋卓著的荀攸，曹操的评价自然也绝不含糊，“公达（荀攸），非常人也，吾得与之计事，天下当何忧哉”(《三国志》)。

当然，对于精通赞美之道的曹操，如果只是诸如“非常人也”这般直抒胸臆地简单表达，恐怕还远远不够。必要的时候，还会拿上自己做个“垫背”。有幸享此殊荣的人，名叫娄圭。娄圭此人，年轻时就和曹操有过交情，但由于性寡清欢，一直没有炒作的热点，因此不受罗贯中的待见，在《三国演义》里出场甚少，名头自然远远不如郭嘉、荀攸。但此君的业务水平，是绝不逊于郭、荀二人的。

譬如，在曹操南征荆州之时，刘琮开城请降。本来，大军千里迢迢前来，把前戏做足了，可这战还未开打，怎么就偃旗息鼓了？对于刘琮的反常反应，曹军将士自然是满腹狐疑，大部分人不约而同地认为，这恐怕是诈降吧。（“诸将皆疑诈。”《三国志》）此时，娄圭站了出来，说道:“天下扰攘，各贪王命以自重，今以节来，是必至诚（《三国志》)。”曹操想想也是，刘表尚且畏曹如虎，刘琮这个小屁孩，应该是不敢吃豹子胆的，于是欣然入城。

当然，娄圭的计略绝不是昙花一现，即后西凉马超造反，曹操不胜烦扰，一路远征，更是对娄圭的计谋言听计从。（“从破马超等，子伯功为多。”《三国志》）待平定之后，曹操不禁由衷地发出这番感叹：“子伯（娄圭）之计，孤不及也（《三国志》）。”令人玩味的是，就是这位被曹操叹为“孤不及也”的牛人，功成之后，竟被编排了腹诽朝政的罪名，给生生处死了。当然，这是题外话。

除了偶尔“贬低”一下自己，更多时候，曹操还会卖弄一下文艺，寻个古时典故，套个先人模板，给自己写满了赞美语录的册集作些注脚。譬如我们刚才提到的荀攸，曹操还给了这样的评价：“昔孔子称，晏平仲善与人交，久而敬之。公达即其人也。”这个评语，是很有水平的。首先，曹操引经据典，搬出了孔老夫子；其次，就是安了一个模板，即荀攸的业务水准恐怕是和晏平仲相当的。

有必要交代一下，这个晏平仲，即晏子，可是春秋后期齐国响当当的政治家和外交家，在历代史学家眼里，是有极高分量的（语文课本里有《晏子使楚》一篇，说的就是他）。曹操将荀攸同此人相比，实有过誉之嫌。可这戴高帽，本就是无本生意，既不花钱也不割肉，说者痛快听者高兴，皆大欢喜又何乐而不为。

不过，曹操的高帽生意倒是批发的，不只荀攸，就连荀攸的叔父荀彧，也着实受了一顶。曹操给荀彧安的模板，却是汉初三杰之一的张良。（“吾之子房也。”《三国志》）虽说荀彧素有“王佐之才”的美誉，可是直接同汉高祖都自叹不如的张良进行类比，（刘邦语：“夫运筹策帷帐之中，决胜于千里之外，吾不如子房。”《史记》）恐怕还是少些底气的。

当然，不光是文臣如此，对驰骋沙场的武将，曹操自然更是不吝赞美之辞。譬如对贴身护卫许褚，曹操给予的模板是樊哙（鸿门宴里大喊“人为刀俎、我为鱼肉”那位），其实这例还算公允。（“此吾樊哙也。”《三国志》）可到了五子良将于禁那里，曹操戴的高帽就有些不靠谱了：“虽古名将，何以加之！”（《三国志》）可颇让人尴尬的是，这位惊煞古人的名将，转身就在樊城之战索性丢掉了头顶的光环，一个腰膝酸软，竟给关羽磕头认罪了。

给了于禁高帽，同为良将行列的徐晃自然是少不了的。且看曹操如何评价的："徐将军可谓有周亚夫之风矣。"(《三国志》）周亚夫是谁？这可是在西汉历史上非常有名的军事家。在汉景帝一朝，诸王叛乱，正是此人统帅汉军，仅三个月功夫就平定了叛军。倘若点评到此为止，还算是摸着边际，可曹操的赞美情怀一旦打开，却一发不可收拾了，《三国志》还有这般记载："将军之功（解樊城之围），逾孙武、穰苴。"

穰苴是谁？此人全称司马穰苴，可是上古时代同姜太公齐名的军事家，甚至连前文提到的齐国名相晏子，都是他的忠实粉丝，直叹其"文能附众，武能威敌（《史记》）"。至于孙武，就更无需多说了，一部《孙子兵法》，早就在后世兵法家的推崇条目里，被誉为了"兵学圣典"。将小字辈徐晃竟同这两位德高望重的前辈相提并论，实在是勉为其难的。

娄　圭

娄圭，三国著名建筑学家，享受魏国政府人才津贴。北伐马超一役中，娄圭同志合理利用天气因素，将原始的基本工程原料水和泥沙有机结合，一夜建成庞大的战备综合体。这座史上工期最短的建筑，创造了人类建筑学上的奇迹，并直接导致马超军团的覆败。

后来，这位史上最有才华的建筑师，因在个人"微博"上发表"娶妻当取大小乔、做人当做曹孟德"等不当言论，最终以诽谤领导人罪遭入狱诛杀。

如此看来，**手捧肉麻"赞美诗"的曹操，如穿越今日太平光景，驰骋沙场虽是没了条件，但料必也可成为深受粉丝欢迎的选秀评审**。一个转椅一个按键，再来几根荧光棒，然后堆出一副自我感动的表情，深情款款地半喊道："荀彧、荀攸，对，就是你们！小伙伴们，你们实在太棒了，我为你们骄傲。""郭嘉，你是我见过最好的，真的真的，你的歌唱到我心里了。""徐晃，你一定会是中国将来最好的舞王，I TRUST U，YEAH!"……

烧山、买凶、抓女人的另类招聘

21世纪什么最重要？人才。当然，此等思路，倘若搁在三国时代，同样是受用的。刘备、孙权缘何能在乱世之中分得汤羹，自然少不了孔明、周瑜等职业经理人的鼎力相助。当然，在三国时代能把“人才互动”运用到登峰造极的，应该还是曹操。见识了曹操的手段，难怪老对手孙权都曾大发感叹：“（曹操）御将，自古少有（《三国志》）。”

曹操对于人才饥渴的控制欲，似乎是超乎想象的。根据《三国志》的记录，**曹操一生中就曾极其正式地三度发布求贤令，招聘启事的语法大体是这样的：**

爱泡妞，爱文艺；

爱二五仔，也爱耍流氓。

我不是什么英雄，也不是谁的代言；

我是曹阿瞒，我和你一样。

你在哪，我在许都等你！

（“若文俗之吏，高才异质，或堪为将守；负污辱之名，见笑之行；或不仁不孝，而有治国用兵之术。其各举所知，勿有所疑。”《三国志》）

看得出来，曹操的招聘手法，尽管有些另类（和建汉以来，主流的“唯德是举”引援思路是有冲突的），但这洋溢着小清新的“阿瞒体”，还是给曹操赢得了极高关注度。如此平易近人的领导，总是让人心头一暖，于是人才们相呼做伴，集体驶向曹操这座温情脉脉的灯塔。人才集体抱团求关注，甜蜜“互粉”最大受益者自然还是曹操，几个光景下来，当年在逐鹿中原的群雄们，竟悄然灰飞烟灭。

不过，凡事总有例外。即便曹老板在各大主流甚至小道媒体上，大肆投放如此人性化的招聘启事，也有不给面子的。譬如接下来登场的阮瑀，就是不识抬举的一位。阮瑀这人，在历史上可是很有名的。这位文笔犀利精炼的文艺达人，不仅名入汉魏“建安七子”行列，还和当时的著名写手陈琳同志（就是吐槽曹操为赘阉遗丑的那位，建安七子之一），成立了“左琳右瑀”文宣组合，专门负责起草政府的统战文稿。在阮瑀的文艺熏陶下，儿子阮籍、孙子阮咸，后来也争气地跻身成为魏晋著名偶像天团“竹林七贤”成员。

对于这样一位浑身洋溢着“文艺细菌”的雅士，求贤若渴的曹操自然要张开双手，笑脸相迎的。不过，同后来的工作搭档，前脚刚吐槽、后脚就跳槽的陈琳同志相比，阮瑀的文人节操似乎要坚贞许多。《文士传》是这样记载的：“太祖雅闻瑀名，辟之，不应。”曹操的热脸贴上了冷屁股，脸上自然难堪。不过，我们的曹操天生本就是个厚脸皮的人，于是拿出死缠烂打的招数，吩咐手下频繁地对阮瑀进行“短信骚扰”。接连几番，阮瑀终于不胜其扰，于是，寻了一个月黑风高的夜晚，卷起铺盖，跑路进了深山。（“连见逼促，乃逃入山中”）

乱世当道，朝不保夕，寻份工作本就难事，可这个不谙世事的书生，却放下到手的金饭碗，跑到山里装清高。阮瑀大胆的互动，让习惯了挑战的曹操顿时来了兴趣。不过，挑起曹操的兴致绝对不是一件好玩的事情。于是，那座安静了千年的老山，终于受了连累，无端遭遇了一把火礼。原来，某日曹操闲来无事，心血来潮，忽然想见识一下阮瑀，于是遣了几个闲人，在山间四下燃起了火。阮瑀躲在山上一看阵势，急了，心里嘀咕道，

曹操你这小子也太不文艺了，招人就招人，竟还随处搞火，烧着人事小，烧坏了那些花花草草，可就太伤感情了。经过一阵思忖，阮瑀整了一下衣领，搞了一下发型，顺便洗了个澡，告别了深山，半推半就地投向了曹操的“怀抱”。（“太祖使人焚山，得瑀”）

如此想来，当年诸葛亮忸怩地摆了个架子，三顾出山，其实出的只是茅房，阮瑀这架势，那才是名副其实的出山。当然，曹操放火烧山搞招聘，尽管不太环保，但恐怕还是出不了人命。但接下来的招聘动作，却差点要了人命。差点掉了脑袋的，不是别人，正是后来端了曹操老窝的司马懿。司马懿这人，原是士族大户出身，他的老爹司马防，是个不苟言笑古板严肃的正直官员，（“性质直公方，威仪不忒。”《三国志》）这在当时贪腐成风的官场是很难得的。此外，司马防还有一个有趣的身份：曹操的老领导。（司马防任洛阳令时，曾委派曹操为洛阳北部尉）

曹操发达以后，忽然想起了司马防的好，于是寻思做个顺水人情，不妨安排导师那几个在家待业的儿子（司马防有八个儿子，时称“八达”），进入政府部门工作。可是，司马防的儿子中，那个叫司马懿的，却对父亲这位老部下的好意不太“感冒”，自觉接受传统家教却在“赘阉遗丑”手下办事，传出去终是不太好听，于是推脱得了风瘫病，动弹不得，无法述职也就顺其自然了。

司马懿的病历报告，自然传呈到曹操手中。老领导怎没提过此事？曹操本就多疑，自觉疑点甚多，心中暗道，我看在导师的面子上，倒是开了后门，司马懿这臭小子，倘若蹬鼻子上脸，耍大牌驳面子，将来定要收拾。寻思之后，遣了个刺客，吩咐道，不妨到司马懿家中一探虚实。刺客收了曹操的钱，自然是要办事的，于是寻个黑夜，一个猫步，翻过高墙，进了卧房。说来也巧，此时司马懿正躺在床上闭眼思考人生，忽然脖子一凉，只见明晃晃的剑锋已在颌下。

眼缝轻抬之间，司马懿窥见刺客面相。暗夜来人，虽持利剑，可面上并无杀气，寻仇想必不是，莫非是曹操遣派，探我虚实？司马懿寻思至此，主意已定，继续闭着眼睛思考接下来的人生。床上躺着的淡定，提剑的倒是乱了手脚，胡乱地把司马懿从头到脚一身打量，拿着“体检报告”应付了曹操。（“汉建安六年，郡举上计掾。魏武帝为司空，闻而辟之。帝知汉运方微，不欲屈节曹氏，辞以风痹，不能起居。魏武使人夜往密刺之，帝坚卧不动。”《晋书》）

尽管剑下留生，可司马懿也是吓得不轻，知道了曹操的招聘手段。于是打点了手下，竖起耳朵，但凡曹操有开大型招聘会，立马前来通报，也好洗个身子，躺在床上，迎接浩大的刀光剑影。未料，司马懿这一装，竟是整整七年，终于装不下去了。原来，曹操统一了北方，自任汉室丞相，意气风发地剑指江南。某日，曹操在玄武池畔视察水军操练，一阵清风吹来，不知为何，竟想起了瘫痪在床的司马懿。

想着当年的招聘往事，曹操总觉隐约不对劲，于是板起了脸，对旁边的陪同官员说道：“司马懿这个年轻人嘛，扮猪挺像，做人太囧。我叫秘书准备一份聘书，你去跑一趟。倘若此人一再扮猪吃老虎，不给面子，就将他绑过来！”司马懿听闻风声，心思曹操动了真格绝不是一件有趣的事，若一再拒绝，定难逃杀身之祸。于是，挥了挥衣袖，作别相伴多年的老床，慷慨赴职。

当然，曹操的招聘老是玩得心跳，剑走偏锋，折腾久了，终于还是闹出了人命。赶巧的是，这事偏又和倒霉的刘皇叔扯上了关系。原来，刘备曾也跟了曹操一段时间，自觉没有出息，于是寻个机会出来单干（当年，刘备为吕布所袭，落魄之际曾投奔曹操）。可是，和曹操公开叫板以来，运气一直不好，冀州、荆州一路流亡，寄人篱下有如丧家之犬。就在刘备山穷水尽之时，终于遇到了徐庶。徐庶这人，是个很有本事的热血青年。人才见面会上，“与将军共图王霸之业者，以此方寸之地也”《三国志》，徐庶一句激昂的职业规划，四十好几的皇叔，终于按捺不住心中久违的激动，老泪纵横。此时的刘备，似乎感觉多年笼罩头顶上的阴霾消散，明媚的阳光正在悄然绽放。

令刘备欣慰的是，徐庶不是一个喜欢说大话的人。不喜欢说话的人，办起事来自然靠谱。在徐庶的精心打理下，刘备的事业如预期所想，终于开始起色。刘备笑逐颜开，曹操自然不高兴了。眼见自己的老对手悄然做大，心中愤然道，刘备你这小子，当年拆我的台，挪用公司资金另起炉灶，今天我可要挖你的墙脚，给些颜色看看。曹操心思落定，自然就要搞出点事情，于是，一封聘书就此寄出。

不过，收到聘书的，不是徐庶本人，而是他的老娘。徐庶的老娘接到聘书的时候，正坐在曹操身边喝茶。原来，自从徐庶跟着皇叔混出了点名堂，心中寻思着给老娘安妥个好日子，但无奈自己在军旅生活，终日奔波在外，老娘毕竟年纪大了，一直颠簸也不是办法，于是向皇叔讨了块地，帮老太太搞了个“开心农场”，日子过得也算逍遥。

农场搞大了，不一定是件开心的事情。曹操得到消息，寻了几个跑腿，跑到农场偷菜，故意让老太太抓了正着。几个年轻人，不学济世之道，偏要行些偷鸡摸狗的勾当，老太太自然寻思讨个说法，未想一个理论，竟到了曹操的地盘。老太太一个抬头，满桌的杯具已经摆上了台面。老娘被曹操请去喝茶，徐庶自然急了，星夜向皇叔递了辞呈:“今已失老母，方寸乱矣，无益于事，请从此别（《三国志》）。”公司好容易有了起色，人才却吵着离职，刘备听闻消息，急得哭了，心中暗骂道，曹阿瞒太不厚道了，平时玩玩女人就算了，竟然连人家老母也不放过。可事成定局，也只能徒叹奈何。

徐庶跳槽到了曹操这里，老太太却不高兴了，心思自己老糊涂了，竟让儿子失了节操，一时想不开，竟然悬梁自尽了。徐庶未想到自己的功名之心竟要了老母亲的性命，心中懊恼不已，索性不发一语，终也在历史上落了“身在曹营心在汉”的好名声。有趣的是，花了大把聘金，仅淘了个摆设，做了冤大头的曹操却不生气，因为，这件摆设是从老朋友刘备那里挖到的，这本身就是一件乐事。

第 2 章

这里的官场房事也疯狂

挪用公款的信任危机

翻来成功人士的履历，我们常会发现“中等生法则”。所谓“中等生法则”，指的是班级里最为成功的，往往不是第一号种子，而大多是颇为顽劣的中等生。穿越时代，我们搬出鼎立三国的巨头们的个人学籍档案：曹操，“任侠放荡，不治行业”；刘备，“不甚乐读书，喜狗马、音乐、美衣服”(《三国志》)。这样的案底，肯定是当不成“三好生”的，至于孙权同志，能否坐稳乖乖男宝座呢？若要刨根问底一番，我们会忍俊不禁地发现，原来这哥们也是曹操、刘备一伙的。

当然，相对于曹操、刘备们的任侠放荡，青少年时代的孙权玩得可要高端得多，因为他直接把手伸向了花花的钞票。原来，孙权年少的时候，仗着老哥孙策是江东一带的一把手，颇有点顽主气味，成天和一些狐朋狗友吃喝玩乐。吃喝玩乐自然是要钱的，孙权只是一个小屁孩，零花钱肯定不会太多，酒桌上如此几分折腾，囊中羞涩是肯定的。

口袋空空，在朋友中间自然要驳了面子，于是孙权一个思索，想起了吕范。这个吕范，原为汝南细阳城的一个基层县吏，后来避乱寿春，恰好和招兵买马的孙策撞了个满怀。如此一个照面，吕范倒也定了“终身”，自此鞍前马后，立下了不少功劳。（“孙策见而异之，范遂自委昵。”《三国志》）后来孙策的产业逐渐做大，“公司财务”自然需要打理，于是亲密的跟班吕范同志就此担当了下来。

“吕范一个基层‘屌丝’，自从傍上俺哥这棵大树，如今混得倒也体面，”孙权寻思道，“自己拿着领导家属这张烫金名片，讨要几个零花钱，恐怕并非难事吧？”可未曾想，孙权的小算盘却落下了吕范不卑不亢的脸色，竟然不曾敲响。原来，吕范打量了孙权的来意，回答倒也干脆：“这钱是你哥公司的，你要套现自然可以，但必须按程序来。这样吧，你先写一份报告，回头找你哥批一下。”

这不是明摆着不给面子嘛，孙权心里嘀咕一阵，决定再试试口风，于是低声道：“你看我哥可是大忙人，这不没空嘛，能不能通融一下，我急用。”这般拙劣的软磨硬泡是不会有作用的，吕范一口回绝也就自然了。（“权时年少，私从有求，（吕）范必关白，不敢专许。”《三国志》）孙权碰了钉子，懊恼自不消说，至于阔绰的毛病始终也不见改。

阔绰惯了，迟早要出问题的。原来，孙策见孙权整日斗鸡遛狗也不是办法，总得安妥个正事，于是命他担任阳羡长一职。阳羡虽说是个小地方，可好歹也有独立的财政体系。当然，这对于孙权来说，绝对是个上佳的小金库。他隔三岔五，喊上几个损友，下个馆子，把个妹子，全部公款报销。可潇洒的时间长了，财务出现亏空也就自然了。恰在此时，孙策路过此地，忽然兴致高起，非要查查账目。孙策的兴致起来了，孙权的好心情自然落了下去。愁眉不展之际，孙权把心一横，看来这只能做假账了。于是喊来秘书周谷，两人一合计，打发了一个通宵，倒也把账面上的财务给摆平了。（“权守阳羡长，有所私用，策或料覆，功曹周谷辄为傅著薄书，使无谴问。”《三国志》）

如果时光定格此际，恐怕这位问题少年是很难同后来坐镇江东的那个雄主搭上瓜葛的。至少，此时的张昭也是这般寻思的。这个张昭，原是徐

吕　范

吕范，东吴重臣，官至前将军、假节、扬州牧，封南昌侯。有意思的是，吕范虽以秉公执法闻名于世，但个人私生活却热衷收集奇珍异宝，被时人誉为奢侈品百科全书。在《三国演义》里，吕范还曾客串孟非的角色，是直接促成刘备、孙尚香成功牵手的红娘。

州名士，自幼博览群书，后因战乱举家迁入江东避难，恰遇孙策创业，两人一拍即合，取长补短，倒也成了黄金搭档。换句话讲，孙策是江东创业集团的老板，那张昭就是这个集团的CEO。（“孙策创业，命昭为长史、抚军中郎将，升堂拜母，如比肩之旧，文武之事，一以委昭。”《三国志》）

张昭的态度终于在孙策遇刺后明朗了。原来，孙策弥留之际，喊来了张昭这位亲密战友吩咐后事，并托付张昭对孙权加以辅佐。孙策话音未落，张昭急了，低声道，孙权游手好闲，恐怕难堪重任，而孙翊（孙权的弟弟）骁勇善战，应是开拓之主。（“翊名俨，性似策。策临卒，张昭等谓策当以兵属俨，而策呼权，佩以印绶。”《典略》）

张昭话未落下，孙策也急了。挣扎着起身拉过张昭的手道：“若仲谋不任事者，君便自取之（《吴历》）。”其实看过《三国演义》的朋友，应该很熟悉，白帝城托孤时刘备跟诸葛亮也大抵说过类似。**这样的语法，倘若安在曹操、袁术这般不按常理出牌的臣子身上，估计就会顺水推舟，一把接过受命，然后一脸正经地坏笑道，主公放心，我来就是。**但对于知识分子，却是相当受用的，往往会肝脑涂地地抽风哭泣一把。孔明如是，张昭自然也如是。

果然，看到孙策急了，张昭一把握紧孙策的手，磕头跪地道，臣将万死不辞，绝不辜负君命。于是，张昭顺着孙策的意思，喊来了孙权，酝酿了一下情感，噙了两行热泪，一个单膝下跪，高呼主公上马。公司其他员工，见这位德高望重的CEO竟如此虔诚地奉迎新老板，原先寻思跳槽的、私奔的、捣乱的各宗想法，忽然不约而同地消失了，于是一个齐声“请领

导上马”，雷鸣的掌声随即响起。（“乃身自扶权上马，陈兵而出，然后众心知有所归。”《三国志》）

行文最后，再加两条有趣的“彩蛋”。

一、张昭虽在世人面前做了一把“领导上马”的真人秀，可心中对孙权的不信任感，在此后的很长时间内一直没有消停过，这也为他在后来“赤壁首脑峰会”中，极力扮演主降派，埋下了不太光彩的伏笔。

二、对当年“挪用公款”事件的两位当事人之一、刚正不阿的吕范同志，孙权即便热脸贴冷屁股，倒也“健忘”，还对其屡次表彰，使其仕途一路高歌猛进；而替领导擦屁股的另一当事人周谷，却被孙权秋后算账，无情地给踢出了公务员系统。（“及后统事，以范忠诚，厚见信任，以谷能欺更簿书，不用也。”《三国志》）由此看来，屁股决定态度，自古以来一向如此。

“精神病”杀人，信不信由你

杀人偿命，这本是天经地义，可在三国崇武乱世，路人相见，一语不合，即便身首异处却也无处申冤。也是，至汉末始，朝纲败坏，民心涣散，市井坊巷之间沾点江湖匪气，实属正常（譬如北宋水泊梁山诸多杀人犯，最后竟成了好汉）。只是，如若连律法执行者对此乱相竟也睁眼闭眼，这就实在不该。譬如，东吴大帝孙权竟放任手下官员恣意杀人，不加追究，充当保护伞，终是招来了千古骂名。

当然，我们先来度量一番这桩命案的缘由。孙权手下那位杀人的军官，名叫朱桓。朱桓此人，在《三国志》里是有立传的，在当时应该也算名将。根据记载，“（朱）桓性护前，耻为人下，每临敌交战，节度不得自由，辄嗔恚愤激。”翻译成现代话讲，朱桓这人作战好大喜功，每次和敌军交战，总喜欢出风头，不听上级指挥。倘若领导批评两句，心中就会愤恨不平，甚至出言顶撞。也就是说，朱桓和军中领导关系一向不好。军队里最重要的是什么？当然是服从命令。朱桓自以为是的臭脾气终于还是为他惹来了麻烦。

事件的原委是这样的：庐江主簿吕习因在北魏不受重用，密谋串通东吴作乱。孙权得知消息，即令当时的东吴卫将军全琮（孙权的女婿）、前将军朱桓前去接应。谁知全琮好大喜功办事不力，导致事情败露，全军几近覆没。出师不利，自然要有人问责，面对孙权派来调查的监军胡琮，全琮自然想推卸责任，谎称行军计划是由军事委员会全体成员投票决议的。替领导背黑锅？这事朱桓绝对不干，于是星夜找全琮算账。全琮知道朱桓脾气，就把屎帽子往胡琮头上扣。

朱桓是个性急的人物，也不仔细调查究竟，就提着刀斧往胡琮帐前奔去。未料营帐里有个胡琮眼线，偷偷跑去打了报告，如此一来，朱桓自然扑了空。“满腔激情”得不到宣泄，朱桓气火攻心，暴怒之下把那天在场的士兵都给杀了。左右秘书劝他不要这么大动肝火，竟也被他要了人头。按理说，在部队里滥杀军人，这肯定是要上军事法庭的。可朱桓不仅没有被投入牢监，还被冠冕堂皇地护送回建业享受公费疗养。原来，朱桓此前因为军中事务繁忙，积劳成疾，犯上严重的精神病。（“遂讬狂发，诣建业治病。”《三国志》）**因公务染疾，以致错杀同僚，这个理由放至今日，恐怕是要引起广大群众“拍砖”的，不过在当时，英明的孙权同志反正是信了。**

“朱桓同志，是一名伟大的同志，为了东吴振兴事业，他不辞劳苦，兢兢业业，即使患有严重的精神病，日不能食，夜不能寐，仍然主动要求工作在第一线。一名没读过多少书的军人同志，能有这样的觉悟，能有这样的奉献精神，能不让我们感动吗……”随着孙权饱含深情的演讲，死者家属的信访之路也就此画上句号。

那么，孙权果真相信朱桓犯有精神病吗？答案自然是否定的。这在《三国志》里记录的一段孙权与朱桓的对话中，就暴露出来了。孙权探望病中的朱桓，寒暄之后，笑道：“寡人原想配上雄兵五万，供将军沙场驰骋之需，未想，将军却先病了，遗憾遗憾。”（“权曰：‘孤欲令君督五万人专当一面，以图进取，想君疾未复发也。’”《三国志》）朱桓原先还扭捏作态一番，可一听说这，立马来了精神，拍胸脯道：“只要能上马杀敌，我这病啊，指不定明天就好了。"("桓曰:'猥重任臣，臣疾当自愈。'"《三国志》）孙权听言，哈哈大笑。

可以看出，老辣的孙权只是在装糊涂，是演给不明真相的群众看的。那么，为何孙权要对身背命案的朱桓百般护短呢？我们还得搬出《三国志》："孙权为将军，桓给事幕府。" 可见，朱桓算是孙权的嫡系。那么，两人关系好到什么地步呢?《吴录》记载着这样一个故事：某日，孙权在武昌大宴宾客，一时间，君臣尽欢。孙权喝酒有个习惯，就是喝到欢时，就会出来敬酒打通关。酒敬到朱桓处，趁着酒胆，朱桓说道，干了这酒可以，不过有个条件，得让我摸一下您的胡须（孙权碧眼紫髯，胡须自然也是特别）。此言一出，原本喧哗的酒筵忽然安静下来，君臣有别，怎能乱了规矩，大伙心里都替朱桓捏把汗。谁知孙权酒到兴致，也不生气，反而哈哈大笑。得到了默许，朱桓也不客气，当真上前着实"调戏"了孙权一把（"权冯几前席，桓进前捋须"）。由此可见，孙权朱桓私底下算是感情不错的铁哥们。

朱 桓

朱桓，战争狂人，以热衷收集敌军人头著称。此外，朱桓记忆力惊人，见人一面，数十载也不会忘记。部下万人以及他们妻儿的资料，朱桓全部铭记于心。因此，此人可戏称为"移动的硬盘"。

不过，如果仅仅是关系铁，孙权就敢冒天下之大不韪，公然包庇杀人犯，那就错了。因为朱桓还有其他的利用价值。刚才我们讲了，朱桓这人"性护前，耻为人下"，往坏处讲叫爱出风头，但换个角度也可以说是身先士卒，打起仗来不要命的。魏蜀两股势力在边境虎视眈眈，能有这般"二逼青年"保卫孙家主权，何乐不为呢？这是其一。其二，朱桓在军队中拥有极大的威望，但凡一面之缘的部属，数十年后依然能喊出名字，（"兼以强识，与人一面，数十年不忘，部曲万口，妻子尽识之。"《三国志》）如此记忆力，像有精神病吗？与之相反，被杀的几个，要么是军中小吏，要么是文职笔卒，并非什么要害人物。倘若因为几个阿猫阿狗处罚朱桓，造成不必要的军中哗变，这也是孙权不愿意看到的。

如是，我们以史为“鉴”不禁发现，当今一些蝇营狗苟之徒，专营法律漏洞，一旦犯事，试图以精神疾病为由，逃避各种刑法，倒也有“前车之鉴”的。至于孙权所为，后世舆论自有公说。只是，赏罚不均，特权凌肃，公器私用，嚣然造假，岂不正是亡国取祸之道？也难怪晋朝有位叫孙盛的“历史评论员”对此掷地有声地痛骂：“桓之贼忍，殆虎狼也，人君且犹不可，况将相乎？语曰，得一夫而失一国，纵罪亏刑，失孰大焉！”

公款消费压垮GDP第一大省

在汉末逐鹿的群雄里头，袁术无疑是个反面人物。《后汉书》记载：“（术）少以侠气闻，数与诸公子飞鹰走狗。”如是看来，袁术应该算个现代人眼里相当鄙夷的纨绔“富二代”。不过，在汉代那个门第森严的等级社会里，能力并不是重要的，关键是有后台（袁家四世三公，社会地位显赫）。作为老袁家的头号苗子，成年之后的袁术竟被糊里糊涂地选调进了政府部门。

有了父辈的庇荫，袁术仕途当然可谓一帆风顺，“举孝廉，除郎中，历职内外”（《三国志》），也就是说，从地方到中央，都留下他历练的足迹。本来，按父辈设计的这条路走下去，袁术位列三公只是迟早的事情，可接下来发生的事情，却使袁术不得不另谋出路。原来，自黄巾起义起，中央集权已是奄奄一息，在这生死存亡之秋，朝廷大小派系却并未通晓大理，仍然争名逐利互相拆台。如此毫无道德底线的明争暗斗之后，朝廷的实际控制权竟意外地落入“外来的和尚”董卓手中。

董卓这人，在历史上的名声是相当臭的。而且，此人没有什么执政才能，一上台就搞政改（连汉少帝刘辩也给批斗下去）。袁术一看，待在中央可是会掉脑袋的，于是申请外调至南阳郡，成了坐拥一方的军阀。应该说，此时的袁术还是很有眼光的。尽管南阳在东汉并非政治中心，但根据《后汉书》记载，南阳有37城，50万户，总计超过240万的人口，不论是农业、手工业还是商业都十分发达，可是当时的GDP总量第一大省（当时袁术的实际行政管辖范围，相当于现代的一省规模）。

本来，坐拥一片如此富饶的土地，喝喝咖啡泡泡女人笑看诸侯风云，也不失一种惬意。可接下来发生的两件事情，彻底改变了袁术的人生走向。第一件是袁术从孙策那里连哄带骗得到了一枚传国玉玺，第二件是当时民间一则内容为“代汉者，当涂高”的微博特别火爆。袁术寻思，自己名术，术是城邑内的道路，又字公路，如此分析，应同“当涂高”暗合（“涂”与“途”音同），况手中还有天子的证物传国玉玺，如此巧合，岂非天意？

经过一番思想斗争，袁术的心态发生了改变，终于耐不住寂寞，于寿春公然称帝。其实有称帝的野心没有错，不想当皇帝的诸侯肯定不是好诸侯（没有野心的刘表明哲保身最终也难逃兼并），曹操、袁绍心里当然也有想法。但是，天下未定，贸然摊牌只会招来不必要的麻烦。果然，袁术称帝的消息一经传出，群臣激愤，一时间各宗舆论口诛笔伐，至此，逆天反贼的帽子就在袁术头颅扣下。当然，对于此时的袁术而言，外界的舆论只是浮云，当务之急是自己的行政级别上去了，自然配套的行政设施也要搞上去，至于寝宫规格，当然可是不能低于当年汉帝的未央宫。

与此同时，为摆脱“挂名皇帝”的闲话，袁术参考东汉行政机构，增设三公九卿。（“置公卿百官，郊祀天地。”《后汉书》）如此一来，原先的办公场所肯定是不够用的，于是袁术大笔一挥，大修土木工程。**看到“国内”一片如火如荼的建设场景，前来视察工作的袁术十分满意，心思如此一番，面子工程有了，无形还促进了当地就业。**

只是，大搞行政“基建”，又凭空多了若干领导同志，自然就多了吃饭的嘴，原先的财政收入自然不够用。更不堪的是，称帝以来，新政府的

“三公消费”顿时激增，后宫享有“皇家编制”的嫔妃们，要么隔三岔五地公费旅游一番，要么以办公的名由给自己公款添置三两件奢侈品，至于公款吃喝所倒掉的粮食，更是不计其数。（“荒侈滋甚，后宫数百皆服绮縠，馀粱肉。”《三国志》）

巨大的财政缺口这个窟窿肯定要想办法填上的。袁术找来几个分管经济的官员，围在桌子上一顿吃喝，拍了拍脑门，救市方案就出来了。所谓的方案，大致分为两条，一是降低军费开销，二是增加各宗税收（譬如阳光使用税、空气税等），也就是说，亏空的财政负担，最后是摊在了基层士兵和老百姓头上。（“征敛无度，百姓苦之。”《后汉书》）

GDP

GDP，按市场价格计算的国家（地区）生产总值的简称，是国民经济核算的核心指标。同时，GDP也是考量当代官员工作能力的重要指标。只是，在相当长的一段时间里，GDP仅同官员升迁指数成正比，和当地居民生活水平没有直接关系。

士兵是强国之基，百姓是社稷之本，这个道理袁术不知是真不懂，还是装作不懂。当然，以袁术为首的领导集团，肆意把手伸向基层群众的口袋，无度地“吃拿卡要”，迟早要出问题的。民怨连天，将士离心，可执政官员们，却拍着脑门，编出一张张高企的GDP报表粉饰太平。上面的歌舞升平，下面的风餐露宿，如此瞒天过海，终于连老天也看不下眼了，接下来，竟是持日经年的自然灾害。南阳的经济终于“硬着陆”了。《后汉书》是这样记载的：“天旱岁荒，士民冻馁，江、淮间相食殆尽。”“自下饥困，莫之简恤，于是资实空尽，不能自立。”

中国人一向有痛打落水狗的习惯。坏账连连的袁术又身负“僭越”之名，自然成了众矢之的。曹操、孙策、吕布等军阀头子，竟也放下往日的恩怨，一并齐声围追堵截。昔日的经济强地，如今早已凋零残败，平时受尽欺凌的基层兵士怎会为成天吃香喝辣的领导们卖命？于是还未交锋，早作鸟兽散。对于袁术这位脑残“富二代”的人生结局，《吴书》倒有这样交代:“时盛暑，欲得蜜浆，又无蜜。坐棂床上，叹息良久，乃大咤曰：袁术至于此乎！因顿伏床下，呕血斗余而死。”

如此想来，这位生前极尽奢华的富二代，临终竟连一口蜜汤都成了奢望。我们的袁术同志，伴随着“大咤”、“呕血”等一系列销魂的脑残姿势，来告别这个曾让他极尽逍遥的花花世界，真可谓一种填充着讽刺气息的黑色幽默。

最有幸福感的城市

中国人一向热衷搞排名座次，比如每年都要评什么最有幸福感、最宜居的城市之类的。其实，中国人本来大多谈不上幸福，但看见别人过得闹心，忽然心里的幸福感也就油然而生了。当然，如果我们在三国时代也弄个幸福感城市榜单的话，哪座城市会上榜呢?

众所周知，东汉末年军阀混战，名不聊生。曹操在诗歌《蒿里行》中就有提到:“白骨露于野，千里无鸡鸣。生民百遗一，念之断人肠。”不过，曹操这是猫哭耗子假慈悲。《后汉书》有记载:“曹操击（陶）谦，破彭城傅阳。谦退保郯，操攻之不能克，乃还。过拔取虑、睢陵、夏丘，皆屠之。凡杀男女数十万人，鸡犬无余，泗水为之不流，自是五县城保，无复行迹。”说的就是曹操为报家仇，乘机攻城略地，由于徐州人民的负隅顽抗，城破之后，曹操把城中的百姓不分男女老幼全部杀光。曹操这个行为的残暴程度丝毫不逊于董卓的火烧洛阳。因此，要想在三国里找出有幸福感的城市还是颇有难度。不过，幸好有荆州，确切点讲，应该是赤壁大战之前的荆州。

我们先来了解一下荆州。东汉末年，地方政权为州郡县三级制，全国分为十三州，荆州辖有七郡，即襄阳郡、长沙郡等。确切点讲，汉末的荆州其实不只是一座城市，其行政范围大致相当于现在的省。早在三国之前，此地就已是人杰地灵，卧虎藏龙，比如，浪漫主义大诗人屈原就生活于此；东汉王朝的创始者刘秀也在这里发家；著名的东汉大儒马融还在此处进行了“教育改革”，课堂上男、女弟子兼收，用一幅绛帐相隔，被后世称为我国最早的男女同堂学校。可以看出，荆州是个很有人文底蕴的地方。

恰巧，赤壁之战前最后一任荆州刺史刘表也是个喜好办学的人。当时，北方战乱不息，荆州相对安定，刘表采取了“宽和养士，从容自保”的策略，所以中原百姓与文人俊杰为避战乱多有归附者，比如，年幼的诸葛亮就随叔父一家由山东远道迁徙至此。而且，在经济上，刘表也给予这些外来人才一定的扶持，有点类似现在的人才专项资金补贴，比如给套经济适用房或者几万安家费什么的。于是，海内之俊杰竞相归附，使荆州代替长安、洛阳一时成为全国学术中心，并在此基础上形成了以水镜先生司马徽等著名古文经学家为代表的荆州学派。此外，刘表还热衷办学，着重就是传播古文经学。他组织“专家教授”们集体编写了五经教本，并广泛搜集动乱中大量流失的各类图书，使荆州藏书成为全国之冠。因此，当时的荆州完全可以用“文人云集，群星璀璨”这八个字来概括，所谓“士之避难荆州者，皆海内之俊杰也”。

当然，**太平日子不是光靠几个文人骚客唱唱“红歌”就能够实现的。如何让普通老百姓过好日子，这才是城市安定繁荣的重点**。在这点上，刘表想到了，而且做得还不错。其实，刘表主政荆州初期也有过“人情好扰，加以四方震骇，寇贼相扇，处处糜沸”这样一个阶段，后来，刘表听从名士蒯良、蒯越的建议，采取擒贼先擒王的策略，将当地十几个带头枉法的豪强果断擒杀。在一系列的打黑风暴后，荆州变成了“万里肃清”的东汉后期最后一片乐土。在对外问题上，刘表采取以和为贵的政策，做个和事老，基本谁也不得罪。这样就避免发生大的冲突，以免造成老百姓流离失所、生灵涂炭。在经济上，刘表有效利用了当地各大家族的势力，推行了各种行之有效的措施，使得农业生产得到了很大的恢复和发展，荆州地区的百姓“大小咸悦而服之”。刘表控制荆州以后，对于属地的管理也是励精图治，有条不紊，贡献良多，体现出一代能臣的本色，把荆州治理得有声有色。辖下的官民，对刘表的执政能力都是比较肯定的。

那么，相对于战乱的北方，荆州的幸福指数究竟有多高？我们可以从王粲的诗中找点线索。这位游历过不少祖国河山的大文豪有两首诗很出名，一首是《七哀诗》，我们从中摘取一二：“白骨蔽平原，路有饥妇人。抱子弃草间，顾闻号泣声。挥涕独不违，未知身死处。”可以看出，这篇文学创作始于未到荆州之前的沿途“风光”，很深刻地描绘了感于连年战乱、百姓疾苦、白骨敝野、饥殍遍地、难民成群、亲母弃子的悲惨场面。可到荆州之后，王粲笔锋一转，《登楼赋》里出现了“华实蔽野，黍稷盈畴”这一片欣欣向荣、路不拾遗的景象。

不过，**很可惜的是，荆州的安定繁荣随着曹操的铁骑南下最终还是灰飞烟灭了，荆州从此又回到了兵家必争之地的纠葛之中。赤壁之战前的荆州成了当时不少文人难以消去的乌托邦**。看来，有着羊一般慈悲心肠的刘表，身处狼一样的乱世，下场还是会很“杯具”的。

公务员编制可以换啥

平时留意社会新闻的朋友应该都知道，现在的毕业生要想吃上公家饭，恐怕是不容易的。除却冗长的层层筛选，必要时还得和那些“量身定做”的富二代们拼爹拼妈拼二大爷。因此，诸如研究生竞聘体制内的环卫工人等新闻常现报端，也就见怪不怪了。

在汉末三国时期，公务员编制自然同样也是吃香的。因此，利用职能之便，想方设法弄点好处，自然也是应该的。不用说，编制首先是可以换钱的。可有意思的是，在汉末带头提倡将公职换钱的，却是帝国最高领导人、汉灵帝刘宏。刘宏这人，在历史上的评价是很差的，诸葛亮的名篇《出师表》就有这么一句，“未尝不叹息痛恨于桓、灵也”。诸葛先生毫不客气了，我们自然也无需委婉，直截了当地给这位钟爱豪宅美女的富二代附和着给了差评。

当然，所谓的豪宅美女，自然是烧钱的消费品。汉末农民起义时起彼伏，朝中物质自然匮乏。钱从哪里来？刘宏倒也有自己的主见。《后汉书》是这样记载的：“初开西邸卖官。”也就是说，**这位皇帝公开贩卖公务员编制了。既然是买卖，肯定要有市场指导价的，对刘宏定下的规矩，我们不妨**

亲切地称呼为“国三条”。

一、各部门公务员编制采用统一估价投标，出价最高的人就可中标上任。

二、编制市场指导价以官吏的年俸来计算，如年俸二千石的官位标价是两千万钱，年俸四百石的官位标价是四百万钱。

三、官吏的升迁，必须按价缴纳“增值税”。这和刚出台的房产增值需缴20%差价作为个税，应该是一个道理的。

“国三条”一出台，购买编制的人自然是络绎不绝，朝廷效益好了，汉灵帝泡妞的干劲，自然高涨不少（如此折腾，33岁就一命呜呼）。有意思的是，经过市场的检验，地方大员的编制，定价反而要比朝官来的高，根据所辖区域富饶程度，价位还可以允许适当浮动。掏钱的主，花了大把钞票，换了个公务员编制，当然绝不是为了“扫大街”的，其前期投入的高额成本，自然顺带着流向了人民群众。

公务员编制不仅可以用来换钱，有时还可以用来换酒。汉末有位叫张让的大太监，就做了一把用编制换酒的买卖。关于张让同志的来头，读过《三国演义》的朋友应该都知道，此人可是汉末臭名昭著的“十常侍”里的领军人物。其实，汉灵帝刘宏买卖编制的主意，倒也有张让几分功劳（怂恿昏君汉灵帝刘宏设立“西邸卖官所”，公开卖官敛财）。后来，汉灵帝的售官买卖做大了，自己忙不过来，加之床上日夜流连，已是力不从心，于是一个偷懒，就把这个业务交代给了张让。

于是，《后汉书》上就有了这样的记载：讲的是东汉末年有一名叫孟陀的生意人，一心寻思着买个公务员过把瘾。可是国家官方的定价过高，孟陀家底单薄，终究折腾不起，于是要了个心思，买通了几个奴才，敲响了张让家的后门。敲张让的家门，自然是来送钱的，可张让是个见惯大场面的人，光送钱恐怕是不行的。孟陀毕竟是生意人，一个巧思，托人到西域买了两箱上等葡萄酒，央请“领导”笑纳。张让这人，有个优点，就是知道“投桃报李”，于是左手收下“洋酒”，右手就递过一个肥缺：凉州刺史（相当于省委书记一级）。

两箱“洋酒”换来“省委书记”要职，孟陀肯定是赚大了。不过，张让也绝对没亏。也是，有钱的太监多了，可像这样有钱又有品味的恐怕没有，摇着“高脚杯”装逼，这对于张让绝对是件倍有面子的事情。当然，公务员编制，除了换钱换酒，也少不了换个女人吧。刘宏是天子，女人“信手拈来”，估计不会费这心思，而张让是太监，估计也没这个心思。但若遇到“带把子”的要员，来点权色交易自然也就正常了，譬如，邓飏就是其中比较出名的一位。

邓　飏

邓飏，富二代，以生活糜乱著称。因依附曹爽，干尽欺行霸市的勾当，被时人讽称为“台中三狗”（另两人为何晏、丁谧）。高平陵政变后，邓飏为司马懿所诛杀。

这位邓飏同志，官风轻浮，贪财好色，出门办公总喜欢抽天价烟，戴名贵表。如此高调作风，让他在魏明帝曹睿一朝很不得宠，还一度被拉入了官员黑名单。（“浮华事发，被斥出，遂不复用”）后来到了曹爽辅政时期，邓飏靠着马屁功夫，居然摇身一变，担任侍中一职。侍中这职务，在秦汉的初期，原来只是端尿盆的（只有事业编制，没有行政编制），可到了汉末魏朝，权力已是大增，相当于皇帝的行政秘书。邓飏当上了皇上的“代言人”，跑官的人自然就多了。

《魏略》是这样记载的：有位叫臧艾的富二代，见惯了人间烟火，觉得烦腻了，寻思着到公务员队伍里“锻炼”一下，于是托人寻到了邓飏。邓飏倒也亲和，握着臧艾的手关怀道，听闻你的小妈身体一向不好，我这恰有两副补药，不知何时有空，烦请夫人来府上一趟。臧艾也是多年混迹的主，对弦外之音自然知道，于是回家和老爹一商议，公务员的帽子终于安然戴上。（“飏为人好货，前在内职，许臧艾授以显官，艾以父妾与飏。所以京师为之语：以官易妇邓玄茂。”《魏略》）

不过，在汉末三国，并不是所有编制都能换来洋酒美女的，也有倒霉的，一个好端端的编制，到头来只换了一个饼。这个离奇故事的主人公，名叫丁斐，原是曹操手下的典军校尉。典军校尉一职，应该相当于市公安分局局长，这并不是掌管人事的部门，何来私受编制的权力？当然，这正是丁斐倒霉的地方，因为他交换的是自己的编制。《魏略》是这样记载的：“自以家牛羸困，乃私易官牛，为人所白，被收送狱，夺官。”

看得出来，这位“公安局长”家中并不富裕，于是寻思利用职务之便，来个移花接木，可未想手法太差，一出场就穿帮了，被人参了一本，丢了铁饭碗。后来，有次曹操在路上遇见丁斐，开玩笑道：“老乡（丁斐原是曹操老乡），你脑袋上的乌纱帽呢？”（“文侯，印绶所在”）丁斐知是老乡调侃，一声讪笑道，我这编制啊，可是换了饼的。（“斐亦知见戏，对曰：以易饼耳。”看来，牢监那会，估计没少吃免费供应的大饼）只是，这话要是流转今日，到了隔壁卖烧饼的三大姑耳里，估计立马正色道：“我换，用一车烧饼。”

官场差人缘PK

中国的官场，是很有讲究的，人情关系尤为重要。譬如五代时候，有个叫冯道的，善于察言观色，摸着领导的脸色过河，竟然先后侍奉四朝皇帝，屹立不倒。当然，在三国乱世，群雄并起，武人自然登上舞台，可武人不比文人，即便有了参政权，也难免人情上有了疏忽。一些人缘不佳的，受到排挤事小，更有甚者，还会惹来血光之灾。比如，大牌名将关羽，就是受累的一位。

关羽这人“刚而自矜”(《三国志》)，这应该算是共识吧。在中国的官场,“刚而自矜”难免招来祸端。当年关羽镇守荆州城，终于将刘封、糜芳、傅士仁等一干同僚通通得罪。更杯具的是，他得罪的，竟还都是小人。后来荆州战起，这干人等倒戈的倒戈，看热闹的看热闹，至于关羽，只能无奈背负了“大意失荆州”的名头，上天做了“神仙”。

人缘同样不佳的，还有和关羽称兄道弟的张辽。有意思的是，张辽原也是亡命天涯的主，只因恰逢乱世，凭着一身肌肉，跟了几个军阀，也算是否极泰来。后几番折腾，投靠于曹操门下，很受重用。受到了重用，自然就要扛起作战大旗。恰巧张辽的随军秘书是个叫武周的雅士。雅士，按现在话讲，就是颇有书卷味的文艺青年。武周有个习惯，就是每每军征一处，都会发个微博抒发一下情感。

可行军打仗绝非儿戏，如此几番，张辽看不惯了，喊来武周就是一通训话：我们跋山涉险，提着人头上路，你倒好，竟带着微博去旅行，回去写份检讨，明早给我。刚才说了，张辽本是粗人出身，如今虽是当了领导，可讲话的艺术还是欠些火候。**武周可是文艺青年，怎能受此叱喝，转身回到屋里，抹了一行眼泪，发了一条微博："寂寞，沙洲，冷；领导，粗俗，笨。"**当然，次日张辽等来的不是洋洋洒洒的检讨书，而是武周寥寥数字的请假条。（"将军张辽与其护军武周有隙。"《三国志》）

首席秘书闹情绪了，可张辽大字不识几个，无人打理军务肯定要误事的。于是，张辽想到了胡质。胡质这人，可是"国之良臣，时之彦士"(《三国志》)，文笔自然没得说。可就当张辽满怀欣喜地登门拜访时，未想却吃了一通闭门羹。张辽想不通了，自己素未得罪胡质之处，为何遭此"礼遇"？于是喊上一个懂点笔墨的小弟，代发了一条"微信"询问。胡质的回复倒也直接："武周身为雅洁之士。以前您也对他的文采赞不绝口。而今，只为微博那点小事，竟放下脸面，一通责骂。恕我才疏学浅，难堪此大任。"

当然，张辽的乖张脾气，倒不是只为下属准备的，有的时候，即便同级的官员，也得沉着脸色接着。大约是在赤壁战后六周年，曹操亲率大军南下"怀古"，可依然无法征渡长江天堑，退兵之余，派遣张辽、乐进、李典领七千军士断后，屯扎合肥以据孙权。张辽这人，睥睨傲物已是习惯，即便一向好脾气的李典，也终于受不住了，（李典"好学问，贵儒雅，不与诸将争功。"《三国志》）于是合肥城里出现了"诸将任气，多共不协(《三国志》)"的尴尬局面。江东孙权听闻风声，心里打起了小算盘：这诸将不合，乃败亡之兆，况合肥兵力单薄，此时不取，更待何时。

如合肥有失，曹魏可就失去了对孙家的屏障。当然，有了武周事件的教训，张辽终是长进了，主动放下身段，喊来诸将泡茶谈心（看来，张辽为人处世，还是要比关羽聪明）。李典本就是明白人，自然顺势接过话茬，慨然道：“此国家大事，顾君计何如耳，吾可以私憾而忘公义乎！（《三国志》）”一时间，诸将把手言欢，同仇敌忾。面对众志成城的魏军将士，孙权自然是捞不到好处的，合肥警报自然解除。

关羽、张辽的官场人缘虽差，可有人甚之，此人名叫甘宁。甘宁此人，得罪的不止同僚，即便领导也不能幸免。我们先来了解一下甘宁的官场履历。《三国志》如是记载：“少有气力，好游侠。”轻侠好杀，亡命天涯，这样的人，在和平年代，恐怕是混不开的，幸好，甘宁出生在乱世。和关羽、张辽一样，凭借着一身武力，甘宁终于寻到了立足之地，可他的头任领导、江夏太守黄祖，对其却并不待见。

原来，甘宁本是草莽出身，对于官场诸多规矩，自然是不解风情的。可黄祖偏又是个老古究，认为做下属的，逢年过节，即便不是大包小包登门，至少也要发发“短信”表表心意。可是，甘宁统统没有。于是，积怨已久的黄祖寻思着该给甘宁点警告，于是想了个馊主意，唆使甘宁身边小弟，对其取消“关注”。（“令人化诱其客，客稍亡。”《三国志》）甘宁是个粗人，粗人都好面子，见自己名下“粉丝”日益减少，终于坐不住了，心中料想准是黄祖从中作梗，看来这江夏是待不下了，于是寻了夜色的掩护，渡江投了孙权。

投靠了孙权的甘宁，自然不忘黑前领导一军。于是，他草拟了一份战情报告书，直称“祖今年老，昏耄已甚，至尊今往，其破可必（《三国志》）”。当然，黄祖本就是昏庸之辈，孙权在江东业已韬光养晦多年，一旦动了兵戈，自然是摧枯拉朽，

虽说甘宁初到江东，就立了奇功（黄祖还是孙权的杀父仇人），可他的差人缘却没有消退的意思。江东猛男凌统，就一直看他不惯。当然，凌统看不惯甘宁，绝不是嫉妒他那腰际堪比自己的“人鱼线”，而是他的老爹凌

操曾在数年前孙、黄两家发生产权纠纷时，竟被甘宁一箭给射杀了。虽有杀父之仇，但前时各司其主，也有原谅之处，因此，凌、甘二人的矛盾，其实可大可小。

可是，甘宁绝不是一个低头服软的人。凌统怒目相视，甘宁回报的却是不屑一笑，于是二人的矛盾日深。后孙权宴请诸将，二人恰好同席。酒酣耳热，凌统操起腰刀，嚷嚷要寻甘宁决斗。甘宁这人，最不怕的就是决斗，于是提戟相迎。座上吕蒙，见二人有相斗之意，便隔在中间，操刀挟盾，将二人分开。

有意思的是，时隔不久，吕蒙这个和事佬，竟也同甘宁翻脸了。事件的原委是这样的：甘宁某日大宴宾客，命门下厨童出去打酱油，可这位厨童，毕竟年幼不经事，一路忙着发“微博”，未想却把酱油打翻了。看着碎了一地的酱油瓶，这个小伙伴惊呆了，因为他知道，甘将军粗猛好杀，翻起脸来比翻书还快。于是，这位厨童一路抽泣惶恐，恰经过了吕蒙家门。

说来也巧，那天吕蒙恰好陪着老母在门前晒太阳，见一小屁孩哭哭凄凄，忽然爱心泛滥，上前一通打量。了解了原委之后，吕蒙浅浅一笑，拍了拍厨童的肩膀，说道：“孩子不哭，你就先此住下，改天叔叔和甘将军通个气，没事的。”甘宁收到吕蒙发来的“短信”，倒也“雷厉风行”，带着几盒“脑白金”以及上等的“大红袍”，登门问候吕蒙老母。

“你妈可好？”“好，好得很啦，这不，前些天还邀上一帮老太太跳广场舞呢”……一阵寒暄之后，吕蒙唤出厨童，使了眼色，命其赔个不是。甘宁见状，哈哈一笑，一把握住吕蒙的手，说道：“吕将军想多了，小孩子嘛，没事没事。”看见甘宁灿烂的笑容，吕蒙的心，自然也放了下来。可接下来发生的事情，却是他始料未及的。

刚才说了，甘宁这人最好面子。好面子的人，怎容许自家小弟跑到别人家告状（先前黄祖，就是因为挖了甘宁小弟，直接致其叛逃）。甘宁越是寻思，越不是味道，恰见眼前一颗老桑树，于是一狠心，竟将厨童绑于树上。其实，若只是绑在树上小做惩戒，这也未尝不可，可甘宁竟拿出弓箭，一阵乱射。当然，这一通发泄，甘宁遗落的面子，似乎寻了回来（至少，他自己是这样认为的）。

甘宁的面子是找回来了，可这下轮到吕蒙不高兴了。甘宁你这家伙也太不给面子了，虐童也就罢了，还玩什么虐杀，先前说好那些的既往不咎，原来全是唬人的鬼话。甘宁啊甘宁，枉我吕蒙之前那么挺你，可你这小子，说翻脸就翻脸，你的眼里可还有我吕蒙啊？吕蒙一阵烧心，自然不是滋味。越不是滋味，越容易上火，于是一个冲动，决定提点兵马，准备把甘宁的房子一把火给烧了。

人　缘

人缘，中国人际交往中的一种重要指标。当然，在官场，人缘往往和职务、财力、酒量，以及马屁技巧相关联。

不过，这场行将发生的火拼，却让一人给挡下了，此人正是吕蒙老母。原来，这位刚跳完广场舞的老太太，正哼着“你是我天边最美的云彩”进门，就见一大帮人操着家伙出去，于是循着曲调道:“赶快把家伙给我放下来，放下来，嘿哟嘿。”问清了其中原委，老太太怒了，也顾不上唱歌了，大喝道:“你们这帮徇私枉法的家伙，仗着手上有点权力，就成天喊打喊杀的，这眼里还有王法吗？都给我跪下。”(“何有以私怒而欲攻杀甘宁？汝是为臣下非法。”《三国志》) 吕蒙是个孝子，自然照办。见吕蒙一副心有不甘的样子，老太太面色稍缓，笑着说道，孩子，上火喝王老吉嘛。

被甘宁落下脸面的，还不止吕蒙，孙皎也“有幸”名列其中。孙皎这人，是很有本事的。《三国志》记载:“曹公数出濡须，皎每赴拒，号为精锐。”而且，此人还颇有人格魅力，“轻财能施，善于交结，倾心亲待，莫不自尽”。当然，他还有个亮堂堂的烫金身份：孙权堂弟。

那么，孙皎、甘宁何时结下的梁子呢？原来，某日孙皎宴请宾客，恰巧甘宁也在座上。孙皎心思，自己既然是东家，把酒一个通关是难免的，于是身体力行了一番。**其实在官场上，领导肯放下身段，主动一轮通关，作为属下，回敬是肯定的。可酒过半巡，大家场面上的意思都已经到了，只有甘宁一人，仍端座位上，只管大口吃肉。这下，孙皎不高兴了，**心道，甘宁这厮，我已经很给你面子了，你却如此不赏脸。于是，孙皎再次端上酒杯，径直来到甘宁座前，意在敲打一下那颗后知后觉的大心脏。谁知甘宁瞟了一眼孙皎，却没有举酒的意思，回敬的竟是一个饱嗝。自然，孙皎怒了。（“与甘兴霸饮，因酒发作。”(三国志)）

酒会不欢而散，甘宁也着实把孙皎这位当红领导给得罪了。事后，有好心人提醒甘宁，寻个时机到孙皎府上登门赔罪一番。怎知换来甘宁一通白眼道，我甘某人自幼浪迹江湖，就不知何谓点头哈腰。（“征虏（孙皎）虽公子，（我）诚不能随俗屈曲矣。”《三国志》）孙皎听闻甘宁反应，气血攻心，上书要求孙权查办甘宁。

可当时的国际形势，可谓风起云涌，曹、刘两家绝非等闲之辈。孙权是个明白人，断然不会为了场面上的小事，编排一个无视领导的罪名，对甘宁兴师问罪。此事后来是不了了之。

“野蛮拆迁”花样百出

提起“野蛮拆迁”，恐怕许多人都要摇摇头的。翻开中国封建时期的任何朝代，这种贴着强暴民意性质的官方运动，似乎都是司空见惯的。就是千古一帝康熙皇帝，为了对付雄踞台湾的南明王朝，也曾摆出坚壁清野的姿态，强行号令福建沿海百姓内迁，一时间，死伤无数。我们把目光移到三国时代，自然也能寻到强拆的影子（其实，连年战乱，老百姓流离失所也是常事）。

三国时代最著名的一次野蛮拆迁，恐怕和臭名昭著的董卓脱不了干系。《三国演义》里就有“焚金阙董卓行凶”一章，大篇幅声情并茂地介绍了董卓同志的强拆史。《三国志》也做了类似的记载：“车驾西迁。董卓收诸富室，以罪恶诛之，没入其财物，死者不可胜计。悉驱徙其余民数百万口于长安。”

我们不妨把董卓这场浩大的强拆运动铺开，来回放一番当时场景。原来，董卓同志自打驻军都城洛阳之后，虽是讨尽了风光，可却没睡过一天好觉。董卓没睡好觉，是因为牙疼。牙疼的原因其实简单，无非四个字：外患内忧。**所谓外患，自然是以袁绍同志为主打的关东维权大队。这个大**

队，尽管临时凑合，人员也参差不齐，可口号却是喊得一致的响亮。可这所谓“维权”，维的是皇权，革的却是自己的命。至于内忧，自然是朝中遗老。这些老古董们，成天关起房门窃窃私语，商议着如何搞“颠覆”。

夜不能寐的董卓辗转之余，自然有了心思：这刘汉皇族，早在洛阳打下数百年的根基，我一外来户，即便气力再大，终也拨不开这百年岁月的沉淀。既然是拨不开了，不如索性挪个地，让俺老董家的种子，落地生根。寻思落定，董卓牙也不疼了。牙好，胃口就好，这觉也睡得香了，居然还做了个好梦。可是梦醒时分，问题又出来了：洛阳可是帝都，全国人民削着脑子往这边挤，数百万人口一次性搞动迁，别说心思不齐，人力物力恐怕也是麻烦，倘若其间出几个钉子户，非要高昂的安置补偿，岂不还得误了搬迁进程？

不过，这些问题对于不按常理出牌的董卓而言，绝对不是问题。首先，董卓自然是要到皇宫里做工作。说是做工作，却带了几把大刀，明晃晃地一亮，皇亲国戚们自然不曾见过此等场面，经两声恫吓，只能一咬牙，含泪从了。皇帝是以身“示范”了，可一些洛阳大户们，却不愿就范，仍是牢骚满腹地赖着，盘算哪天风头一过，也许又是晴天。可是，他们低估了董卓的决心。

当然，等着这些肥头大耳的大户们的，绝不是董卓和他们边喝咖啡边讨价一番。一是谈合同这事，董卓根本不懂，二是他没有这闲工夫。董卓的主意倒也简单直接。不搬是吧？好。我这恰巧有几封群众的举报信，说你们是黑社会的保护伞，你们的房产，自然是非法所得，这些非法财产，自然得充公。怎么咖啡喝着喝着就成黑社会了？一些大户心有不甘，寻思着辩解几句，可未等发声，却见刀光一闪，竟相约人头落地了。（“董卓收诸富室，以罪恶诛之，没入其财物，死者不可胜计。”《三国志》）

皇亲国戚、达官贵人这两根难缠的钉子拔了，接下来对付手无寸铁的群众同志们，自然不在话下。《三国志》如下记载：“悉驱徙其余民数百万口于长安。”当然，我们想象一番当时的场景，那可是人山人海，何其壮观，砸锅卖铁声、呼天抢地声，更是时起彼伏。尽管怨声载道，可拆迁这事，进行的还算顺利。但拆迁过程中产生的GDP，该如何消费，倒成了问题。于是，**董卓邀上几个先生，在长安附近寻了个风水宝地，做了个仪式，搞了个奠基典礼。于是，三国时代最大的形象工程郿坞就顺利开工了。**

董卓搞“土地财政”挣个衣钵满盆，机灵的曹操自然看在眼里。不过，曹操搞强拆，倒不是为了挣钱，而是为了搞活地方经济。《三国志》是这样记载的，官渡之战后，曹操终于取得了对袁绍势力的决定性优势。可常年打仗，总是要死人的。战后接管的河北，自然是人丁凋敝。为了振兴河北老农业区的经济，曹操想到了一法：劳动力引进。《三国志》是这样记载的:“是时，太祖徙民以充河北，陇西、天水、南安民相恐动，扰扰不安。”

根据记载，我们大体看出，曹操大抵学了董卓的手段，上头“空降”一份“红头文件”，不容底层百姓分说，搞的就是强制性拆迁。如此野蛮作风，拆迁效果自然不明显。这样折腾下去，迟早要出大问题的。幸好的是，还有张既。张既的做法，其实很简单，在现代也有借鉴，就是搞安置房民生工程，“为将吏者休课，使治屋宅，作水碓”(《三国志》)。也就是说，张既号召辖内公务员们动起来，免除动迁百姓的相关税负（譬如劳动所得税、房产税等就不要收了），并安排专职人员抓好保障房建设，让动迁人员能住上安心房。老百姓嘛，要求本也不高，有个安身之所，满腹牢骚自然随着五谷轮回，欣然排解了。

不过，并不是每次野蛮拆迁都有人擦屁股，终于，还是出问题了。这个事件，大约发生在建安十七年。当时，曹操、孙权两家军队，大概是在濡须坞（江淮一带）对峙。可这经月的对峙，谁也没有讨到便宜。这样耗着自然不是办法，曹操寻思朝中毕竟还有诸多事务打点，于是有了北还的念头。可境内的前线边民人心未定，倘若江对面的孙家隔三岔五循着江风散落几封宣传单，许几个诱人的言辞，届时恐怕难以收拾。不如防患未然，索性来个坚壁清野，下令边民内迁，搞个数百里无人区，断了孙权的念想。

当然，曹操的这个想法，肯定是个馊主意。既然是馊主意，自然就有人反对，于是扬州主簿蒋济站了出来：“现在已破袁绍，收九州，北拔柳城，南向江、汉，荆州交臂，威震天下，人民已无它附之志。百姓怀土实不乐徙，让百姓惊惧不安，大为不妥。”不过，蒋济这次没了张既的好运。或者说，是曹操失掉了自己的好运。于是一份拆迁令，顺着江面浩渺的烟波，如期发布。

拆迁经济

拆迁已经成为21世纪极具中国特色的“靓丽”风景线。拆迁所产生的经济效益，甚至能让一些主导者获得“执政强人”的光环，从而在仕途上平步青云。

当然，在三国时代，拆迁的用途绝不仅仅在于形象工程，还可以和统战需要、人口红利等因素相挂钩。

江淮的百姓们，闻说要背井离乡，到异乡安置生活，心中自然是不情愿的。后来一些年长的出头喊话：“乡亲们，北面可是连年战火，生灵涂炭啊。那些土著们，尚且无房可住，我们这些流民过去了，恐怕连打地铺的方寸都没有着落。看来，往后的日子，苦不堪言哪。”年长的一动情，年轻人自然也坐不住了，一时间群情激奋，此时不知是谁，一声脱口：“我看，还不如归了孙将军吧。至少将来登高北望，算也见到祖辈之地，可解思乡之情。”百姓们想想也对，于是一传十，十传百，竟将十余万百姓的心思连到了一块，很快渡了长江依了孙权。

对于此次全民南迁，《三国志》是这样记载：“江、淮间十余万众，皆惊走吴。”如此看来，曹操的“强拆部队”还未到来，就已把江淮民心都给拆光了。所幸的是，曹操倒也算是个错了就认账的领导，后来蒋济去邺城公干，曹操见面就大笑自嘲道，本来欲使百姓避贼，结果反而把他们驱赶给贼了。至于蒋济，也因敢于向领导提不同意见，被当场拜为丹阳太守。

董卓、曹操两人玩斗“地”主，终究太过孤单。就连一向高举道德大旗的诸葛亮，也忍不住上前凑上一角。不过，诸葛亮坐在台面的时候，董、曹二位人物，早在地下盘算着来世的行程。诸葛亮搞拆迁的时机，大抵是在第一次北伐。当时，孔明雄兵西出，关内震动，顷刻间陇右三郡归降。后因马谡纸上谈兵，频出昏招，坏了大好时局。战事逆转直下，诸葛亮的初次北伐，终是黯淡收场。

为了弥补战耗损失，同时也使自己归朝体面一点，诸葛亮还是做了一个决定，即把原魏国西县地界的百姓，强行安置蜀汉境内。（“进无所据，乃拔西县千余家还汉中。”《三国志》）不过，诸葛亮是个聪明人，自然也在北伐总结大会上，为此次拆迁运动赋予了新的名目：“普天之下，莫非汉民，此次西县百姓，为了国家大局利益，舍小家，为大家，坚决同曹魏叛党划清界限。同志们，西县乡亲们能有此等觉悟，值得诸位学习啊。”按现代话讲，这怎能叫强拆，这分明是移民嘛。诸葛亮话毕，底下自然一片掌声雷动，只是，那些西县土生土长的平头百姓，为了所谓国家利益，背井离乡颠簸千里，个中辛酸恐怕只有自己体触了。

最牛钉子户自焚

但凡有拆迁的地方，自然是少不了钉子户的。譬如，洛阳豪门们为了对抗董卓的“强拆”运动，起初都有着一颗钉子户的心。只是，这些大腹便便的“国家干部”以及大老板们，大多是外强中干，竟遭董卓一番恫吓，全收拾起了钉子的倔强，放出心中的软弱，跟着浩浩荡荡的大部队迁居长安了。

当然，相对于“酒囊饭袋”们的不成气候，三国时代比较“长命”的钉子户，恐怕要属汉献帝刘协了。其实，东汉这位末代皇帝，命运也算多舛，至八岁登基始，此后的八年时光，竟是居无定所，像个皮球，在各路军阀脚下折腾摸滚。《后汉书》有如下记载：“董卓焚洛阳宫庙及人家”；“车驾入长安，幸未央宫”；“李傕胁帝幸其营，焚宫室”；“车驾至洛阳，幸故中常侍赵忠宅”；“是时，宫室烧尽，迁都许，幸曹操营”。

我们不妨还原一下刘协这段时间的生活轨迹：汉末乱世，祖宅洛阳被董卓烧了，搬到了长安。谁知还未安定下来，又遭动乱了，董卓的部下李傕竟一把火把长安宫也给烧了。后辗转回到洛阳，可此处早是满地苍夷，自然谈不上宜居。过了一段狼狈日子（竟沦落到在手下官员赵忠处租房的境地），再往后的时光，倒是遇见了曹操，终于在许昌安定了下来，也算对流离的八年时光，做了一个比较安心的收尾。

如此看来，刘协的房运应该不算太好，就像个被不断领养的随迁小孩，跟着不同的干爹，怀揣着一张破旧的暂住证，在各地颠沛流离。不过，这并没有阻挡他成为一名合格的资深钉子户。在封建时代根深蒂固的思维模式里，君王家天下是件天经地义的事。这就是所谓的“天下之大，莫非王土”。**尽管屡次搬迁，可处处是我家，服务靠大家。刘协一旦安身下来，一家之主的模样，总是得端出的。这和所谓铁饭碗，不是在一个地方吃一辈子饭，而是一辈子到哪里都有饭吃，恐怕是一个道理的。**

皇上的招牌，自然就是刘协的铁饭碗。经过几年颠簸折腾，刘协终于在曹操的地盘安家了。刘协对此时的境遇，自然是珍惜的。因此，最初的交往日子，也算其乐融融。曹操“奉天子以令不臣”，摇身成了精神领袖，自然在军阀乱战中占据了政治高地，而被供着的“家长”刘协，一日三餐自是无忧。刘协寻个天气好的时候，也多了心情，唤上几个随身官员，在城郊的许田围场，喝喝酒，唱唱歌，打打猎，打发着时光也算“卡拉OK”。

不过，君弱臣强这样尴尬的蜜月期，自然有个到头的时日。刚才说了，“天下之大，莫非王土”，曹操在自家祖宗的地盘上老这么指手画脚，日子长了，刘协当然要有意见了，至少，刘协身边官员是有意见了。于是，刘协开始寻思着向曹操索要产权了，这就有了“衣带诏”事件。这个事件，在历史上是很出名的，国舅董承等人，在刘协的授意下，设法诛杀曹操，未想行动口风不严，竟败露了。刘协玩大了，曹操自然很生气，心里暗骂道：“你要就说嘛，你不说，我怎么知道你想要呢？何必搞这些打打杀杀的，伤了大家的和气多不好啊。”

当然，生气归生气，但天子是动不得的。曹操只好惩戒了几个教唆的带头大哥大姐，表面上的文章似乎也漂亮地消停了。可刘协钉子户的性质，从此之后在曹操心里算是划定了下来。于是小皇帝身边，自然多了陌生的眼线，喝酒唱歌倒也不像从前畅快了。按现代话讲，钉子户刘协给“双规”了。当然，此前曹操大张旗鼓地“奉天子”，如今在敌对政治势力的文书里，自然也落了“挟天子”的口实。

落了闲话也就罢了，可如何拔掉刘协这个端坐在家门口的钉子户，终成了此后困扰曹操的一个头疼问题。权衡再三，曹操倒也有了一个想法，大抵可以用八个字来概括，就是“搁置争议、共同开发”。所谓“共同开发”，自然还是打着天子的名号，先把之前流失的不良国有资产给要回来。至于“搁置争议”，就是缄口不提产权问题，究竟“姓曹”就“姓刘”，就留给后来有能力的人来解决吧。

曹操搁置争议冷处理，可不少人却有了煽风点火的心思了，其中，孙权应该算是一个。原来，此时的孙权，因为荆州的产权归属问题，和西川的妹夫刘备彻底闹翻，已经到了亮兵器的地步。因为担心政治报复，孙权倒是“虔诚”地给曹操上了一封信，《资治通鉴》是如下记载的：“上书称臣于操，称说天命。”孙权的意思很清楚，就是要求曹操借着资产重组的名头，把刘家的祖业，寻个法子变相划入曹氏名下。

对于孙权的提议，曹操的态度倒是决绝。《资治通鉴》说：“操以权书示外曰：是儿欲踞吾著炉火上邪（他想让我站在炉火上吗）！”也就是说，搁置产权争议的想法，曹操是一直没有动摇过的，至于刘协这个钉子户，就当是历史遗留问题吧，至于后来人如何处理，那是他们的事。当然，曹操如此落下口风，倒也有着如意算盘的，因为他的后来人曹丕同志，确实是个很有能力的人。

终于到了曹丕继位，**钉子户刘协这个历史遗留问题，终于也到了解决的时候了。曹丕的思路倒也“明快”，强拆恐怕是不能的，于是寻几个下人，隔三岔五到刘协住处做思想工作。**曹丕开出的条件其实蛮有现代性，可以概括成四个字：“拆迁安置。”安置地点，是据许昌不算太远的浊鹿城，也就是后来史料上记载的山阳公国。（“都山阳之浊鹿城。”《后汉书》）除了给出合理产权面积的安置地块，曹丕还开出了含金量极高的拆迁补偿："位在诸侯王上，以天子车服郊祀天地，宗庙、祖、腊皆如汉制（《后汉书》）。"

拿着"拆迁协议"，刘协关起房门一想，虽说全天下都是祖上留下的基业，可如今世道变了，自己在曹家也白吃白住了二三十年，这个钉子户的名头老这样扛下去也不是办法。于是，刘协寻了个吉日，告祭了祖庙，让出了皇家玉玺（相当于现代的产权证），禅位于曹丕。一场"其乐融融"的拆迁运动，终于尘嚣落定。临行时，曹丕倒也饱含深情地拉着刘协的手，留了句客套话："天下之珍，吾与山阳（刘协）共之（《三国志》）。"

相对于汉献帝刘协的和平拆迁，接下来登场的这位钉子户，境遇恐怕要糟糕得多。因为他的暴力抗拆，最后竟落个自焚的下场。此人的名字，叫做公孙瓒。这个公孙瓒，在历史上应该也是一个英雄（人称白马将军）。可英雄是个比较级，在强人辈出的三国时代，公孙瓒终于做不成了英雄。因为，他和另一位英雄袁绍做了邻居。（有趣的是，我们的这位袁大英雄，和又一个英雄曹操发生产权纠纷之后，就成了草包。当然，这是后话）

两个有能耐的人做邻居，摩擦自然难免，更何况汉末乱世，谁都想趁乱趟一趟浑水，把流失的"国有资产"据为己有。于是，不和谐的声音就出来了。关于事件的缘由，大抵是这样的：公孙瓒在自家宅基地上，圈了一块地，盖了栋大房子。这个房子到底有多大？《三国志》是这样描述的："围堑十重，于堑里筑京，皆高五六丈，为楼其上，中堑为京，特高十丈，自居焉，积谷三百万斛。"

对于这个航母级巨型豪宅，公孙瓒很是得意，于是也立下了诸多规矩。兵士家丁，大可在外围区域打点生活，可到了豪宅的内围区域，恐怕就不得自由活动了。（"斥去左右，男人七岁以上不得入易门。"《后汉书》）内围的每个弯角道口，都得安排女秘书，数百步大致一人，但凡传个口信，提臀收腹，一个高音婉转，承接也是精妙。（"令妇人习为大言声，使闻数百步，以传宣教令”）如此布置，倒也有了精装修的夜总会韵味。

倘外界有文书至，也有专职OL装黑丝小秘，轻浮衣裳，汲水而上，送呈办公雅室。（“专侍姬妾，其文簿书记皆汲而上之”）但逢风轻云淡，公孙瓒总会左手端杯咖啡，右手搂个佳人，登高望远，凭空多了感慨：“人生路，美梦似路长。路里风霜，风霜扑面干。问世间，几人似我，楼邸千层环叠。即便乱世，寻此绝妙安身之处，待天下硝烟散尽，还可笑看风云。”（“今吾楼橹千重，食尽此谷，足知天下之事矣。”《后汉书》）可是，公孙瓒的人生感言说早了，这般愿景，却被隔壁老袁家给拦腰截断了。

钉子户

钉子户，泛指因某种缘由在开发区域未能按时动迁的一类人群。目前，中国存在的钉子户类型大约有两种，一种以坐地起价，干扰政府行为来牟取暴利的形象示人，另一种则被人描述为“维权斗士”。此外，中国有关钉子户的史料记载可以追溯到春秋时期的齐国人逢于何，该同志闻说齐景公的形象工程路寝台拟选址自己祖坟之上，同领导以死抗争，致其不得不另行改址。

邻居家盖了大房子，而且还是香艳满楼的大房子，袁绍自然不乐意了。有情绪的袁绍，心中嘀咕道，你这高楼，挡了我家窗台的阳光事小，断了我家百年的风水事大啊。于是，袁绍寻了个机会，敲开公孙家的房门，借口道，你家这房子，是未经过国家有关部门批准的，没有建筑许可证，属于违章建筑，理应拆除。这个房子可是用来养老的，对袁绍的无理要求，公孙瓒自然不干，于是一言不合，两邻居就火拼了起来。

既然撕下脸来火拼，自然就有输赢。遗憾的是，公孙瓒同志成了输家。于是，他的豪宅，就被袁绍喊来的“拆迁”大队包围了起来。辛苦了大半辈子，好不容易起了这座高楼，如今却要被强行征收，公孙瓒心有不甘，于是下了决心，誓死保卫产权。公孙瓒既然要做钉子户，袁绍倒也是成全的。“断水”、“断电”、白天砸门、半夜砸窗，袁绍的手段自然有了诸多花样。如此折腾一段时日，公孙瓒终于扛不住了，于是寻个失眠夜，发了条

微博："袁氏之攻，状若鬼神，梯冲舞吾楼上，鼓角鸣于地中。"(《后汉书》)

可惜的是，公孙瓒的微博并未引来大量的转发。面对这位精神衰弱的钉子户，袁绍自然是高兴的，于是加大了骚扰力度，鼓噪声昼夜不停。终于，这位坚强的"抗拆斗士"彻底崩溃了，攀上一个风高夜的天台，喊上一并妻妾，点上一把火，幻化成了一团灰烬。要知道，这可是公孙瓒曾经寻尽风流的欢所，只是当年的夜夜笙歌，如今却成了一曲离歌。

"看着他起高楼，看着他宴宾客，看着他楼塌了"，名曲《桃花扇》中这一段幽怨的唱词，倒成了公孙瓒最后的人生注脚。看来，乱世之中，没些能耐，即便投资房地产，恐怕也是不能保值的。

那些乱世房叔

近年来,“房奴”这个名词已经越来越成为社会共同关注的热点，主要指那些背负高额房贷，生活压力已触红线的工薪男女。有意思的是，随着“房奴”一词的无奈走红,“房叔”一词也悄然应运而生。何谓“房叔”？即慷慨地平均着别人的住房拥有率的人。如若把目光移向三国时代，我们会“亲切”地发现，原来乱世里居然也住着诸多富有现代感的有趣“房叔”们。

首先登场的这位，名叫张让。张让有趣的地方，在于他的身份。一、他是当朝皇帝的干爹。二、他是个太监。太监成了皇帝的干爹，这让今日那些钱多人傻，非要揽个漂亮干女儿往脸上贴金的土大款们，恐怕也要自叹弗如吧。其实，张让同志的干爹之路，走的也是颇为艰辛。此君自幼家贫（祖上估计连“房奴”都算不上)，家中父老为了糊口，无奈将其“典卖”官中。初入深宫，自然只能是一名底层的杂役太监，就是洗马桶端尿壶那种，可张让这人，善于察言观色，天生就有一套“见人说人话，见鬼说鬼话”的功夫，于是历经桓、灵二朝，竟封了侯。

封侯拜相，这在古时那可是功成名就、位极人臣的标志。既然成了大领导，自然要有领导的范。就像如今有的领导那样，一是“拍艳照”，二是“盖豪宅”。当然，我们的张让同志“后天不足”，艳照门似乎没有了干劲。(虽然娶妻纳妾在东汉时期是高级太监的合法权利，但毕竟不是真枪实弹，趣味索然也是应该的）因此，我们的张让同志，对着流星发誓，一定要极一生之力，成为一名励志的“房叔”。

当今房价高不可及，汉末时恐怕也未必便宜。张让是高级公务员，拿了不菲的政府津贴，买间经济适用房自然是不费吹灰之力的，可要成套成套地收购豪宅，这恐怕就有难度了。但是，张让是个有想法的人。有想法的人，自然就有办法。首先，他怂恿汉灵帝刘宏开设“卖官所”，公开卖官敛财，其中产生的中介费，自然进了自己的腰包。其次，他打着“旧房改造”的旗号，提议汉灵帝在汉宫四周大搞形象工程。大家都知道，这工程款可是回扣多，不用说，这些油水也进了张让的账户。此外，**他还提议意犹未尽的汉灵帝，在汉宫西苑搞个色情版的“欢乐谷”，前来游玩的“客户”必须满足两点要求：一、必须是女人；二、必须是不穿衣服的女人。**

张让这一系列“Idea”，就像一套华丽的组合拳，只把汉灵帝哄得心花怒放。这零花钱也多了，房子也翻新了，女人也玩了，这张让啊，是个人物。汉灵帝经典的拜干爹语录“张常侍是我父”(《后汉书》)，就是因此而发。深受皇帝器重的张让，自然把自己的“创意”红利，乐此不疲地投入到“房地产开发”中。《后汉书》是这样记载的:“宦者得志，无所惮畏，并起宅第，拟则宫室。”这时，问题就出来了。“拟则宫室”，也就豪宅规格比拟皇宫，按照大汉律例，这可是违章建筑。

虽说顶着皇帝干爹的头衔，但这“僭越”朝制的事情，弄不好是要人头落地的。当然，刚才也说了，张让是个很有想法的人。于是，为了避免干儿子发现其中端倪，这位干爹，寻个汉灵帝正在裸游的兴头，先绕着宫门跑了数千米，硬是整出了一副气喘吁吁的模样，然后满脸惶恐地前来报道一出怪事:“昨夜先帝托梦老臣，曰，当今天子切不可登高，登高必遭大祸。”

汉灵帝看着满头大汗的张让，嬉笑道，干爹想必是老糊涂了吧，朕每天玩女人都还忙不过来，登高作甚？得到了汉灵帝的反馈，张让心里悬着的石头，自然落地，于是，一座座“摩天会所”，明目张胆地拔地而起。不过，张让的好运，随着干儿子汉灵帝的“英年早逝”，终于也到了尽头。朝野上下，对于这些弄权的宦官，早已恨之入骨，于是外来的“和尚”董卓、袁绍们一声吆喝，以张让为首的一干阉党“房叔”，终成了无处可归的孤魂野鬼。

曾在房地产界风骚一时的张让同志，最终等来的却是人头落地，接下来出场的这位“房叔”，自然要低调许多，他的名字叫蔡瑁。蔡瑁这人，读过《三国演义》的人都知道，是个有趣的废物。他的有趣在于，放着好端端的荆州城CEO首席助理不当，非要引来北方大鳄曹操搞什么资产重组，结果因为周瑜的设计，竟然低调地掉了脑袋。不过，如若我们翻开史料，会惊奇地发现，其实蔡瑁不但不是废物，至少也算个人物（当年刘表初到荆州，平定江南诸贼，蔡瑁可是鞍前马后功劳不小）。

那么，是个人物的蔡瑁，为何要做出引狼入室的蠢事呢？事件的缘由大致是这样的：资深“投机客”刘备因在洛阳、徐州等地屡次炒房失败，走投无路，终于寄居刘表门下。刘备这人素有大志，一心想低价“抄底”刘表名下的荆州房产。作为荆州的资深元老，蔡瑁自然不满意了，你这不是扰乱房地产市场吗？于是两人交恶了（《三国演义》就有刘皇叔跃马过檀溪一出）。此后不久，曹操铁蹄南犯，荆州的主心骨刘表同志，偏偏吃了一锅“鱼翅”，给噎住了，一时气顺不过来，提着满满一腔遗憾到阴曹地府报到去了。此时的荆州少主刘琮同志，急忙纠集幕僚们，就当前的政治局势，开了一个军事研讨会。

会上，少主刘琮自己倒是先开了头。《三国志》原话是这样的：“如今我与诸君共据全楚之地，守先君之大业，以观天下之事，有何不可？”也就是说，刘琮的初衷，还是想和曹操掰掰手腕的。刘琮话说到这份上，蔡瑁坐不住了，因为这战若一开打，自己投资在荆州的产业，恐怕就要成炮灰了。那么，蔡瑁的产业到底有多少呢？《襄阳耆旧记》如下记载，“瑁家屋宇甚好，四墙皆以青石结角，婢妾数百人，别业四五十处”。可见，蔡瑁在荆州购置的房子，至少有数十处，而且，大多是做工精巧的豪宅。

况且，如要对抗曹操，必须联手刘备。刘备的面子，自己早已经给砸了，倘若击溃北军，刘备乘乱入主荆州，翻脸摊开旧账，巧设一个名目，譬如搞个“土改”什么的，不仅自己数十处房产都得充公，牢狱之灾恐怕也是可能。寻思至此，蔡瑁已是一身冷汗，于是联合几个机灵的手下，一并呈上战情分析报告书。《三国志》是如下记载的：“若刘备不足以御曹公，也不足以自存。若刘备足御以曹公，那刘备必不能为将军所驭。”

房　叔

所谓房叔，大概和旧社会时期的地主近义。只是，地主人人喊打，要被批斗、游街甚至革掉性命，而新时代的房叔往往享有较高的社会地位。能否获得房叔认证，对于适龄青年来说，甚至成为讨好未来丈母娘的重要参考因素。如今，社会某些跑偏的价值观认为：“房奴可耻，房叔光荣！”

刘琮本就是小屁孩，经此一通恫吓，心里早就打起退堂鼓，于是执起蔡瑁的手，咬唇含泪道：“舅舅（刘琮生母为蔡瑁之姐），我还是从了吧。”看到外甥点头，这位手握数十本“房产证”的房叔悬着的心，终于放了下来。果不其然，曹操一入荆州，就跑来蔡家叙旧。（“（蔡瑁）少为曹操所亲。”《襄阳耆旧记》）对于远道而来的老朋友，蔡瑁自然不能含糊，选间上等会所，泡上一壶龙井，点上一缕梵香，邀上几个歌伎，美其名曰为曹公接风洗尘。此后，蔡瑁在曹操手下一直低调地做事，最后封爵为汉阳亭侯，绝非演义那般身首异处。

最后一位登场的房叔，可是三国顶级的人气偶像，此人名叫周瑜。周瑜的家世，一直颇为显赫，“从祖父景，景子忠，皆为汉太尉。从父尚为丹杨太守，父异，洛阳令”（《三国志》），看得出来，周家的祖、父辈们，至少也是厅级干部。但是，同袁绍、袁术等头顶着四世三公光环的“官二代”相比，周瑜的家底还是单薄了些。倘若在洛阳、长安等大都市置业，恐怕也只能两室一厅，于是周瑜“剑走偏锋”，倒是在庐江舒城这座三线城市选购了多套豪宅。（“公瑾，庐江舒人也。”《三国志》）

可有趣的是，**别人是投资房地产，周瑜他是房地产投资。或者说，人家买房置业，他是买房创业。因为周瑜懂得，身处乱世，脑袋说不定哪天就不是自己的，何况带不走的房地产？**那么，他用房地产来投资什么呢？《三国志》是这样记载的:“初，孙坚兴义兵讨董卓，徙家于舒。”原来，江东虎将孙坚为了讨伐在洛阳大搞“野蛮拆迁”的董卓，选择了庐江舒城作为己方根据地。拖家带口地过来，难免没有房住，孙坚可是打着义兵的旗号，强取豪夺恐怕是不行的。这老孙家的尴尬处境，周瑜自然看在眼里。

于是，周瑜找到了“蜗居”的孙家大公子孙策，谈了自己的想法。内容大致是这样的:“孙公子啊，董卓那老家伙太不懂事了，只知道搞“强拆”，你爹跟他对着干，百姓们都支持。可是，你们现在住的那地方也太寒碜了。住上安心房，那可是胃口倍好，吃饭倍香，打仗自然也有精神啊。这不，我刚好有栋房子空着，空着难免落个灰尘。你回头跟孙将军说说，权当帮兄弟我一个忙，给这房子添添人气。”见天上掉下了大房子，孙策自然无法回绝，于是顺势接下。（“瑜推道南大宅以舍策。”《三国志》）

当然，有了先前豪宅的“牵线搭桥”，周瑜和孙策自然是日甚亲密。后来孙策继承了老爹衣钵，将家族企业在江东成功挂牌上市。有了之前的情分，周瑜自然成了公司董事。后来公司业绩可观，到了年终分红，孙策也不忘投桃报李，把旗下几个高档会所的产权，直接划到周瑜名下。（“策又给瑜鼓吹，为治馆舍，赠赐莫与为比。”《江表传》）至此，我们的周瑜，终于实现了事业、房产双丰收。

吃剩饭、住危房、下基层的正能量

近年来，“正能量”一词在民间颇为流行。其实也是，当我们见识了太多诸如“房姐”、“表叔”、“雾霾”、“羊肉精”这般带着负面色彩的词汇，潜意识总会希望一道光芒打破笼罩在社会上空的灰暗色调，“正能量”的横空出世自然备受瞩目了。我们不妨作别那些揪心的社会沉疴，把目光移到三国时代，来瞧瞧当时的创业大佬们在举手投足之间，是如何传递“正能量”的。

首先登场的，自然是曹操。曹操这人，在“主旋律”巨著《三国演义》里，形象大抵不堪。可就是这样一位大逆不道的阉党遗丑，收起奸诈乖张的面孔，搬张马扎正襟危坐一番，未想却也有模有样。《资治通鉴》曾有这样记载：“今朝廷之议，吏有着新衣、乘好车者，谓之不清；形容不饰、衣裘敝坏者，谓之廉洁。”讲的就是，曹操实质上全面接管北方政权之后，在公务员队伍里搞了一次“整风运动”(汉末官场攀比之风一向严重)，但凡戴名表、坐豪车、住洋房的，年终干部考核一栏上总要平添周折，往上发展的愿景似乎就会黯淡不少。

当然，**为起到表率作用，曹操一声“走你”，上朝时鲜用车骑，大多**

徒步行走，这不，走走更健康嘛（这才是真正意义上的让领导先“走”）。至于身上的衣服，曹操大抵也都已用了十多年了，年年拆洗缝补一下还接着使用。不仅如此，曹操对自己家人的生活要求，似乎也不含糊，“衣不锦绣，履不二采，帏帐屏风，坏则补纳，茵蓐取温，无有缘饰”(《三国志》)。至于平时家常菜，大抵也是三菜一汤，没吃完的饭菜，估计回锅一下，下顿恐怕还是“涛声依旧”了。（“武皇帝之时，后宫食不过一肉。”《三国志》）如此想来，曹操关起门来，牵着夫人的手，悄然开展“光盘行动”，这比起当今一些社会名流们，人前拍张微博炫“清俭”，私底下却是大鱼大肉High歌不断，态度恐怕倒也端正了许多。

在曹操同志身体力行大力倡导下，东汉以来的奢华风气自然没了市场，时人都以勤俭自约。即便是见惯了人间烟火的高官显贵们，大多也相约拉手签署“自律责任书”，每逢上餐之时，心中总会默默念叨:“浪费可耻，节约光荣。”《资治通鉴》还记载了这样一个小插曲，讲的是一些“机灵上进”的官员，为求政绩，倒也不寻思着拆了几幢房子，建了几座工厂，只是关起门来，在衣服上磨几个皱褶，烫几个窟窿，然后在朝堂上搞一场怀旧时装秀，仕途似乎就会一片大好。（“至令士大夫故污辱其衣，藏其舆服”）

有意思的是，北边的曹操天天穿破衣服吃剩饭，江南的孙权似乎不太愿意了。传递“正能量”，岂有国界之分？对岸的朋友做大了光辉形象，孙权自然也得寻思着玩点动静。曹操倡导“光盘行动”，那么自己不妨在“面子工程”上做点文章。原来，青年时代的孙权，为了对抗曹魏的威胁，于是把行政办公楼从建业迁到前线城市武昌。可未想道，这一驻扎，一晃就是十数年，人越是到了晚景，越是容易念旧的。眼见着老对手曹操、刘备们早已入土为安，已无心力北伐的孙权，自然有了回建业养老的念头。可是，时隔多年，如今的建业宫经过风霜数度，早已残败不堪，“旧屋改造”恐怕是在所难免的。

这个“旧屋改造”，倘若搁在今日，恐怕是个肥差。房子一拆，黄金万两，经办的阿猫阿狗们，雁过拔根毛，自然皆大欢喜。可在当时，却是一份没有油水的苦差事。《江表传》如是记载了孙权当年下的这份一号文件：“建业宫乃朕从京来所作将军府寺耳，材柱率细，皆以腐朽，常恐损坏。今未复西，可徙武昌宫材瓦，更缮治之。”解读孙权的意思，大抵就是建业宫年久失修，不妨把武昌宫的建材，挪来一用。

这不是赤裸裸的拆东墙补西墙嘛，下面的官员不太乐意了，当然这和油水没有什么关系，主要考虑的还是领导的安危。于是，官员们纷纷进言道，这武昌宫啊，经过了28年风霜的冲洗，恐怕早是危房，如今要将这些腐烂的梁柱，用来加固同样年久的建业宫，这工程质量，看来难有保障啊。（“武昌宫已二十八岁，恐不堪用，宜下所在通更伐致。”《江表传》）瞧着手下们的“苦口婆心”，孙权倒也淡定，大手一挥道：“同志们啦，如今边疆战事未定，老百姓们都还在勒紧着腰带过日子，这房子能住就行，不就吃喝拉撒办个公嘛。你们啊，要多出去走走看看，不要为了那些面子工程，劳民伤财，害农损桑。要记住，我们的面子，可是老百姓们给的。”（“今军事未已，所在多赋，若更通伐，妨损农桑，徙武昌宫材瓦，自可用也”）

曹操、孙权高调登场传递“正能量”，刘备自然不会甘于人后。其实，刘备同志的起家，打的正是“正能量”这张牌。刘备自诩汉室宗亲，美其名曰皇叔。皇叔的责任，自然要匡扶那个奄奄一息的汉室江山。这在“家天下”的封建时代，帮天子讨公道，就是最大的“正能量”。当然，要在群雄并起的三国立足，仅仅师出有名是远远不够的，领导关系处好了，下层的关系也要打点妥当，刘备心里很清楚，这叫一颗红心、两手准备。

《魏书》是这样记载的：“士之下者，必与同席而坐，同簋而食，无所简择。”老百姓瞧着寻思，人家可是皇亲国戚，还不一样和我们这帮“屌丝”坐在地上吃农家饭，而且，还从不要求秘书打伞。如此几番口口相传，频下基层的刘皇叔，自然贴上了亲民的标签。后来，曹操铁蹄南下，荆州的百姓们竟不约而同选择了背井离乡、死心塌地跟着刘备混，也许，这就是“正能量”发酵的作用。

《云别传》里还记载这样一个故事，讲的是刘备接管西川，开了个内部会议，讨论如何收割红利的问题。“时议欲以成都中屋舍及城外园地桑田分赐诸将”，其间，赵云却提出了异议，原话是这样的：“益州人民，初罹兵革，田宅皆可归还，今安居复业。”刘备觉得赵云的话亮了，于是做了一个总结报告：同志们啦，我们是一个廉洁的班子，自己苦点不要紧嘛，可一定要让老百姓吃得上放心肉，住得起舒心房。我看，赵云同志的提法很好嘛，给百姓们发红包，不与民争利，这是我们一贯的作风。（“先主即从之”）

行文最后，我们不妨再摘自《魏书》里记载的一个有趣的故事，讲的是刘备治下有人对其不满，于是决定买凶杀人。可就在杀手提刀步入皇叔房间，两人照面的一刻，奇迹发生了：“结客刺备，备不知而待客甚厚，客以状语之而去。”一个好端端的杀手界的潜力股，在刘备“正能量”的感召下，竟开始谈人生、谈理想，然后热泪盈眶地放下屠刀，立地成佛了。如此看来，吃得起剩饭、住得下危房、下得了基层、传递的了正能量的曹操们，比起董卓等人那般只懂一味地崇武耍狠，政治寿命可要长了不少。

第 3 章

你想不到的非常套路

孔明的黑名单

在中国士人的世界里，诸葛亮应该堪称完美的道德偶像。可即便是道德偶像，也需食五谷杂粮，也须有爱恨情仇。倘若抛出一个话题：诸葛亮一生最恨的男人是谁？时人大多会不假思索脱口道，想必是曹操吧。这般论调，自然是有道理的。譬如诸葛亮在《后出师表》里，就曾掷地有声地写到："先帝虑汉、贼不两立，王业不偏安，故托臣以讨贼也。"文中之贼，自然意指阿瞒所创立的曹魏势力。

可有意思的是，尽管明面上闹得不可开交，可回归私下，两人却是颇有交情的。譬如在曹操的个人日记里，就有这样一段记载，"今奉鸡舌香五斤（予孔明），以表微意"（《魏武帝文集》）。吃人家的嘴软，诸葛亮自然要在"微博"上互动一下，于是就有了"曹操智计殊绝于人，其用兵也，仿佛孙吴（《后出师表》）"这般评价。（只是此时的曹操仙逝已久，不然肯定要大肆转发一番）

当然，和诸葛亮惺惺相惜的，除了曹操，恐怕还有司马懿。在《三国演义》里，为了剧情需要，诸葛、司马二人自然成了不共戴天的仇人，譬如上方谷一役，诸葛亮关门放火，颇有置司马于死地而后快的气势，却因天公偏不作美，倒也气得血压升高内分泌失调。不过，倘若翻来史料，他俩的照面，也许要平和许多。对于司马懿的固守，孔明似乎也是理解，无奈抛了一句“彼本无战情”(《汉晋春秋》)，而司马懿也给了老对手的好评：“天下奇才也（《三国志》)。”

不过，在诸葛亮的个人“黑名单”上，却有一人排名更胜曹操、司马懿。此人名气不大不小，叫做孟达。孟达此人，“姿才容观”(《三国志》)，应该算是帅哥，不过，诸葛亮痛恨孟达，绝不是因为其长得太帅。其实，略读《三国演义》的朋友应该都知道，在“关羽大意失荆州”这出戏中，坐镇上庸的孟达同志，为保存自身军事实力，竟拥兵观望，无视战区关总司令的调度指挥，坐看着武圣一世英名，竟落于獐头鼠辈之手。《三国志》也有类似记载，“令发兵自助，达辞以山郡初附，未可动摇，不承羽命”。

俗话说，不怕神一样的对手，就怕猪一样的队友。为一己之私，贻误战机，导致荆州战事崩盘，对于孟达的表现，刘备自然是很不高兴的。(“会羽覆败，先主恨之。”《三国志》) 作为皇叔亲密战友，诸葛亮对孟达其人，自然再也喜欢不起来。当然，这不仅只是为了照顾刘备的情绪，原来，早在诸葛亮出山之时，开篇大作《隆中对》就曾提出了荆、益两路出兵伐魏的战略方针，可这个“政绩工程”，却因关羽失了荆州，恐难得以实现。至于败事的元凶魏、吴势力，即便切齿，也是鞭长莫及，如此一来，只好迁怒“自己人”孟达了。

刚才说了，孟达是个帅哥，而且，他还是个敏感的帅哥，刘备、诸葛亮远在西川的情绪，他是有所感应的。于是，他索性一不做二不休，寻了个托词，竟举城降了曹魏。(“达既惧罪，遂表辞先主，率所领降魏。”《三国志》) 原本，荆州失守，蜀汉已失一膀，如今连上庸城一并失去，可谓元气大伤。对于孟达无视国家统一大业，贸然向敌方投诚的行为，诸葛亮是极其不满的，《三国志》里就有隐晦地提及，“达之去就，明公（孔明）切齿，欲诛达妻子”。

可是，诸葛亮一向是以道德卫士的形象自我标榜。孟达仅是个人政治问题，却连带提出了杀人妻子、覆灭族人的狠招，似乎也不太符合孔明的性格特征。究其缘由，恐怕不仅只是公事，可能还和私人的恩怨有关。可怎样的深仇大恨，竟让一向淡定的卧龙先生如此失态，想出此番下策呢？也许，我们还得从诸葛亮的身世讲起。

原来，诸葛亮自幼孤苦，孩提时代就跟随着家中兄姐颠沛流离，过着寄人篱下的生活。相依为命的日子久了，感情自然笃厚，特别是对于诸葛亮这般重礼数的人来说。后来日子小康了，兄长诸葛瑾过了江东，也有了糊口的俸禄，大姐也因知书端庄，被荆州大族的公子哥蒯祺一眼相中，花轿取了进门。可在战乱年代，安详的小康日子随时都有可能破碎，后来曹操铁蹄南下，荆州动荡，兄长诸葛瑾择居江东，自己跟了皇叔打游击战，而姐夫蒯祺，随着刘琮依附了曹操，做了房陵太守。于是，原本其乐融融的姐弟数人，至此天各一方。

孟　达

孟达，扶风人，三国时代一线帅哥。原为刘璋部下，后降刘备，又属曹丕。因其朝秦暮楚频繁跳槽的职业操守，受到历代史学家一致诟病，其人品的下限直逼吕布。后意图背叛曹魏政权，为司马懿袭杀。

后来的历史进程，我们大致是知道的。赤壁一役，孙、刘合力抗曹，随后，刘备趁热打铁，西取川蜀，谋划着对曹魏势力的绝地反击，而孔明、孟达的恩怨，就在此时结下了。原来，孟达投诚之后（其原隶属刘璋管辖，后刘备入川时归降），一直寻着机会表现，刘备恰也正是用人之际，于是给了一个任务：北攻房陵。可未想孟达立功心切，攻城竟是用了全力，于是孔明的姐夫蒯祺，终于“光荣”地死于兵乱之中。

中年丧夫，这对于一位自幼孤寡的妇女来说，打击是可想而知的。看着日日以泪洗面的大姐，诸葛亮的心里自然不会好受。不过，和刘备身边的另一位谋士法正不同（法正此君，可是“睚眦之怨，无不报复”），诸葛亮表现得倒是从容淡定，直到孟达叛谋事发，终于祭出杀招，提出诛其妻儿的建议，意在让孟达也尝尝妻离子散、家庭破碎的滋味。

有道是天意弄人，如果当时孔明意图成行，也许就不会有后来孟达的人头落地了。可是，诸葛亮的建议，却被一向听话的刘备给一票否决了。原来，刘备也有着小算盘：自己可是打着一手“仁德牌”得了西川的，如今立足未稳，怎能为了孔明的家事，坏了自身的名声呢？这黑锅，恐怕是要不得的。（“欲诛达妻子，先主不听耳。”《三国志》）于是，一场渐露刀锋的杀戮，却也无声地消停了下来。

这一消停，未想一晃就是十数年。可仇恨的念头，并未伴着岁月的推移，在孔明的脑海抹去，后来的一个机缘，又重新为他打开了复仇之门。原来，此时的孟达，在魏国过得并不如意，起先器重他的魏文帝曹丕已经过世，交好的桓阶、夏侯尚等人，竟也相约命浅。而新皇帝曹睿提拔的一批政坛新人，却总与他有着隔阂，所谓物是人非，使身在异疆的孟达倍感孤独。（“达自以羁旅久在疆场，心不自安。”《三国志》）

听闻风声的诸葛亮，立马私下寻人要了孟达的“微信”号码，发了条私信：“阿达，外地打拼的日子不好受，如今家乡富裕了，回来吧。”时隔十数年，未想如今位极人臣的孔明还惦记着自己，这一阵嘘寒问暖，孟达竟一塌糊涂地感动了，于是泪眼沾襟回复道：“嗯，即便混不好，我也会回来的。”（“诸葛亮闻之，阴欲诱达，数书招之，达与相报答。”《三国志》）

就当诸葛亮和孟达进行亲密互动的时候，旁边其实还站着个人，此人名叫费诗。看着诸葛亮乐此不疲地同孟达套近乎，费诗急了，一旁耳语道：“孟达小子，昔事振威（刘璋）不忠，后又背叛先主，反覆之人，何足与书邪！”（《三国志》）对于费诗的好言相劝，诸葛亮倒是“默然不答”（《三国志》），意味深长地笑了笑，然后默默地把“微信”发了。

不过，诸葛亮做的，绝不只是默默地和远在曹营的“老同事”叙旧，而且还默默地把孟达“微信”回复的内容做了截图，打包发到了司马懿的

“个人邮箱”里。当然，诸葛亮借刀杀人的计划是实现了，可两败俱伤的好戏并未如期上演，因为他低估了司马懿，也高估了孟达。原来，司马懿收到“邮件”，并未向上司曹睿核实真伪，而是星夜整理兵马，径直杀向千里之外的上庸城。面对突如其来的朝廷奇兵，孟达慌张了，然后不情愿地败了。城破绝望之际，孟达发出了人生最后一条“微信”:“明公缘何不来相救?”至于诸葛亮的回复，恐怕只有三个字:“你，活该。”(“以达无款诚之心，故不救助也。”《三国志》)

江东上演拉黑之战

略读三国的人应该都知道，江东大帅哥周瑜一生最不对付的男人，应该是诸葛亮。只是，关于瑜、亮二人的恩怨，我们如若翻开史料，竟然找不到零星记载。可阴差阳错间，我们惊奇地发现，周瑜至死放不下的男人，却是刘皇叔。

《江表传》是这样记载的：周瑜病困巴丘，自知已入膏肓，于是疾笔上疏孙权，白纸黑字这般写到，“刘备寄寓，有似养虎，天下之事，未知终始”。看得出来，对于刘备这个潜伏在江东周边的定时炸弹，周瑜是很有想法的。只是当年曹操挥师南下，大敌当前，孙刘携手迈向新时代。如此在同仇敌忾的和谐气氛中，周瑜自然不好发作。可当曹操退师中原，如何处置遗留下来的权力真空，如何处理和近邻刘备的关系，周瑜孙权此前在密室里也曾有这样一番对话，《三国志》原文记录是这样的：“刘备以枭雄之姿，而有关羽、张飞熊虎之将，必非久屈为人用者。愚谓大计宜徙备置吴，盛为筑宫室，多其美女玩好，以娱其耳目，分此二人，各置一方。”

看得出来，周瑜的意思，自然是用美女豪宅摆个诱饵，借以软禁了刘备。只是，周瑜的话，孙权听了一半。周瑜设计的“情色陷阱”，孙权把关的时候，竟成了“情色交易”，也就是大伙坐下一块签了条约，你做你的光复大业，我管我的风水宝地，作为回报，孙权的萝莉妹妹自然上了老男人刘备的大床。为何孙权半推半就？原来，这位早熟的官二代也有自己的算盘，《三国志》是这样记载的:“权以曹公在北方，当广揽英雄，又恐备难卒制，故不纳。”

利益权衡之下，老男人刘备的桃花运终于来了。可是所谓上门女婿，签发“结婚证”的主场却是江东。周瑜想到的，孔明肯定也能料到，只是“情色陷阱”、“情色交易”这A、B两套计划，孙权究竟会翻哪套牌，刘备的幕僚们心里并不踏实，万一套牢江东，后果可是不堪设想。不过，积累了多年混饭吃经验的刘备，却是信心满满，张罗了几只大船，戴上红花，贴上喜庆，寻个良辰，开了一响锣鼓，浩浩荡荡地向着江东进发。

迎亲的做足了面子，嫁人的自然也要摆足场面。赤壁之战的惨烈，总算在爆竹声中烟消云散。面对着少妻娇嫩欲滴的脸庞，刘备“老汉推车”想必难免。当然，春风一度过后，自然还有正事要办，老道的刘备，隐约在侍从那里听闻了周瑜的不满。**干完一炮如何全身而退，诸葛亮的锦囊恐怕没有。即便有，恐怕无非一字:“跑。”如何跑？这自然是个问题。跑太快，难免孙权生疑；跑太慢，周瑜的耳边风总会起到作用。**也是刘备冷静，戏照做，歌照唱，妞照泡，只是到了闲暇工夫，总会提一袋人参，“偶尔”路过丈母娘的休闲会所，或者摆张雅座邀孙权过来泡茶。几个照面之后，孙权一家人得出了一个结论:“刘备这人，厚道。”

厚道，自然靠谱。有这么一个靠谱的妹夫坐镇荆州，双方一照应，曹操纵有百万雄师，要想过了眼前这条大江，恐怕已无可能。当然，孙权想得没错，曹操坐在许都附庸风雅地卖弄书法，听闻孙刘联姻，终于文艺不起来了，墨水泼了一地。见火候已到，刘备不紧不慢地向孙权递上了一份报告：刘某客居江东已有时日，曹贼仍在北面虎视眈眈，旧部将士久疏战阵，恐已多有懈怠，备望能回归故里，以御外敌。孙权想想也是，于是倒也爽快地包了一条“豪华邮轮”，大张旗鼓地为其践行。（“刘备之自京还也，权乘飞云大船，与张昭、秦松、鲁肃等十余人共追送之。”《江表传》）如此看来，刘备的脱身，绝不像演义里那般周折。

酒酣之际，刘备想起周瑜的种种刁难，心想此人若在，将来定是自己的祸害。于是，借着酒精作用，拉着前来敬酒的大舅子，一阵耳语道，“公瑾文武筹略，万人之英，顾其器量广大，恐不久为人臣耳”。（《江表传》）不过，刘备的话，孙权也只听了半句。关于周郎英武勃发的评语，孙权自然点头称是，至于功高震主的警言，却是一笑了之。他拍着刘备的肩膀，耐人寻味地笑道：“妹夫，这酒不醉人人自醉啊，看来，你是喝高了。”刘备也是明白人，知道多说无益，恐怕还会招来祸端，于是迎合道，小弟不胜酒力，以至胡言乱语，愿自罚酒三杯。酒尽之后，这场别开生面的欢送会，终于在歌舞升平中欢快地拉下了帷幕。

步步惊心的上位之路

尽管三国群雄们厮打得火热，但最后的赢家似乎只有一个，那就是捡了大便宜的司马懿。翻开司马家和曹家的交情，其实还是颇有渊源。司马懿的父亲，名叫司马防，曾担任洛阳令一职，而我们的曹操同志职场的第一桶金，正是洛阳北部尉一职。也就是说，在某个时期，司马防还曾是后来风光无限的曹阿瞒的直接领导。

有了着这层关系，曹操很早就对司马懿这位“待字闺中”的青年才俊留了心眼，可心高气傲的司马懿，却嫌着曹操出身低微，一直不肯配合，后来也算费了一番周折，终于迎进门来。可有意思的是，请神容易送神难，出山之后的司马懿似乎赖上了曹家，就此不走了。司马懿不想走了，可曹操却坐不住了，因为，他做了一个离奇的梦。《晋书》是这样记载的：“（曹操）尝梦三马同食一槽，甚恶焉。”三马同槽，自己偏又姓“曹”，莫非命中克星竟在此梦之中？

思量之后，多疑的曹操搬出了官员花名册，输入关键字“马”进行一番检索，自然“百度”到了“司马懿”。于是，曹操寻了个夜色，喊来了司马懿，拉着手端视了一番，忽然微笑道，亲，来，走两猫步看看。司马懿一头雾水，不知何意，心思难道曹操也有断袖之好，可领导既已发话，从命自然是必须的，于是一个提臀收腹，身姿也算妖娆。

人一风骚，就容易忘情，正当司马懿自我陶醉之时，却听见后面一声“嚓”。人家正要入戏，为何粗鲁打断，司马懿心中娇嗔怪罪，一个回眸断要寻个究竟。可这一回眸，原先温情脉脉的场景忽然僵住了。原来，司马懿的身形面向，竟呈离奇的180度角姿势。面正向后而身不动，在古代相书里，这叫“狼顾”。此面相之人，皆是狼心狗肺，心术不正，以后必然会反咬主人一口。（“魏武察帝有雄豪志，闻有狼顾相。欲验之。乃召使前行，令反顾，面正向后而身不动。”《晋书》）曹操不高兴了，做手下的自然看得出来，一阵尴尬之后，司马懿屈身作揖，就此告辞。

踉跄回房之后的司马懿，自然早是一身冷汗，因为此时的他，想到了一个人，确切点讲，是一个死人。这个死人的名字，叫做周不疑。关于这位周不疑，《三国演义》并无提及，恐怕知晓的人不算太多，因此，我们还得搬出《零陵先贤传》。里头有这样一段记述：“（周不疑）始婴孩时已有奇异。”也就是说，周不疑是个神童。其实，对于“神童”一词，若搁在当代，恐怕早已是司空见惯，三岁开枪五岁打炮七岁拿着竹竿捅飞机，只要媒体“宣传”功夫到位，上天入地绝非难事。不过，我们的周不疑，绝非炒出来的神童。

那么，此人智商究竟如何深不可测呢？当然，我们还是来看《零陵先贤传》。根据记载，有次曹操远征柳城，未想城坚墙固，竟碰了钉子。就在曹操一筹莫展之际，随军的周不疑，竟淡然一笑，投来一张纸团。曹操拾起纸团，打开一看，里头写着攻城十计，依计法照办，不日果然城破。（“太祖攻柳城不下，图画形势，为难计策，不疑进十计，攻城即下也”）

当然，这样的异才，对于求贤若渴的曹操来说，肯定要想方设法拉拢的。曹操的手段，其实也简单，大致可以分成两手。一是安排周不疑给慧子曹冲（就是称象的那位），做个伴读书郎，料想两人年纪相仿，智商相若，相处起来应该写意；二是亲手做了个大花绣球，意在招其上门，做个乘龙快婿。未想，曹操的如意算盘，却就此掉了一地，落了一脸难堪。

原来，此时的周不疑，只是一位13岁的小屁孩。这个年纪，恐怕看本黄书都挺费劲，还要花烛洞房厮杀一阵，实在有些勉为其难。于是，当曹操满心欢喜猴急着登门提亲，自然遭到了冷遇。（“至年十三，（曹操）即以女妻之，不疑不受”）于此不久，曹操的宝贝儿子曹冲，却又命浅，竟提前拿着报到单到阎王爷府上签到了。如此一来，原先的香馍馍周神童，却成了曹操急需面对的烫手山芋了。

于是，就有了《零陵先贤传》记载的这样一段对话。对话的两位当事人，正是曹操曹丕父子，话题的主角自然是周不疑。当时的场景大致是这样的，曹操喝了一口咖啡，问道，子桓啊（曹丕的字），你觉得周不疑这人如何啊？曹丕不知何故，倒也盘出自己的想法，道，不疑这娃不错啊，是个人才，将来可当大用。就在曹丕滔滔不绝之际，曹操忽然收起了笑容，面色一黑，做了一个咔嚓的手势，冷冷道，这个人嘛，绝不是你辈可以驾驭得了的。（“及仓舒（曹冲）卒，太祖心忌不疑，欲除之。文帝谏，以为不可。太祖曰：此人非汝所能驾驭也”）于是，“乃遣刺客杀之”。

周不疑离奇遇刺身亡，司马懿自然早有耳闻，依此推敲，看来，自己恐怕也进了曹操的黑名单了。司马懿料想的没错，“猫步事件”发生不久，曹操果然又找来了曹丕，给了一个叮嘱：“司马懿非人臣也，必预汝家事。”（《晋书》）当然，司马懿此时要做的，就是要用最快的速度成为曹家人的心腹，至少，在曹操动了杀机之前。也是司马懿的运气，出道伊始一直就待在曹丕身边办事，情感培育似乎有了基础，如今一套近乎，自然甚得欢心。

恰在此时，曹丕、曹植为争储君之位，正在暗中角力，司马懿为表对领导的忠心，自然鞍前马后分外卖力。领导家屁大的事，就是天大事，倒马桶把夜壶，只要领导一声吩咐，司马懿总是随叫随到。如此贴心的机灵奴才，恐怕打着灯笼也是难找，于是曹丕每逢闲暇，总会在曹操耳边吹风。

一来二往，曹操心中的芥蒂风吹云淡，司马懿的小命就此留下。(“太子素与帝善，每相全佑，故免。帝于是勤于吏职，夜以忘寝。”《晋书》)

相比高调的周不疑，司马懿知道什么叫做低调。如此谨小慎微的日子，一晃倒也数十年，熬过曹操、曹丕两朝，到了魏明帝曹睿继位，司马懿终于有了光鲜的身份：顾命大臣。（“及天子疾笃，帝与曹真、陈群等见于崇华殿之南堂，并受顾命辅政。”《晋书》）当年的那个小媳妇，如今终于到了熬成婆的一天，可此时年已老道的司马懿，却笑不起来。因为，摆正他眼前的这个小皇帝，远比想象中的聪明：“明帝沉毅断识，任心而行，盖有君人之至概焉。”(《三国志》) 看来，这个尾巴，估计还得继续夹着，司马懿一声叹息，只好认命。

奴才还是奴才，只是身份成了高级奴才，当然，替领导倒马桶估计是轮不到了。恰好此时，西蜀诸葛亮，东吴孙权，甚至东北的公孙家，寻思北魏皇帝年少好欺，竟轮番敲打着魏界边境。司马懿作为国中元老，坐镇军中是自然的，如此提剑带甲数年，倒也在军中结下了不少人缘。不过，即便司马懿提着老命千里颠簸，曹睿对他的疑心，却一直从未消停过。每逢司马懿远征作战，曹睿总会在军中埋插自己的眼线。

《干宝晋纪》曾记载了这样一个故事，司马懿领兵远征公孙渊，曹睿忧其尾大不掉，于是和散骑常侍何曾就有了这样一段对话。何曾给出的建议大致是这样的：“今北边诸将及懿所督，皆为僚属，名位不殊，素无定分，卒有变急，不相镇摄。宜选大臣名将威重宿著者，盛其礼秩，遣诣懿军，进同谋略，退为副佐。”也就是说，得派个德高望重的心腹，名为随军副手，实则制衡司马懿。何曾的建议，自是正中曹睿下怀，于是，度辽将军毌丘俭被推上了副都督的位置。当然，毌丘俭这位所谓的副都督，其实督的，无非是司马懿而已。也许，正是此时结下的梁子，至司马氏全面掌权之后，毌丘俭的日子一直不曾好过，后来索性提刀相向，竟也不是对手，终被诛灭三族。当然，这是题外话。

有时候，人生的成就，比的就是命长。谁也没有料到，年过半百的司马懿的生命线，居然狠狠地甩开了曹睿。原来，曹睿同志虽是“一时明君”（裴松之语），可有个毛病，就是好色。他年纪轻轻，就在风月场里掏空了身体。可不巧的是，当小皇帝一病不起的时候，司马懿恰在外地“出差”。按理说，在如此敏感时期，在外奔波的，是很难分到政治蛋糕的，况且司马懿并非曹氏宗亲，亦非曹睿嫡系。可我们司马懿的好运气，就像升级版的“大姨妈”，每隔几年，总会来一次。

原来，曹睿日夜恍惚，自知时日不多，为子嗣寻思后路自然箭在弦上。当然，曹睿的托孤名单里，原先是没有司马懿的。《汉晋春秋》是这样记载的：“帝以燕王宇（曹睿他叔）为大将军，使与领军将军夏侯献、武卫将军曹爽、屯骑校尉曹肇、骁骑将军秦朗等对辅政。”看得出来，曹睿遗诏里的顾命大臣，由燕王曹宇牵头，竟是清一色的曹氏宗亲，故事如果顺此铺开，估计就没有后来司马家什么事了。于是，戏剧性的一幕出现了。

拉开反转序幕的人物，一位叫刘放，一位名孙资，他们本也不是什么英雄，只是曹睿身边的近臣。这两哥们，仗着替皇帝提夜壶的风头，却是在外干了不少跋扈的事情，自然引起了以秦朗（曹操同志的干儿子）为首的“富二代”们的不爽。眼瞧着靠山行将归天，而新来掌权的主，却和自己不对付，将来的脸色料必是看定了，甚至身家性命都已飘摇在风雨之中。心急如焚的两哥们，拉下门来一商议，决心放手一搏。他们要做的，就是到曹睿的床前吹耳边风。（“中书监刘放、令孙资久专权宠，为朗等素所不善，惧有后害，阴图间之。”《汉晋春秋》）

本来，在这政权交接的非常时期。顾命大臣们寸步不离皇帝，应是必须的，可也凑巧，曹睿不知何故，一时气急，曹宇见状，竟呼上其他几位，出殿打点一场风光的后事。此时床边，只有曹爽一人伫立。（“帝气微，宇下殿呼曹肇有所议，未还，惟曹爽独在。”《汉晋春秋》）曹爽本就是个草包，一直在门外侍立的刘放、孙资，见机不可失，果断推门而入，径直奔向病榻上的曹睿，抱着大腿就是一阵痛哭。

人之将死，听闻恸哭自然分外动容，曹睿一心酸，抚摸着孙资的头，轻叹道:“怎么呢?”孙资顺势一头扎进曹睿怀里，唾泪齐飞道,“殿下绝臣而去，臣心有不舍啊。”“天命如此，莫哭吧,”曹睿望着床下之臣，伤怀已甚。见情感酝酿到了火候，一旁的刘放垂泣道:“听闻殿下托孤燕王曹宇，臣下以为万万不可。”“爱卿，何出此言?”曹睿的眼神，透出一丝疑惑。

刚才讲了，这是敏感时期，叙衷肠可以，可谈政治，似乎有些不合时宜了。可作为近身护卫的曹爽，不知是被先前君臣相涕的场景感动坏了，还是开了小差，竟然未加阻止。刘放斜着眼，偷偷瞧了曹爽一眼，继续又哭了一把，然后哽咽道:“陛下难道忘了先帝诏敕？藩王不得辅政。”原来，魏文帝曹丕（曹睿他爹)，本性多疑，一直担心着陈思王曹植等人终究要动摇其皇权的，因此对于曹氏宗亲，始终加以限制。见曹睿若有所思，刘放继续哭道:“燕王拥兵南面，大权在握，这是竖刁、赵高之象啊，况皇太子年幼，如此以往，社稷危殆。”

当然，仅仅祭出先皇遗训这张牌，是不够的，因为曹睿本就是一位很有主见的人。有主见的人，很难改变主意。善于察言观色的刘放，看出曹睿内心些许的松动，他接下来要做的，就是再放出一颗重磅炸弹。正是这颗炸弹，让本已气若游丝的曹睿，终于发飙了。

《汉晋春秋》记载了刘放的这段说辞:“且陛下方病，而曹肇、秦朗等便与才人侍疾者言戏。”也就是说，准顾命大臣曹肇、秦朗们，全然不顾卧床的皇帝，公然在门外和宫女妾侍打情骂俏。**戴绿帽子这事，恐怕是男人最羞于启齿的命门，即便是个行将就木的男人，想必裤裆里也昂扬着一颗高傲雄起的心**。自己还没有升天，秦朗这几个家伙，居然就和一干侍女小妾们打得火热，面对如此肆无忌惮的羞辱，曹睿终于怒了，大声追问道，谁可任之。（“帝得放言，大怒曰：谁可任者”)

如果说，一旁侍立的曹爽，先前由于深深感动于刘放、孙资的煽情演技，竟开了君臣攀谈的绿灯，可如今明摆着编排皇室绯闻，总应该要有所动作吧。不过，曹爽还是没动。曹爽没动的原因很简单，因为适才他和刘放眼神有了不经意间的交流。随着曹睿一声大喝，刘放假装吓到了，就势往地上一跪，头如捣蒜道，燕王曹宇等人皆凡夫俗子，不堪重用，唯曹爽将军英明威武，应是首席顾命大臣的不二人选，此外，司马太傅乃三朝老臣，一直任劳任怨，可为曹将军臂膀，以摈除朝中杂音。（“放、资乃举爽代宇，又白宜诏司马宣王使相参”）

秘书效应

资深“皇二代”曹肇，正是因为得罪皇家秘书中书监刘放、中书令孙资，最终丧失入主曹魏权力中心的机会。当然，此番人事变动所引起的蝴蝶效应，最后导致了曹魏政权的变天。因此，若要在官场上混得写意，得罪谁，千万也别得罪秘书。

听完刘放一段“肺腑”陈述，先前激动失态的曹睿倒也冷静了下来，扭头问向曹爽：“阿爽，你怎么看？”此时的曹爽，心里打着自己的小算盘：与其听命曹宇做个跟班，绝不如自己来当这个辅政一把手来得痛快，况且司马懿年纪已大，不妨借来当个花瓶也罢。于是，曹爽循着刘放的哭声，酝酿了一把感情，好歹也是哭了一通，然后呜咽道：“我看行。”

接下来的故事发展，终于走向了我们熟识的那段历史，于是就有了《晋书》里记载的一幕。“（司马懿接到手谕）乃乘追锋车昼夜兼行，自白屋四百余里，一宿而至”，顺利地和大将军曹爽一同完成了政权交接，并受遗诏辅佐少主。当了一辈子奴才，看了一辈子脸色，未想却因为一场莫须有的桃色绯闻离奇上位，看来，运气来的时候，挡也挡不住，司马懿心下一阵暗笑。当然，拿到了“官方认证”，对于司马懿而言，人生的大场面才刚刚开始，对付草包曹爽和年幼的曹芳，自然不是问题。当然，这是后话。

热衷暗杀的战争机器

姜维这个人物，在历史上是存有很大争议的。在小说家罗贯中眼里，姜维继承孔明遗志，明知蜀汉之事不可为而强为之，一人饱含悲情地独撑着风雨飘摇中残破的蜀汉。可到犀利的历史评论员孙盛口中，姜维则成了一名趋利小人，身背不忠（背叛祖国）、不孝（抛弃老母）、不义（频繁用兵）、不节（战败偷生）的四大罪名。

对于姜维的是非功过，后人自然仁智各见。但可以肯定的是，这位卧龙先生的爱徒，在导师仙逝之后，其实并没有得到蜀朝过多重用（这和孔明当年"一人之下万人之上"的政治待遇，自然不可比拟）。原来，之前一直鲜有话语权的后主刘禅，借孔明陨落之际，加大政改力度，废黜丞相府，并将权力进行分割，以此防止朝中"一言谈"。姜维原是魏人，虽有孔明极力保荐，但要委以重任，自然还需多方考察。于是，此后朝中的政治排名，姜维一直位于蒋琬、费祎之后。

蒋琬、费祎均是文职出身，之前见识了孔明六出祁山无功而返的尴尬，如今对于沙场之事，自然没有多大兴趣。后主刘禅本也是柔弱之人，成都风和日丽，麻将桌前"血战到底"何尝不是乐事，又何必劳师动众舞刀弄棍光复中原。于是，君臣一拍即合，此后十数年，魏蜀之间，鲜有征战。不过，对于肩负孔明北伐遗志的姜维而言，这十数年太平日子，却是日日如坐针毡。名目说的讨巧点，称为韬光养晦，若讲难听些，恐怕是消磨意志了。

谁叫自己是外来人口？被排挤本也正常。姜维心知要完全获得军队的主导权，只有和蒋琬同志熬，熬谁的命长。终于，文弱的蒋琬听到了孔明的召唤，阖上了双眼，伏倒在了书案上。姜维长吁口气，心道机会来了。正当姜维信心满满地向后主递上北伐“可行性报告”，孰知过惯安稳日子的刘禅，眉头微颦，大笔一挥，请转费祎同志查阅。如此批示，姜维自然心中一凉，费祎本就是“萧规曹随”之辈，恐怕这个太平日子，还得这么浑浑噩噩地过下去了。

果不其然，此后每每姜维寻求北伐，费祎总在朝中高唱反调，因此手中可用兵士，往往不过万人。（“每欲兴军大举，费祎常裁制不从，与其兵不过万人。”《三国志》）魏国雄霸天下领土三之有二，如此丁零兵力怎有作为？除却小规模的骚扰战，姜维实在无计可施。其实，就在蜀国休养生息之时，北边的魏国过得并不太平。当时魏明帝曹睿已逝，小皇帝曹芳自然镇不住场子。曹族、司马家两系人马，为了争夺权力的蛋糕，明争暗斗，打得不可开交。

机会稍纵即逝，姜维看在眼里急在心里，于是，他耐着性子敲开费祎的房门。喝茶、聊天、下棋，两人心照不宣地莞尔一笑。姜维搬出了导师当年的《隆中对》，说道：“费老啊，你可曾记得，当年丞相曾云，待天下有变，则霸业可成，汉室可兴矣。如今魏国国内罅隙不断，这可是天赐良机啊。”费祎听罢，微微一笑，给姜维沏了口茶，道：“姜维啊，你觉得自己比起诸葛丞相何如？”姜维答道，“自然是不如的。”“这就对了嘛，当年丞相都做不了的事，像我们这样的凡夫俗子，又怎有能力为之呢？”费祎的接话让姜维心中一震，暗道，此人真是只老狐狸，自己无非谦虚了一下，不经意竟落了套。

被反将一军，姜维自然是无功而返，北伐的议题就这样被无休止地搁置下来。这一个搁置，又是数年。当年意气风发的少年将军，如今已是双鬓斑白，姜维自觉年事已高，寸功未立，心里甚至不安。恰在此时，已是十数年不设宰相位的后主，不知何故心血来潮，竟令费祎重新开设相府。（“延熙十五年，命祎开府。”《三国志》）姜维见此情形，悲从中来，费祎本就是自己政敌，如今位居高位，恐怕这辈子光复中原是无望了。

就当穷途末路之时，姜维想到了一个人。姜维想起的这个人，名叫郭循。郭循此人，原是姜维同乡，后在边界遭遇战中为其俘虏。念在老乡情谊，加之用人之际，姜维便把其编为帐下死士。（“维为人好立功名，阴养死士。”《三国志》）郭循这人，恰也很有本事，于是姜维顺水送个人情，把他推向军部。由于“上头”有人，郭循当然武运连连，最后竟担负蜀汉左将军之位。**看来，非常时期，只能用非常办法，详细翻阅此人档案后，姜维的脑海里，一个代号“寒战”的夺权行动悄然酝酿。**

至于姜维和郭循到底谈了什么，史书上并没有记载。但是，接下来发生的一桩宫廷血案，却是真实存在的。《三国志》是这样记述的：“（延熙）十六年岁首大会，魏降人郭循在坐。（费）祎欢饮沈醉，为循手刃所害。”也许，费祎万万没有想到，延熙十六年蜀汉的那次例行春节“联欢会”（案发的时间正是费祎位居丞相位的次年），竟然成了他人生的最后一站。当时，宫外春寒料峭，宫内却洋溢着愉快的气氛。郭循趁着酒兴，歌舞弄剑，盘转于歌女之间，舞至费祎坐下，忽然剑锋一转，直刺胸口。

当朝丞相竟在众目睽睽之下惨遭刺杀，列席的百官顿时目瞪口呆，面面相觑。舞剑的郭循，此时早已自刎于血泊之中。谁是幕后主谋，自然无从追查。打破窒息般寂静的，却是姜维，只见他不慌不忙，拾起染血的凶器，呈上后主道：“此人本是下官帐下军官，后臣念其英勇，遂加以重用。未想此人狼子野心，不报恩情，反而进以加害。细想此人之前形状，却也蹊跷，每每宴会之时，始终寻思亲近陛下，幸为左右所遏。如此想来，此人定是魏国细作，原想刺杀皇上，未想我主洪福齐天。只可惜了费祎大人，忠肝义胆，命中注定要替陛下挡此一劫。今日宫廷血案，皆因下官而起，望陛下治臣失察之罪。（“循欲刺汉主，不得亲近，每因上寿，且拜且前，为左右所遏，事辄不果。”《资治通鉴》）

姜维这招以退为进，直唬得不善言辞的后主哑口无言，于是顺个台阶，授予费祎“为国捐躯”之名，给以厚葬。只是费祎被刺，朝中无人掌舵，姜维资格最老，上位自然是毫无疑义的。暗弱的后主，虽说心中千般不愿意，但也只能如此顺水推舟，就此应承下来。也许，被压制的十数年，扭曲了这位曾经意气风发的年少英雄，于是，全面掌握兵权的姜维，立马露出战争狂人的面目。就在当年，姜维迅速集结数万大军，草草对魏国宣战，原本多年鲜见兵戈的边界，又是一番腥风血雨。（“十六年春，祎卒。夏，维率数万人出石营。”《三国志》）

费　祎

费祎，蜀汉名臣，和诸葛亮、蒋琬、董允并称为蜀汉四相。其主导的政治纲领为“以发展蜀汉经济为首要目标”，主张同曹魏政权搁置争议，各自开发。因其鸽派作风和蜀汉军方鹰牌人物姜维的军事理念格格不入，最后的意外身死也成了一桩历史悬案，令人浮想联翩。

此后数年间，独揽军权的姜维，对于战争的偏执变本加厉，年年兴兵北伐。如此高频率征战，军需补给当然成了大问题，蜀汉国力本就羸弱，经此折腾，先前休养生息积蓄的一点国力，又被迅速掏空。况且姜维不比孔明，人格魅力自然逊色许多，成都百姓本就是偏安之民，守着一方田园也是逍遥，为何要砸锅卖铁陪着瞎吆喝，自此民怨迭起不息。

就当蜀国外交内困之际，魏国的境遇恰恰相反，经过一系列暗涌纷争，司马家的政治地位逐渐牢固，终于寻个机会腾了出手，派遣钟会、邓艾挥师西进。面对两路浩浩荡荡的进犯之师，元气大伤的蜀汉竟无丝毫招架之力，不日蜀主刘禅即自缚其身，开城投降。由此，穷兵黩武导致国破家亡，后世对于姜维的颇多非议自然有了道理。

三巨头的“逃生手册”

兵书有云:“三十六计，走为上计。”所谓“走起”，应该算个委婉的说法，其实就是跑路。不过，倘若身在乱世，跑路可算是门学问，绝非张开双腿那么简单，步子迈大了容易扯着蛋。若说跑路的鼻祖，可算大汉的创始人刘邦，也许是跑路跑多了，到了后世，不谙兵器的文人阮籍，竟给出了“时无英雄，使竖子成名”这般评价。戏剧性的是，一向以硬汉之名把持江湖的霸王项羽，虽一向鄙夷老对手刘邦的做法，可未想听了垓下楚歌，竟跑向了乌江，却再也跑不动了，跑路却跑成了末路。

有意思的是，老爷子刘邦的“跑路哲学”，到了汉末，却经此挡住了数百年岁月的冲洗，着着实实流传了下来。不用说，将汉高祖跑路理念发扬光大的衣钵传人，自然非刘备莫属了。我们的刘备，虽有着皇叔的头衔，当终究是白手起家的，脚下没有一块可靠的根据地，因此前半生过着寄人篱下的日子。寄人篱下，自然要看人脸色，主人不高兴了，下逐客令倒是小事，倘若一时愤起，扔块追杀令，后果想必就凶险了。譬如，在宗亲刘表处，一向谨小慎微的刘备，竟得罪了其手下大将蔡瑁，于是一场惊心动魄的“大逃杀”就此上演。躲了一路的追兵，终于到了檀溪口，怎想河面宽阔，自己却又不习水性，一时间，刘备悲从中来，老泪纵横满面。未想胯下坐骑的卢马，听闻主人哭声，竟跃身而起，一越三丈，飞上对岸，完成了一出飞跃壮举。

不过，人生并非一场马戏。刘备同志人生中的经典跑路剧目，当然绝非神奇的“马术表演”，他的终极目标可是“酣畅漓淋”地抛弃妻子（真是得到刘邦真传）。根据不完全统计，刘备如此卖力的演出，一生中至少出现四番：两次面对的是吕布，两次遭遇的是曹操。本来，吕布是三国头号肌肉男，曹操是千古少有的奸雄，招架不住拔腿便跑也是常事。可偏演到了携民渡江那出时，赵云小宇宙爆发，竟杀了回马枪，单挑曹营八十万大军。赵云倒是一战成名了，可皇叔抛妻弃子的行径，却再也隐瞒不住了。

当然，因抛妻的“勾当”做了太多，自然让人记住了，于是“刘跑跑”的名头至此落在皇叔头上。刘备整理了一套逃跑心得，老对手曹操自然也不甘落于人后。据不完全统计（以《三国演义》为参考蓝本），曹操一生中积累的逃跑经验，至少不下五次。

第一次，献刀杀人不成，逃，遇吕伯奢，完事之后丢下名言：“宁我负天下人，勿天下人负我。”

第二次，战吕布于濮阳，逃，典韦立挡。

第三次，睡张绣婶，事发，逃，失典韦及曹昂。

第四次，赤壁战败，跑路，华容道遇“红灯”，关羽放行。

第五次，和马超“飙车”，输，剃胡脱衣。

只是，相对于刘备的逃跑至尊三宝——“大哭、找马、甩女人”，曹操的逃跑之路，似乎要文艺得多，要么事前睡个女人，要么事发时剃个胡子抹个妆，要么事后朗诵一段逃跑感言。反正，人们回溯三国时代，但凡提及曹操，大抵好奇的是他杀了多少人，睡了多少人，骗了多少人，在何处添了哪些风流，至于那些狼狈的跑路往事，因为有刘备做了尴尬的垫背，似乎随着滚滚江水，全付诸一笑。

最后，我们再来谈谈孙权。对于孙权，他的老哥孙策是这样评价的：“与天下争衡，卿不如我，以保江东，我不如卿（《三国志》）。”应该说，孙策此人，尽管行事鲁莽，可识人的眼光，却是毒辣，轻描淡写寥寥片语，竟将孙权此后数十年的人生一并概括。终其孙权一生，他的权力触角从未企及江北，即便偶有心思，奈何一渡江，却遭来一通猛打，仓皇逃窜，而这一跑，也成就了一代名将。这就是三国时代著名的“张辽威震逍遥津”。

当时的时局大致是这样的，曹操取下汉中欲南下扫荡西川，孙权见有机可乘（此人偏爱背后搞小动作，偷袭荆州也是如此），竟亲率十万大军渡江围城合肥。合肥的屯军大约只有七千多，面对江东来犯的一片黑压压的大军，如何迎战，这是个问题。幸好，还有张辽。张辽同志毫不露怯，星夜提点八百壮士，趁孙权立足未稳，就来了个突袭。

逃　生

逃生，人类的一项基本技能。当然，随着人类文明的推进，逃生已成为一门系统的学问，指导人们在火灾、地震，以及一些人为的突发事件中顺利躲避灾害。譬如，曹操宛城“嫖娼”事发，正是由于其理论知识扎实，最终得以保命。此外，不少领导对于这项技能掌握的娴熟程度要优于下属，譬如刘备在携民渡江时就曾很好地演示了一把。

此时的孙权，正穿着裤衩，酝酿了情绪，仰望着江北星空，准备抒发情怀。只听帐外一片喧乱，正待问时，只见凌统踉跄跌入，振臂高呼：“主公快跑。”孙权不知何故，以为天降神兵，也顾不上稳定军心，倒是发扬了“有事领导先跑”的作风，寻了匹马仓皇跑路。奈何行至逍遥津桥时，桥南板已被拆除丈余，马不得过。在此危急关头，一名叫谷利的随行贴身侍卫，也顾上不“动物保护法”了，向着孙权坐骑一鞭猛抽。那骏马屁股一紧，奋力一跃，飞桥而过，孙权的老命，就此留下。

逍遥津一役后，一篇由曹魏阵营主编的、标题为“十万雄狮狼狈溃退，江东领袖单骑落荒”的报道，终是在江东流传开来。于是，东吴百姓们的心间，竟落下了“闻张辽大名，小儿也不敢夜啼”的后遗症。

“装死”的学问

当代社会颇为流行各种“装”。穷人们嘛，喜好打肿脸装大款，而领导大爷们却热衷人前打着补丁装穷；拜金女吧，偏要一脸无辜地装纯洁，而社会基层广大“屌丝”们，却非得卖肾卖血，寻个装逼的装备装把高富帅。不过，时人尽管卖力扮演着各种“装”，可其间最难的，恐怕莫过于装死。而在神武的三国，装死的哥们却着实不少。我们就先从大名鼎鼎的廖化开始说起。

人们对于廖化同志的大名，大抵是出自一句俗语：“蜀中无大将，廖化作先锋。”这话传的不算好听，大概讲到了蜀汉后期国中已是无人可用了，竟将已半截入土的廖化老先生硬生生拽入了战场。若要追溯廖化的人生职业原点，大概可以从黄巾乱开始，身为乱贼的此君，后来遇见了千里寻兄的关羽，一个照面，竟放下了漂泊江湖的心，暗许下了终身，誓死效忠。当然，这样的篇幅只是《三国演义》里的说辞，而《三国志》的记载，倒是简洁得多：“初为前将军关羽主簿。”

虽然廖化的草寇出身略有争议，但他后来跟了关羽，却是肯定的。及至关羽荆州兵败，廖化的残部自然被孙权收编。尽管美髯公魂断他处，可关二爷的结拜大哥刘备姑且尚在西川，廖化回归的念想自然一直不曾中断。于是，廖化寻个机缘，竟在自家门前贴了讣告，内容大致如下：“廖公因思领导关羽，心殇晚回舟，沉醉不知归路，呕吐，呕吐，误入黄泉深处。”“死者”家属们噙着滂沱泪水，来到有关部门请命，乞求骸骨回乡，还逝者一个安息。廖化本非成名战将，孙权自然不曾留心，又念其不忘旧主，也算忠肝义胆，因此也不辨真伪，大笔一挥，倒也批了通关文牒。（“羽败，属吴，思归先主，乃诈死，时人谓为信然，因携持老母昼夜西行。”《三国志》）

当然，在三国乱世，装死绝不仅只用于“跳槽”的伎俩，有时还可以开拓大场面。譬如，勇冠江南的小霸王孙策就是其中一位。事件背景大致是这样的，孙策秉承父亲孙坚遗志，拓展江东，自然和另一大地方军阀刘繇有了战事上的交集。当然，抢地盘可是你死我活的事情，留不了半点情面，双方搏杀始终各有胜负。孙策此人，《三国志》有如下评价：“虽猛锐冠世，然轻佻果躁。”也就是说，他勇武有余，谨慎不足，颇为崇尚个人英雄主义。于是，在一场遭遇战中，孙策同志不幸“为流矢所中，伤股”（《江表传》）。

屁股中了一箭，这对重视个人形象的孙策来说，自然不是光彩的事情。马不能骑，饭吃不香，就连平时走路帅帅的POSE，也无法像从前那般尽情摆弄了。不过，坐立不安有时反而有了灵感。孙策灵机一动，放出假消息：“孙郎被箭已死（《江表传》）。”刘繇收到消息，竟未作调研，于是寻思到了个一锅端的时机行动了。未想孙策端坐军营，来个瓮中捉鳖，刘繇中了埋伏，伤了元气。（“贼追入伏中，乃大破之，斩首千余级。”《江表传》）

如果说，小霸王凭着“装死”为开创江东大场面打下了夯实的基础，那么他的好兄弟美周郎接下来发生的故事就颇为无厘头了。这个无厘头的故事，史料甚至演义均无记述，仅见于民间口头相传，只因过于有趣，我们不妨攫来一用。原来，周瑜在芦花荡被诸葛亮三气之后，心中愤愤不平，一回到江东，立马喊来鲁肃喝闷酒。酒到酣处，心气甚高的周瑜愈发郁闷，一把拉过鲁肃的手，一阵耳语道:“孔明这穷‘屌丝’，太不知天高地厚了，竟敢数次冒犯，这让身为高富帅领导者的本尊颜面何存啊？子敬啊，我来设个局，牺牲一下个人形象，装死一把，睡在棺材里，你在盖上钻一个气眼，让我透口气。等诸葛亮那小子来吊孝，我一下令，你们就叫刀斧手把诸葛亮一刀给咔嚓了。”

听闻周瑜无端身死，吊孝的场面戏诸葛亮肯定要做的。不过，诸葛亮不是刘繇，留了心眼是必须的。一到现场，诸葛亮立马发觉情况不对，死了大人物，按理说应是哭天喊地的飚泪模样，可眼前的这班东吴兵将们，却个个像打了鸡血似的精神抖擞一旁侧立。心中有数的诸葛亮，自知骑虎难下，于是顺势假戏真做，就地“哇”的一声，抱着棺材，眼泪鼻涕齐飞。可这一哭一摸，居然在棺材上摸到了透气眼。明白原委的诸葛亮，把心一横，暗道周瑜你喜欢演死人，我就成全你吧。于是，趁着哭天抢地的间隙，他掏出了石蜡，悄悄把气眼堵死。我们顺着民间的编排，不禁感叹，周都督啊，你也太敬业了，无非客串死人嘛，安插个替身不就可以了，何必自己亲自上阵啊？

如此看来，三国时代的能人们，乐此不疲地发扬着装死艺术，有的忙跳槽，有的抢地盘，甚至有的太过入戏，弄巧成拙，反丢了卿卿性命。但若要追溯人们装死的本能初衷，恐怕还是归于简单的两个字:“逃命。”提到逃命，刘皇叔绝对是“专业级”的。我们先来看《典略》里记载的一段往事。这个事件的时代背景大抵是在灵帝末年，当时黄巾纷起，各州郡奉旨高举义旗招兵买马。摆地摊出身的刘备，见时局动荡，决然放下手上的大事业，弃“商”从戎。可刘备尽管草鞋卖的风骚，可在军营里大抵没有后台，于是只是做了个帐前小兵。(当时估计没有碰上老同学公孙瓒，不然好歹也能要个城管大队长当当)

小兵是干吗的？当然是冲锋陷阵当炮灰的。刘备的三脚猫功夫，我们自然是知道的。终于在一场遭遇战中，刘备一方身陷重围。一般在这种情况下，刘备总会一脸惶恐地扭头高呼："子龙，救我！"可此时的刘备，只是刚出道的基层"屌丝"，尚未遇到关、张，更何来子龙？也就是说，刘备是一个人在战斗。一个人战斗，难免没有底气，见敌人一步步逼近，前方的兄弟前赴后继地倒下，刘备寻思，跑估计是不可能了，于是计上心来，高呼"为大汉复兴事业奋斗终生"，猛地往自己脑门一个闷棍，然后"啊"了一声，顺势倒下。

装

装，一门在中国经久不衰的学问。当然，装的最终目的，总是伴随某种个人企图。譬如，有人热衷装逼，其意图无非要让人觉得他牛逼；有人装孙子，无非是为了某日有机会喊别人孙子。

不知是刘备相当到位的表演感动了上苍，还是农民出身的黄巾弟兄们心眼太少。反正，刘备是逃过了一劫。（"遇贼于野，备中创阳死，贼去后，故人以车载之，得免。"《典略》）有意思的是，不仅是动辄泪眼婆娑的娘炮刘皇叔，就连英明神武的真汉子吕布，也懂得"人在江湖飘，哪能不低头"的道理，到了机缘凑巧之际，有时他也得放下猛男的行头，低调地友情客串一把。

故事的缘由大致是这样的，吕布弑了干爹董卓，未想却招来了董家故将郭汜、李傕等人的反扑，一阵乱战之后，吕布失了大本营，只好去冀州投了袁绍。当时袁绍的境内，尚有黄巾余党张燕在黑山一带作乱，于是袁绍顺势派了吕布一个任务，讨伐黑山贼。在万人敌吕温侯面前，黑山贼自然不成气候，照面之后，溃不成军是肯定的了。可吕布怎是一位甘愿成马仔的主，于是几番征剿之后，竟拿着功劳簿，跑到了袁绍跟前要红包。吕布肯开口要红包，算是很给面子了，倘若闷不做声，背后来个小动作，后果恐怕不堪设想。想起先前董卓血淋淋的下场，袁绍不禁倒吸一口凉气。于是，外宽内忌的袁绍起了杀机。

这大概是个夜黑风杀人夜吧，袁绍手下的精锐刀斧手们，埋伏在吕布帐篷外，伺机而动。可帐内琴阙连绵，一直未见静息，刀斧手们寻思着，吕布气拔山河，霸王硬上弓恐怕不妥，于是按下性子，等。终于，至转点时分，声息烛灭，看来，吕布入眠了。于是，刀斧手们点了一下头，对了一下表，径直冲进帐中，对着那张偌大的双人席梦思一通猛砍。

《英雄记》是如下记述的:“夜半兵起，乱斫布床被，谓为已死。”故事若依此发生，恐怕就没有白门楼曹操什么事了。于是接下来，似乎就有剧情反转的必要了。原来当夜，吕布酒足之余，出门小便，见帐外风吹草动，似有黑影飘过，于是留了心眼,“伪使人于帐中鼓筝”，接着往被窝里塞了几个枕头，做出缠绵人形，然后借着夜色，从帐后小门一个猫身，溜之大吉。而袁绍那些所谓的精英刺客们，竟然蒙在鼓里，浑然不知，砍杀之后，竟嬉笑着回营张点夜宵。（“绍兵卧，布无何出帐去，而兵不觉”）

当然，吕布的装死演出，仅此一季，待到天明，自然到了收工的时候。争取了时间，招呼了自家兵马，大白天的吕布，又梳了一个人模狗样的发型，径直到袁绍城下转马操练。袁绍眼见吕布安然无恙，只能尴尬一笑，遥望着打了一声招呼。对方城高兵强，反戈恐怕也不可行，于是，吕布回了一个微笑，打马东去。（“明日，绍讯问，知布尚在，乃闭城门，布遂引去。”《英雄记》）

卖萌猛男的苦情戏

提起猛男，自然想起吕布，想起吕布，白门楼恐怕是绕不开的。正是此地，让我们这位万人敌的人生终点有了落脚。《三国演义》大抵是这样描述的：曹军水淹下邳，吕布坐困城中，心下郁闷，与妻妾痛饮美酒，因酒色过伤，形容消减。恰城外急攻时起彼伏，吕布连加夜班苦守，终于困顿，少憩门楼，不觉睡着在椅上。副将宋宪、魏续趁其酣睡，竟盗画戟，然后用绳缠索绑，紧紧缚住，献于曹操。不过，我们若翻阅相关史料，会发现事实其实是略有出入的。

《三国志》是如下记载的："太祖（曹操）堑围之三月，上下离心，其将侯成、宋宪、魏续缚陈宫，将其众降。布与其麾下登白门楼。兵围急，乃下降。"翻开《后汉书》，说法大致也是如此。也就是说，曹操数月围城，吕布阵营里确实发生了分化，只是，宋宪、魏续等人绑架的，并非吕布，而是陈宫、高顺。至于吕布，眼瞧形势不对，是主动开城投降的。

缘何吕布要主动投降？其实，依当时的处境，兵败被俘只是迟早的事，摆在吕布面前的，倒也有两套方案。A方案，可以血战一番，表个气节，然后寻下城破时机，佯装气短，就势倒下，顺利被捕。至于B方案，就是索性打开城门，一个叩头认错，活路恐怕还是有的。

选择A方案，其实风险颇大，刀剑本是无眼，倘若曹军的临时工们，一心寻着贪个功劳，非要以命相搏，自己一个闪失，为飞来流矢击中，岂不白白丢了性命。吕布寻思再三，心忖曹操正是广纳天下英雄之际，还是B方案来得稳妥。只是大门洞开，磕头跪拜，姿势难免不堪，即便留了性命，可此前积累的万人敌的名头，恐怕要碎了一地。于是，吕布寻思着要立这个牌坊，还得演一场苦情戏。

张　杨

张杨，汉末二线军阀头目之一，发迹前原为山村野夫，后因样貌孔武被并州刺史丁原相中招入帐下，并和其义子吕布相善。另，张杨作为汉献帝忠实拥趸，在其逃荒之时给予全心全意的呵护，并馈赠上等食品若干。值得一提的是，这位军旅出身的肌肉男，却有着一颗菩萨心肠，口头禅是“以和为贵，莫伤了花花草草”。后来，曹操、吕布火拼，张杨欲调解，为部将杨丑所杀。

这场戏如何演，《后汉书》是这样记载的：“兵围之急，令左右取其首诣操。左右不忍，乃下降。”也就是说，吕布喊来了一干心腹，仰天噙了一把眼泪道：“兄弟们啊，出来混，迟早都是要还的，你们跟了我这么多年，也没捞着什么好处，如今曹阿瞒那边逼得紧，跑路估计也指不上了。要不，你们掂量一把我这人头值多少钱，拿到曹操那里，估计也能捞个一官半职吧。”人心都是肉长的，眼瞧着征战多年的带头大哥如此发话，一干小弟们自然泪流满面，连呼“使不得”。吕布瞧着群众演员们都已入戏，顺势叹了一口气道：“兄弟们的心思，大哥怎能不懂，这样吧，折个中，你们寻条绳索，把我绑了吧。”

其实，此番戏路，吕布原也是轻车熟路。《英雄记》有这样一段记载，讲的是吕布反戈董卓，无奈智短，反被西凉余部郭汜、李傕通缉，只得投奔好友张杨。当时郭、李势大，张杨左右为难，有所动摇。吕布得悉情况，连夜叩响了老朋友的房门，开门见山道：“张扬啊，我们也算兄弟一场，我这条命，就是兄弟你的。如今郭、李小人逼迫事急，我看，你不如绑了交予他们，也好做个人情啊。”张杨望着一脸苦情的吕布，自然伤感了，正色道：“兄弟你多虑了，我张某人的为人你还不知吗？”（“布闻之，谓杨曰：‘布，卿州里也。卿杀布，于卿弱。不如卖布，可极得汜、傕爵宠。’杨于是外许汜、傕，内实保护布”）

虽说前番张杨倒也有话语权的，自然受了庇护，可此番只身入曹营，脸色自然是看别人的。吕布一声感叹，抵抗是没有活路的，苦情戏还是得这般演，情感的酝酿，终会水到渠成。就这般，在肃杀的气氛下（兴许还刚下了一场雨），一群红了眼圈的将士们，推着吕布，缓缓走向曹军。见到这等架势，曹操似乎也被感染了，就在此时，押解队伍齐刷刷跪下。吕布抬眼微看曹操眼色，似乎闪烁泪光，心中一喜，看来，这脑袋算是保住了。

舒了一口气的吕布，心情倒也不再紧张，一个卖萌道：“将军，你这绳子绑得人家气喘，别太急嘛，缓缓啊。”（“缚太急，小缓之”）**卖萌撒娇，应该是活跃了气氛的灵丹妙药，曹操坏笑地抚摸着吕布的头，道，“不把你整难受了，我能过瘾吗？”**（“缚虎不得不急也”）说是如此，但曹操倒也呼唤左右，稍解绳缚。（“乃令缓布缚。”《后汉书》）

可是，吕布演的是苦情戏，曹操却笑了，这苦情戏一笑场，就出戏了。当然，吕布如若识趣，就此打住，也许还有回转的余地，可接下来他这张嘴，竟将所有的前戏打碎了。因为，吕布也笑了，笑着说了一段话：“明公所患不过于布，今已服矣，天下不足忧。明公将步，令布将骑，则天下不足定也。”（《三国志》）这就好像男孩讨好女孩求交往，张口就是我这有宝马，我跟你好了，这些还不都是你的吗？可惜的是，这是战场，不是情场。情场如此表白，尚且遭来冷水，战场自然更是决绝。曹操一听这话，心里忽然一瘆，这不成了赤裸裸的交易吗？既然是交易，就得有评估，于是，把脸转向一旁的刘备。

其实，瞅着伏在地上的吕布，刘备的脸色一直不好，心里嘀咕着，这苦情戏可一向是我的专长啊（譬如后来摔阿斗那出，绝对堪称经典），吕布你也太不厚道了，这是要抢我戏路啊。这贱人真是矫情，越是寻思，刘备越是气闷，于是冷冷道:“明公不见布之事丁建阳及董太师乎?”(《三国志》)只言片语间，曹操背后早已一片冷汗，抬头向天，只见董卓在云端隐隐作笑，于是心下决定，呼上左右，驾着吕布直奔白门楼，吕布就此一命呜呼。

号召男人换妻的另类“婚姻法”

当代男人定是羡慕古时一夫多妻，左拥右抱，甚是逍遥快活。其实，按照古代的律法，男人一妻多妾制，妻妾之间，还有诸多规矩，如要休妻，更要一番周折。若能换换妻室，尝尝不同的味道，男人们的心思大抵如此。有趣的是，三国时，就曾颁布这样一部离奇的《新婚姻法》，似乎倒也满足了男人们的花花肠子。只是效果如何，请往下看。

这部离奇《新婚姻法》的制定者，名叫曹睿，即魏明帝。其实，曹睿同志并非一直不靠谱，譬如江东元老人物诸葛瑾曾对他做出这样的评价：“选用忠良，宽刑罚，布恩惠，薄赋省役，以悦民心，其患更深于操时。”曹睿在位时，注重法理，改革汉法，制定新律，又下令删减死刑条款，减少死罪，除死刑外，他还提倡用钱财赎罪（当然，这也可以增加要害部门的灰色收入），减鞭杖之刑，以免屈打成招。每次遇到重大犯罪事件，曹睿还会亲自组织陪审团，在旁听审。（“帝常言，狱者，天下之性命也。每断大狱，常幸观临听之。”《三国志》）此外，曹睿还征召文士置于崇文馆，鼓励其文学创作。

不过，越是看上去靠谱的人，一旦做起荒唐的事来，那可是相当的离谱。

我们先来看看《三国志》对这部神奇“法文”的介绍吧:“录夺士女前已嫁为吏民妻者，还以配士。”为了捋清个中关系，我们不妨先来了解一下时代背景。原来，曹魏以来，一直大力推广“九品官人法”(即九品中正制)。所谓官人法，其实就是选官制度，其选拔的标准主要由两个方面界定：家世和行状（品行评定)。然后，根据考核情况，确定品级（也就是能当多大的官)。可惜的是，政策到了执行就完全变了味。组织评定考核的官员，大多士族出身，于是品行评定成了糊弄老百姓的花瓶，家世几乎成了获得上层领导资格的唯一标准（既得利益者，谁肯吐出肥肉)。至此，魏国公务员队伍里呈现出“上品无寒门，下品无士族”离奇局面，士族集团和“屌丝”阶层的差距越拉越大。

通过“九品官人法”，我们管中窥豹，大可看得出，在曹魏政权的字典里（特别自魏文帝曹丕以来)，人是分成三六九等的，士族和吏民本来就是分属两个不同阶级的。士族集团是精英，吏民自然就是“屌丝”，精英女下嫁“屌丝”男，这是不受法律保护的。至于所谓的“换妻”，其实也很不公平，绝非两人自愿交换“性伴侣”，而是把吏民的妻室强制“公有制”，然后用于填充士族内室。

曹睿为何要大力推广《新婚姻法》？除了杜绝狭隘的士民通婚外，还有一个原因，就是曹睿这人相当好色。他端着心里的小算盘，借着“全民换妻”的东风，打着“资源整合”的幌子，实则满足自己的个人私欲。（“又简选其有姿色者内之掖庭。”《魏略》）那么，曹睿究竟有多少女人呢？《魏略》是这样保守估计的:“习伎歌者，各有千数。”这还是基层“女玩伴”的数目，如此数目的女人哪里来？当然，其中肯定有《新婚姻法》的功劳。

有道是，一人好色，鸡犬升天。在曹睿这位好色君子的号召下，手下那些把持权力的官员们更是有恃无恐，但凡遇见貌美的人妻，总是想方设法地以“充公”之名，用来填补“家用”。当然，如果一味高压“征妻”，恐怕吏民难免暴动，因此，曹睿还别出心裁地想了一个怀柔的好主意：吏

民若不想执行者，是可以考虑用女奴进行换回妻子的。（“以生口自赎。”《魏略》）

什么样的女奴可以进行等价交换呢？自然是要有个标准。《魏略》是这样记述的：“得以生口年纪、颜色与妻相当者自代。”有此条例，“征妻办”的干部同志自然擦亮双眼，但凡“矮矬丑”的女奴，一律不要。物以稀为贵，美女本就是稀缺资源，如此一来，自然推高了人口市场的价格，造成了美女奴隶价格虚高，有点家底的大款老板（古代经商是没有政治地位的，和现代颐指气使的老板做派有所不同），尚且能够出点血保住糟糠之妻，至于一穷二白的纯“屌丝”，要么举家借贷，流离失所出卖苦力，要么妻离子散，一棒子打入“无妻徒刑”。（“故富者则倾家尽产，贫者举假贷贳，贵买生口以赎其妻。”《魏略》）

相比吏民的“悲惨世界”，主导单位可是“天上人间”。左手搂着征来的美女，右手数着人口市场上分红的福利，官大爷们可是快活似神仙。那么，沾了“婚姻法”的光，一些拿着士族身份“绿卡”的未婚同志应该是笑逐颜开吧？有趣的是，事实并非如此。

原来，男人这种品性的“动物”，在择偶的场面上，口口声声以心灵美为第一标准，可下了场面，大多还是“外貌协会”的（像诸葛亮那样的恐怕不多）。天上掉下来林妹妹，尚且满面春风地接着，可是若接了脸着地的林妹妹，恐怕就笑不出来了。可遗憾的是，但凡有些容貌的女子，已被天子、王公、部门领导自上而下筛选了一遭，剩下配额的，大抵都是丑陋不堪的。这些“歪瓜裂枣”，自然分流到了未婚的士族家庭（“其丑恶者乃出与士”）。于是出现了《魏略》记载的“得妇者未必有欢心，而失妻者必有忧色，或穷或愁，皆不得志”这般啼笑皆非的荒唐情景，也就不足为奇了。

防小三的绝招

中国古代婚姻法里，大抵是循着一夫一妻多妾制的。夫妻甜蜜的二人世界里，无端多出“超编”的女人，似乎倒成了无可厚非。可即便如此大环境下，也总有一些女权主义者用自己坚强的节操，捍卫着古代女性卑微的尊严。譬如，即将登场的郭槐女士，就是其中的佼佼者。

要了解郭槐这个女人，必先要知道一位名叫贾充的男人。对于贾充同志，《晋书》是这样评价的：“充有刀笔才，能观察上旨。”用现在话说，就是一位擅长拍领导马屁的文字秘书。耍笔杆子的，似乎一贯胆小怕事，不过贾充同志的胆子却是不小。因为他的直接领导，叫司马昭。

司马昭的名声，在中国历史上似乎不是太好。“司马昭之心，路人皆知”，这话搁在哪个朝代，恐怕都难称善意。只是，连扫大街的大娘都知道司马昭想当皇帝，这让坐在龙座上的皇帝面子往哪里搁。于是，当时的皇帝曹髦心里不平衡了，竟喊上几个家丁，操上几件兵器，拉上一条横幅，嚷嚷着到司马昭府上讨说法。

皇帝带头讨说法，自然在司马昭的府前引起了围观。贾充一看这讨公道的阵势，赶忙喊道：“无论是谁，也没有这个特权在别人家门口示威游行搞集会，群众同志们，赶紧回家洗洗睡吧。”可人群却越积越多，群情激奋之际，竟有人开始投掷臭鸡蛋了。贾充眼见形势不妙，寻思皇帝的VIP待遇，可是司马昭给的，于是一扫书生气度，振臂高呼道：谁敢带头在司马公府上捣乱，就往死里打。（“公等养汝，正拟今日，复何疑”。《三国志》）于是，身后家丁哄然一阵拳打脚踢，皇帝羸弱的身体怎能承受得起，自然一命呜呼了。

可就是这样一位胆大包天的人物，脱掉了官服，踏上回家的路，却越走越是惶恐，到了推开房门之际，已成了一直温顺的小猫。当然，和这只“猫先生”发生关系的，正是郭槐女士。有趣的是，郭槐女士竟是贾充的二婚。贾充的处男身，很早就献给了一位叫李氏的女人。李氏这个女人，端丽贤淑，出身名门，她的父亲李丰，官至中书令（相当于皇帝贴身秘书），后参与蓄谋诛杀司马师（司马昭的哥哥），事败被夷三族，李氏亦被流放。原本一段美满的姻缘线，自然就此断开。

不知是否对这位早早失了处男身的丈夫耿耿于怀，洞房花烛夜，郭槐竟然立下了一个规矩：“从现在开始，你只许对我一个人好，要宠我，不能骗我，答应我的每一件事情，你都要做到，对我讲的每一句话都要是真心……”贾充裤裆脱了一半，未想娇妻竟然正襟危坐，非要他立誓。男人性起之际，自然失了分寸，也未过多细想，欣然按下一个拇指印。

一夜欢愉，贾充尚在巫山雾里，却见娇妻失了昨夜床上云雨之媚，拿着画押，狠狠往床上一拍，冷冷道：“你不负我，便是晴天。”贾充本是文弱书生，经此恫吓，睡意惊醒大半，忙提裤点头称是。不过，**面对丈夫的信誓旦旦，郭槐并不放心，因为在她的私房笔记里，早已记下了两条名言：**

一、没有拆不散的婚姻，只有不努力的小三。

二、男人要是不偷荤，母猪都会上大树。

防患于未然，郭槐的“防小三计划”大致分为两点：看死男人，打死小三。当然，此后的贾充，桃花运似乎就此凋谢。《晋书》是这样记载：婚后的贾充，无处拈花惹草，只得在自家床上把郭槐照顾周到。不久，家中男娃呱呱落地。郭槐本是大小姐出身，喂奶洗尿布自然不会，请个月嫂，自是顺其自然。

家中平添了女人，问题自然就来了。某日，贾充瞧见爱子伶俐，便上前弯腰拍抚亲热。这幕恰巧被郭槐碰上，也许是机位角度不对，见其竟似男女二人缠绵，于是不问青红皂白，竟将这位“准小三”鞭打至死。月嫂无端离去，却可怜了怀中小儿，受此惊吓，竟然一病不治。离谱的是，郭槐女士后又诞下一个男孩，却也因相同的“小三事件”，断了性命。（“槐望见，谓充私乳母，即鞭杀之。复为乳母所抱，充以手摩其头。郭疑乳母，又杀之。”《晋书》）

可以看出，郭槐这位“小三斗士”虽然战绩赫赫，可无辜牺牲了自家的花朵，代价似乎过大。不过，更为彪悍的事情，还在后面。原来，到了司马炎称帝（司马昭的儿子），大赦天下（改朝换代大多这样），贾充元配李夫人自然获赦回到了洛阳。为了成全父亲这位曾殷勤地鞍前马后端茶递水的老部下，司马炎竟开了恩，特降诏允许贾充置左右夫人，迎归李氏。

新晋皇帝的好意，未想贾充竟给生生地拒绝了。原来，贾充谢恩回家，告诉了郭槐原委。郭槐也不打话，一把揪住贾充的耳朵，喊道：“你这个没良心的，这些年我跟你同甘共苦，患难与共，容易吗？你有今天，别忘了我的功劳，别以为你现在有皇帝撑腰，就想包二奶，把那老妖婆带回家。”一阵河东狮吼，贾充早已吓绿了脸，连滚带爬地跑到司马炎面前，叩首拒了圣恩。

当然，前妻是最可怕的小三这个道理，郭槐不会不懂。虽然贾充断了娶二房的念想，但对于李氏这位“终极小三”，郭槐女士可是一直放心不下。每逢贾充外出办事，她总要打点私家侦探，进行跟拍取证，唯恐贾充耍个心思，搞些动作，变个法子溜到李氏房中叙旧。

不过，女人的面子是男人给的，在男尊女卑的封建社会里，像郭槐此般，铁腕执行“看死男人，打死小三”八字方针的强势女子恐怕不多，或者说，如贾充这般配合的妻管严着实太少。那么，我们不妨告别郭槐的“非主流”，来看看上洛都尉王琰同志的妻子，是如何防小三的。

这位王琰同志，本是曹操手下一位名不见经传的中层干部。官渡之战后，曹操加大力度肃清袁家残余势力。袁绍的外甥，袁家军前军委委员高干同志，自觉穷途末路，于是带着残兵欲逃亡荆州投奔刘表，恰被王琰撞上，一刀给斩首了。解决了曹操的后顾之忧，封赏自然是应该的，《典略》如是记载：“上洛都尉王琰获高干，以功封侯上洛都尉捕斩之。”

小　三

小三，“第三者”的昵称，特指置传统婚姻家庭观念于不顾，凭自己个人喜好，肆意侵犯他人家庭的人。随着社会文明的不断“进步”，小三的人群也在不断进化，并有不断扩大之势。当然，在小三泛滥的社会压力下，考核人妻业务水平的标准也日趋严格，其基本技能指标是：“进得了厨房，出得了厅堂，hold 得住 party，斗得过小三。”

老公意外升官了，家中的老婆却不高兴了。原来，王夫人的忧患觉悟可是相当的励志，男人有权就变坏，这不是明摆的事嘛，于是寻人买了个喇叭，成天在家里上演“一哭二闹三上吊”。（“以功封侯；其妻哭于室。”《典略》）这位励志姐的表演还没完，但逢上街血拼之时，她总会挽着闺蜜的胳膊道：“男人都不靠谱，吃着碗里瞧着锅里的，看来，妻不如妾，妾不如偷，偷不如偷不着，这是有道理的啊。”（“以为琰富贵将更娶妾媵而夺己爱故也。”《典略》）

自己的老婆成天散播自己找小三的假消息，刚拿到职务调动表的王琰着实忧心忡忡。倘若领导知道自己后院起火，疑心办事能力不强，一个回炉再研究研究，到嘴的仕途恐怕就此终结。其实，裤裆紧缩一些倒也无妨，这些年不都这样过来的嘛，但乌纱帽没了，那可丢大发了。王琰权衡再三，一出家庭闹剧就此安顿了下来。

制造舆论压力防小三，王琰夫人手段可称高明，可接下来登场的这位女士，防小三的招数可称另类。这位女士的老公，名叫刘普，可是东汉阜陵王刘延的后人（刘延同志，乃是光武帝刘秀之子）。当然，对于刘普这样家里多金的中年版“高富帅”，刘夫人自然放心不下。放心不下，自然夜长梦多，夜长梦多，自然影响睡眠质量。古时候没有安眠药，一直睡不着自然是要命的。不久，刘夫人终于一病不起了。

一病不起，自然到了托付后事的时候。刘夫人把家中两个尚在读小学的男孩喊到床前，一阵泪眼婆娑耳语叮咛之后，忽然沉下脸来，低声道：“你们还记得父亲身边那个侍女吧，这个女人，谄媚取容，肯定会败坏我们的家风。你们老爸那个老色鬼，我是指望不上了，希望你们长大以后，定要除掉此女，到时为娘也就再也没有什么遗憾了。”（“普之侍人，有谄害之性。身死之后，惧必乱家。汝长大能除之，则吾无恨矣。”《三国志》）

数年后，牢记母亲遗训的两个小屁孩，业已成年，终于寻了个机会，取了小三的首级，点一支香，遥祭老母在天之灵。（“即入室杀侍者，径出拜墓。”《三国志》）看来，**三国既有孔明遗计斩魏延，也有原配遗训诛小三。只是，这女人的手段，恐怕都是男人逼出来的**。

肌肉“屌丝”逆袭白富美

当代社会里，“屌丝”文化似乎成了一种现象级符号，大抵没有家庭背景的适龄男青年，总会以此自嘲，来定位自己的社会价值。与此同时，在“屌丝”们眼里，高富帅似乎成了“不共戴天”的仇人，白富美也终究是一个遥不可及的梦。不过，世界上并不是所有的“屌丝”永远都叫“屌丝”(就像并不是所有的牛奶都叫特仑苏一样)，好吧，我们不妨瞧瞧三国的穷“屌丝”孙坚，是如何摇身变身高富帅，并且成功逆袭白富美，借此完成个人事业爱情大满贯的。

提起孙坚，我们大致知道他是东吴老大孙权的老爹。孙权是富二代，但孙坚绝对是地地道道的穷一代。关于孙坚的家世，《三国志》是这样记载的:“盖孙武之后也。”孙坚是大军事家孙武（《孙子兵法》的版权所有人）的后裔。其实，这只是发达以后的孙家人编排了一些家族往事，一厢情愿地给自己脸上贴金。翻开相关资料，我们还会惊奇地发现，原来孙坚的老对手曹操、刘备们的家世同样也不简单：曹操，大汉开国功臣曹参的后人；刘备，中山靖王刘胜的家族支脉。

其实，曹操和曹参的渊源，也许我们至今理会不清，可奸雄有一位实实在在的太监祖父叫曹腾，我们却是心知肚明的，而“草鞋哥”刘备的这位祖上，着着实实生了一百二十多个儿子，如此盘综错节的家族人物关系，堪比韩剧的狗血剧情。对于这种“名人效应”，终其原由，和现代人评了先进总会寻个枪手谱写许多感人肺腑的动人事迹，或者意向评先进的，想方设法编排些可歌可泣的点滴往事为自己扯旗拉票，恐怕是一个道理。（卖膏药的张角若是得了天下，恐怕张良就是他的先祖了）

当然，我们姑且抛开孙坚云雾缭绕的家世，来看看发家之前的生活境况。《三国志》是这样记载的：“少为县吏。”换句话说，孙坚就是机关单位里一名基层“屌丝”干事。孙坚的父亲孙钟，也并未受到所谓祖上孙武同志的荫护，只是一个老实巴交的种瓜农民。（“孙钟，坚父也，至孝笃信，种瓜为业。”《太平御览》）倘若在和平年代，以孙坚这样的农村户口，在森严的门阀制度下，恐怕是难有作为的。可幸运的是，他出生在汉末乱世。

汉末乱世，用现代流行语讲，大抵就是：这是一个最坏的时代，也是一个最好的时代。接下来发生的两件事，终使孙坚的“屌丝”人生开始逆袭。第一件事发生在孙坚十七岁那年，孙坚和老爹行船路过钱塘，适逢以胡玉为首的几个古惑仔正在码头上收保护费。以当时的世道，多一事不如少一事，孙坚的老爹也是这样想的，可孙坚恰恰相反。路见不平一声吼，该出手时就出手啊，孙坚不仅唱得好听，拿起刀来也丝毫不慢。孙坚选了一个角度，摆了一个造型，翻身跳下客船，径自朝案发地点走去。

“坚行操刀上岸，贼望见，以为官兵捕之，即委财物散走。”根据《三国志》记述，古惑仔们虽说干惯了杀人越货的事，但终究是没有见过大世面的。见这样一位气宇轩昂的男人，踩着“五彩祥云”飘然而至，内心的气节自然逊掉了，拔腿便跑想必是顺其自然的。冒充民警执法，这在现代可是违法的，可在当时，绝对是件相当牛逼的事情。立了一等功的编外人士孙坚，引起了有关部门的重视，这位基层干事由此正式编入执法队伍。（“由是显闻，府召署假尉。”《三国志》）

接下来发生的第二件事，却是颇令领导头疼的。原来，会稽有个叫许昭的人物，见汉室衰败，竟寻思着拉起山头自己单干。当然，许昭同志可不像胡玉那样是个打散工的小混混，那是有组织的。为了给自己造势，他还私刻了一堆公章，开张了一个“小朝廷”。（“会稽妖贼（许昭）起于句章，自称阳明皇帝。”《三国志》）主管领导一看架势不对，这不是胡来嘛，可是对方阵容强大，（“扇动诸县，众以万数。”《三国志》）倘若一个闪失，不仅是乌纱帽，恐怕连老命也是不保。焦灼之时，领导想起了作风硬朗的孙坚。

领导请孙坚吃饭，自然不是为了谈人生。晚餐上，领导倒也单刀直入，拍着孙坚肩膀关怀道，小同志，听说你业务能力蛮强的嘛，许昭这小子，刻公章拉粉丝，给我难堪。恰好，我这也有个公章，你寻个机会，把人马给我做大了。其实，明白人都看得出来，这是张空头支票。不过，对于有能力的人物，即便是空头支票，也有套现的本事。不久，拿着朝廷批文的孙坚，竟在乡里招得千余散勇，和领导一个招呼照应，居然把“山寨朝廷”给端了。（“坚以郡司马募召精勇，得千余人，与州郡合讨破之。”《三国志》）

“屌丝”

“屌丝”，中国网络文化兴盛后产生的讽刺用语，特指即对拥有矮、胖、穷、丑、矬、呆、撸等属性特征的各种雷人行径及想法表示轻蔑、讥讽的一部分人群。但在社会，广义上已进化为除了“高富帅”之外的所有人。此外，随着社会关注度的不断提高，人们对“屌丝”的定义已不限于自嘲，往往还赋予了灰姑娘式的美好期盼，于是就有了“屌丝”逆袭的说法。

出色地完成了领导交代的任务，孙坚此后的仕途自然开朗起来。功劳簿上，孙坚从此成了常客。事业上小有成就的孙坚，自然开始寻思枕边之事。当然，此时的孙坚，眼界已然不低，于是民间一个来回打量，眼光竟瞄向了待字闺中的白富美吴氏（即后来孙策、孙权的母亲）。吴氏的父亲，名叫吴辉，原是东汉的奉车都尉，曾官至刺史（相当于省部级干部），整个吴姓家族在江东一带是很有人脉的。父亲过世后，吴氏和弟弟吴景一个商议，折现了房产，迁到了钱塘，在亲戚家寻了个安身。此时年方及奸的吴氏，本就端庄淑雅，家教甚好，自然引起当地各家豪门的垂涎，前来提亲的更是络绎不绝。

投向吴氏的诸多秋波之中，孙坚自然不是最出众的一位。虽然此时的孙坚，已是小有权力的“城管大队长”，但在见惯大场面的豪门吴家人眼里，依然只是一个农村户口的低俗“屌丝”。于是，孙坚的款款深情在替吴氏情感把关的“亲友团”集体反对声中，给硬生生地挡了回去。（“孙坚闻其才貌，欲娶之。吴氏亲戚嫌坚轻狡，将拒焉。”《三国志》）

一把火的热情，却换来一头冷水，孙坚的心里有了落差。不过，对于一位有理想的进步青年而言，眼前的挫折只是暂时的。**“屌丝”终有逆袭日，天鹅迟早口中物。暗下决心的孙坚，放下讨巧卖乖的身姿，板起一副面孔，张罗了几个手下，扛着明晃晃的兵器，隔三差五地在吴家大门前公事公办搞操演**。如此一来二去，闺中的吴氏自然有了觉察，于是向亲友们问了个究竟。

了解了一番缘由，吴氏淡淡地说道，人生在世，富贵在天，如今世道混沌，繁华无非过眼云烟，别看门前捧着鲜花的那些官二代、富二代们，一口一个殷勤，可大多沾了祖辈的余光，倘若真有苦难临头，恐怕早作鸟兽散，哪里还有照应。而眼前的这个孙坚，虽说“屌丝”出身，但也堪称励志，前景想必光明。见亲友团们仍有疑虑，吴氏接着道，婚姻本就是一场赌博，何况孙坚本就不按规矩出牌，倘若一言不合，招来祸端恐怕难免。亲戚们竖耳一听，门口操练队伍里似有杀机，于是默许了这门婚姻。（“夫人谓亲戚曰：何爱一女以取祸乎？如有不遇，命也。于是遂许为婚。”《三国志》）

由此看来，当年的穷“屌丝”孙坚，靠着一双拳头完成了事业上的逆袭，一步步朝着“高富帅”的官方认证逼近。（“勇挚刚毅，孤微发迹。”

《三国志》）同样，靠着一款赤裸裸的肌肉，孙坚在情感路上也漂亮地逆袭了白富美。只是，如此简单粗暴的“霸王硬上弓”，终让多少幻想着靠洋洋洒洒十万字肺腑情书，或者穿着裤衩深更半夜站在“心动女神”宿舍楼前，一边自我感动一边口齿不清地表白爱意的意淫“屌丝”们情何以堪啊。

送情诗、发微信、炫豪宅的挖角暗战

三国乱世，群雄并起，但凡有点能耐的，终也想趟这“浑水”，分一杯羹。当然，所谓良禽择木而栖，乱世之中，寻求好的职业前景自然无可厚非，频繁跳槽者自然多如牛毛。吕布就是其中最出名的一位。

不过，对于吕布的跳槽经历，历史上的评价一直不高。比如，张飞就曾直接吐槽其为“三姓家奴”。不为时人看好，吕布蹦跶的自然吃力，跳着跳着，好端端的英雄就成了跳梁小丑，最后终于在白门楼上了断此生。如此想来，吕布跳槽经验虽然丰富，可终是跳进了鬼门关，绝不能算有趣。倘要寻个有趣的，恐怕还得搬出一位，此人名叫朱灵。

对于朱灵，《三国志》第一作者陈寿是这样评价的：“灵后遂为好将，名亚晃等。”能同曹魏集团骨干精英徐晃相提并论，应该说，这个评价是相当高的。值得一提的是，朱灵同志投奔曹老板，却也有一段离奇的往事。朱灵的头任老板，原是袁绍。袁绍、曹操原是同事（曾同为西园校尉），关系自然不错，曹操征陶谦时，曾向袁绍请援。袁绍倒也大方，派遣得力干将朱灵，督三营将士鼎力相助（当时曹、袁还未翻脸）。可仗打完了，朱灵却不想走了。

原来，欢送会上，全场觥筹交错，近散场时，竟忽然安静了下来。主办方代表曹操，斟酒通关，和友军将士一一道别。**酒至朱灵处，曹操执手相望泪眼，饮杯浅吟道："你念\或者不念我\情就在那里\不来不去\你跟\或者不跟我\我的手就在你手里\不舍不弃。"朱灵本有不舍之意，闻此诗声，心坎一暖，静下思忖，曹操这人不错，是个受得起大场面的领导，我不如就从了吧。**于是，朱灵接过酒杯，举过头顶，高喊道："同志们，乱世之中混口饭吃不容易啊，曹老板是个人才，我们不如就跟曹老板一块干事业吧。"（"我观人可谓多矣，无一人能比曹公，这才是真明主啊。"《三国志》）话音未落，底下顿时响起了热烈的掌声。

打感情牌尝到甜头的曹操，自然多了故伎重演的心眼，可常在河边走，难免要湿身的。让曹操湿身的男人，名叫胡车儿。史书上是这样描写的："力负五百斤，日行七百里。"这样的角色，搁在现代，也绝对是台合格的农用拖拉机，在当时，当然算个人才。关于曹操和胡车儿的初次见面，倒可以追溯到一场军事洽谈会。原来，当时驻扎宛城的军阀头子张绣（胡车儿的直接领导），见时局动荡，不如寻个靠山，于是把身家托给了曹操，进行了资产重组。

签约仪式上，曹操见到了传说中的胡车儿，自然"爱不释手"。《三国志》是有记载的："绣有所亲胡车儿，勇冠其军。太祖爱其骁健，手以金与之。"也就是说，曹操拉着胡车儿手，给了一个见面大红包。不过，张绣不高兴了。张绣不高兴的原因，当然不是因为曹操胡车儿牵手了。张绣当时的心理活动大致是这样的：我一腔赤诚地前来投奔，可曹操你这小子，不仅没给个好脸色，却和我的手下眉来眼去，倘若胡车儿动了心思，讨新主子的好，趁梦中来一刀子，那我还不成了冤大头了（"绣闻而疑太祖欲因左右刺之"）。可就在此时，好色的曹操偏又做了一件风流事，竟将张绣的婶婶纳进房门。

新仇旧恨浮上心头，张绣寻个夜黑风高的夜，倒戈了。曹操自己挖的坑，终是要填上的，于是大儿子曹昂、侄子曹安明以及爱将典韦们，成了炮灰。挖墙脚挖出大坑，栽了跟头，这恐怕是始料未及的，可曹操偏是一个不长记性的男人，爬起来，拍拍身上的尘土，若无其事地看看天，就当什么事也没发生过。该挖的墙角，恐怕还得继续挖下去，如此折腾了几年光景，曹操终于把手伸向了东吴的核心人物周瑜。

关于曹操策反周瑜的故事，倒是妇孺皆知，《三国演义》就有“群英会蒋干中计”一出。当然，这个篇章太有名了，以至于如今大家谈及蒋干，总是不怀好意地笑笑，嗯，是个人才。其实，我们应该收起坏笑的，蒋干这人，真是个人才的，只因罗贯中同志的好恶，让他背了千年的黑锅。《三国志》是这样描述蒋干的：“有仪容，以才辩见称，独步江、淮之间，莫与为对。”如此鹤立鸡群的销魂长相、一时无两的迷人口才、独领风骚的高亢人气，搁在今日，恐怕至少也是个周立波。

那么，蒋干游说周瑜可有其事？根据《资治通鉴》，此事应该不假，可事发时间，却在赤壁之后。好吧，我们不妨捋一捋个中关系。原来，曹操赤壁惨败，心有不甘，于是，给孙权发了一条“微信”。这条“微信”，《三国志》是有记载的：“赤壁之役，值有疾病，孤烧船自退，横使周瑜虚获此名。”

曹操这条“微信”字数不多，却是很有水平的，一是把自己的落败归于天气、疾病等不可控的客观因素；二是把赤壁的光环，硬生生全套在了周瑜头上。有个词不是叫捧杀吗？这功高震主，可是职场大忌啊。周瑜这小子，竟然把名声全抢去了，这让坐在后面日夜操劳统筹大局的江东之主孙权情何以堪啊。当然，曹操不仅要照顾好孙权的“个人情感”，还要做周瑜“思想工作”的。于是，周瑜的老同学蒋干，有了渡江公干的机会。

不过，曹操高估了自己的手段，也低估了周瑜的节操。当然，周瑜的节操是孙权给的。原来，孙权收到曹操的“微信”，还真是吃了一惊。孙权吃惊的，倒不是自己内心的痛处被戳中，而是他知道，这个曹操看来是要打周瑜的主意了。于是，孙权寻了个名目，宴请百官、社会知名人士以及新闻媒体。宴席上，孙权拉着周瑜的手，登上主席台，清清嗓门道：“先生们，女士们，到场的嘉宾以及媒体朋友们，今天，我们能坐在这里把酒言欢，谁的功劳最大，不用说，自然是都督。朋友们，让我们举起手中的酒杯，一起敬大英雄一杯。”周瑜就此情景，不禁鼻子一酸，大声感言道：“丈夫处世，遇知己之主，足矣。”(《江表传》)

接下来，我们就要来谈谈周瑜、蒋干这两位老同学的碰面了。**按照现在的说法，老朋友聚会谈什么感情，谈感情就是伤感情，要谈自然就谈车子、房子、票子、“马子”以及私生子这些美其名曰的“五子登科”**。不过，周瑜可不是动嘴皮的人，他直接拉着老同学的手，喊来司机坐上豪车，先到江东逛上一通。一路上，周瑜指指点点，这里是商业街道，刚买了套房子，那里是江景房，也投资了一套。

说着说着，就到了一幢金碧辉煌的私人会所。门前一排迎宾小姐，齐刷刷穿着齐臀小短裙，鞠躬嗲声道：欢迎光临。蒋干虽是口才了得，可一见女色，倒是一时哑口无言。周瑜见状，坏笑着摇手指道，老同学装正经啦，这些都是我的侍女，看上哪个，说一声嘛。玩笑之余，周瑜拍了拍蒋干的肩膀道，里边请。到了内庭，蒋干惊呆了，面前的珍珠、玛瑙、琥珀、犀角、象牙，可谓奢华极丽、满堂生光。（“还宴饮，示之侍者服饰珍玩之物。”《江表传》）

虽然蒋干同志辩才独步江淮，经常上上媒体露脸讲个“一周阿干秀”什么的，可这都是虚名。看着眼前这些实实在在的香车、美女、豪宅、珍玩，蒋干心情忽然黯淡了。瞧见蒋干脸色的变化，周瑜接着说道，我家的那位领导啊，可是我的拜把兄弟啊，你看这些不值钱的小玩意，全是兄弟送的啊。（“外讬君臣之义，内结骨肉之恩，言行计从，祸福共之。”《江表传》）见蒋干不做声，周瑜接着说道，兄台，你在帝都想必深受曹公重用吧，家中古玩应是不少，我这个乡下人，没什么世面，改天不打仗了，如有机会一定登门拜访，倒也让小弟开开眼，瞧瞧你家中的名堂。

当然，话题如若再谈下去，蒋干就要哭了。于是，周瑜拉着老同学手入席道，兄台多年未见，今日一醉方休，如不嫌弃，可在寒舍住上时日，以述相思之苦。蒋干被眼前的奢华一通打击，早失了原先的豪气，讪讪笑道，家中嫂子管得严，恐怕还得早些回去的。**至于演义里那些盗书的桥段，完全是罗贯中同志不近人情，没有照顾好蒋干的“情绪”，凭空图着手快，信笔胡写上的。**当然，公干结束，蒋干见了曹操，只能酸酸地说道：“瑜雅量高致，非言辞所间。”(《江表传》)

第 4 章

其实，你已落伍两千年

最早微博达人

诸葛亮应该算是中国最出名的头衔“收集控”了，如果我们掰指一算，会发现冠在这位天才头顶的光环是不计其数的：伟大的政治家、军事家、发明家、预言家，甚至还可以是美食家（曾发明了中式汉堡——馒头）。其实，如若我们再仔细端详这位两千年前的旷世奇才，会惊奇地发现，原来他还可以是中国最早的“微博达人”。

为何说诸葛亮是“微博达人”？我们先来了解一下这位天才的身世：幼年丧亲，年少随着叔父诸葛玄东奔西跑，一直从山东流落到荆楚之地，过着寄人篱下的生活。和同时代的周瑜、司马懿等名士们相比（周瑜坐拥江东数套房产，司马懿更是名门之后），诸葛亮的家世要黯淡得多，按现代话讲，就是“屌丝”。周瑜、司马懿这些“富二代”们，因为有官方的媒体造势，是可以从容地跻身权力中心的，但诸葛亮不能。因此，这位不甘落寞的天才巧妙地利用了“自媒体”(相当于现代微博的功能)，终于完成了中国史上最完美的一次“‘屌丝’的逆袭”。我们就结合微博炒作的特点，来研究一把诸葛亮是如何成功上位的。

首先，要成为一名合格的“微博达人”，必须具备的能力就是言论出格：抛出富有争议性话题，总会引起多方关注。在这点上，诸葛亮做得很好。《三国志》里有记载，诸葛亮躬耕陇亩之时，每自比于管仲、乐毅。管仲、乐毅是谁？管仲把动荡的齐国推向了民足国富，乐毅将羸弱的燕国打造成军事强国。一个名不见经传的乡巴佬，竟敢自比这两位功高盖世的前辈（这和凤姐妙语上下三百年唯伊最聪明有异曲同工之意），于是自然就有了争议。（“时人莫之许也。”《三国志》）

尽管荆州的地方媒体大多对“管乐言论”报以否定态度，但诸葛亮的名字已经悄然出现在大小报端。这对诸葛亮来说，绝对是个好的开始，于是，**他决定趁热打铁，开始实施微博炒作的第二步：雇佣水军。雇佣谁呢？一些“潜水”的阿猫阿狗肯定是不行的，因此，诸葛亮找来了地方小有名气的“知名博主”徐庶、崔州平等人。于是，徐庶等人不约而同地在自己的个性签名上写道:“信孔明，得永生。”**（“惟博陵崔州平、颍川徐庶元直与亮友善，谓为信然。”《三国志》）一时间，荆州的舆论界划分成两大阵营：挺诸葛派和倒诸葛派。无论派系之间如何剑拔弩张，至少，经过一番论战，诸葛亮的关注度扶摇直上。（当然，如有需要，媒体对自己的身高进行质疑激辩也是可以的）

有了一定关注度之后，诸葛亮继续祭出法器：频繁自拍。无论是林中小憩还是泛舟江湖，诸葛亮都第一时间上传“微博”。对于这位360度无死角的大帅哥，活色生香的生活照自然引起了广泛关注，甚至,“招来”了荆州公知黄承彦老先生。《襄阳记》是这样记载的：某日，黄老前辈敲开诸葛亮家的大门，道:“闻君择妇；身有丑女，黄头黑色，而才堪相配。”天才的诸葛亮是绝对不可能放过这个送上门的炒作机会的，立马答应了这门亲事。

于是，次日荆州各大报纸的头条不约打上这般标题:“农村‘屌丝’男再惹争议，迎娶丑女只为进名门。”报道一出，公众一片哗然，对于诸葛亮的动机，一时间莫衷一是。一些好事的“倒诸葛派”，在各大论坛作了如此谚语:“莫作孔明择妇，正得阿承丑女。”(《襄阳记》）当然，骂得越欢，名气越大，这倒正中诸葛亮下怀。此外，有了岳父的关系，诸葛亮的人脉愈发通达，因此，微博炒作第四步悄然铺开：名人转发。《资治通鉴》里有这样记载：刘备落难路经水镜庄，司马徽向刘备推荐诸葛亮、庞统两人，说："卧龙、凤雏，两人得一，可安天下。"应该说，这是个教科书般经典的炒作案例，通过名士司马徽的友情转发，使诸葛亮平端多了若干关注度和一个响亮的绰号"卧龙"。

尽管声名鹊起，但舆论界对于诸葛亮的定位仍然是"草根达人"。因此，加"V"名人认证对于诸葛亮是迫在眉睫的。在汉末时代，要获得名人认证并非一件容易的事。(当年曹操死缠烂打，才勉强从公知许邵那里弄了一个加"V"）以何名义获得官方认证，这是个头疼的问题。上进的农民企业家？这肯定不行。公知黄承彦的女婿？好像也不太好听。于是，诸葛亮找到了庞德公。这位庞德公，可不是一位等闲人物，《襄阳记》有记载，荆州刺史刘表数次请他进荆州决策层担任要职，都被婉言拒绝了。如何讨得荆州头号公知的欢心呢？天才的诸葛亮自然是有办法的，因为他知道，中国的知识分子都有一个通病：喜欢听好话。于是诸葛亮"以师礼待庞德公，每次造访，均拜于床下"。（《襄阳记》）这位有为青年能够放下身段端茶倒水洗马桶，庞德公自然乐意，不久，诸葛亮以庞德公弟子的名义顺利通过了名人认证。

身份认证

身份认证和身份证的不同之处在于：身份证人人都有，主要功能是用来证明你已成年，而身份认证却是为了证明自己有的别人没有。高段位的身份认证，可以给人带来与众不同的快感。同样，网络里的虚拟身份也能起到类似作用。譬如，微博达人。此外，在现实生活中最吃香的身份认证是：领导。

经过一系列组合拳式的策划，成功积累了名气和人气的"微博达人"诸葛亮，等来了求贤若渴的刘皇叔，于是二者一拍即合。就这般，曾输在人生起跑线上的诸葛天才，终于逆袭成功，迈出了人生事业的一大步。

好身材与烂身材

现代社会流行“高富帅”一词。所谓“高富帅”，首当其冲的，当然是高。高挑的一副好身板，人群中自然引来侧目，与之相反，倘若个头矮小，自信心难免受挫，情场职场平添诸多不顺，有时甚至无端惹来取笑。今人如是衡量，古人料想也是如此。我们就回归三国，寻下这个时代都有哪些好身材？当然，我们先卖个关子，先寻下三国都有哪些烂身材。

首先登场的这位人物，名叫刘伶。刘伶这人，“身长六尺，容貌甚陋”(《晋书》)。按照现代的测量标准，这个身高大约一米四左右（当时一尺大约二十三公分)。这样的小身材，如果生在当代，倒也可以自我解嘲地调侃为“小时代”，然后挣个名利双收。可在当时，却是很难。由于身材矮小，刘伶无论事业还是感情生活，大都不顺，于是《世说新语》就有了这样的记述:“纵酒放达，或脱衣裸形在屋中。”成天借酒消愁，愁到极致，干脆光着屁股在房子里颠跑。看得出来，刘伶悲观厌世的情绪可见一斑，更令人玩味的是，酒醉之时，他总会乘着鹿车，迎风酒驾。酒驾有风险，上路需谨慎，刘伶倒也知道，于是逢人便说，如果我在何处死去，就把我就地埋葬了吧。

告别了刘伶，我们再来看看王粲。王粲这人，可是三国年少成名的大才子，文章写得堪称上品（在现代至少也是知名博主），但此君有个先天不足，就是身高欠佳。年轻的时候，由于董卓在京城整出了大乱子，索性跑到荆州依附刘表。刘表自己也是文人出身，闻说王粲有意求职，倒也欣然开出丰厚的“人才引进”清单：“别墅一栋，老婆一个，购物卡若干。”可一见面，刘表却着实被王粲的烂身材给吓到了（刘表体态修长，竟以为搞文化都得如他这般），自然不假思索地痛快毁约。至于王粲，别说到嘴的老婆飞走了，就连说好的好工作也没了着落。（“躯体羸弱，不甚见重。”《三国志》）

嵇康

嵇康，中国古代五星级美男。著名歌星，词曲创作者，擅长古典、蓝调、摇滚等多种曲风，魏晋时期著名偶像团体“竹林七贤”的精神领袖，粉丝过百万。后因人气过高，引起文艺界新星钟会的嫉恨，并遭其设计，卷入一场由吕巽、吕安引发的“艳照门”事件，最终惹怒司马昭，被斩首于市。

不仅是一些怨天尤人的小知识分子，即便是英明神武的曹操，有时也曾为自己的烂身材感到烦恼。对于曹操的身高，《魏氏春秋》的描述倒也精炼：“姿貌短小。”后来，曹操通过一系列漂亮的兼并，统一了混乱的北方，进阶魏王之名。接壤的匈奴，自然被曹操的神武伟绩给吓到了，赶忙派使者前来道贺。接待外宾，自然要讲行头，况且匈奴人打小茹毛饮血，大多是身高马大，于是，对自己身高不自信的曹操，索性喊来好身材的崔琰，做了回替身。可外交活动结束之后，曹操心里倒是落下了阴影，每每看见崔琰，自觉相形见绌，后来干脆寻了个缘由，竟将好身材的崔琰给咔嚓了。（“以为意指不逊，罚琰为隶，后赐琰死。”《三国志》）

有意思的是，矮个大多烂身材，可个高也并非就代表着好身材。同样还是三国，有这样一个人物，名叫兀突骨，为南蛮乌戈国之主，身长丈二（大约相当于现代的二米八）。这般个头，似乎不符合人类生长规律的，恐怕连姚明见了也得侧目三分。这大抵像《鹿鼎记》里的胖头陀，喜感是有了，至于美感，恐怕不佳。况且此君还有个习惯，就是喜欢吃生肉，吃完之后也不洗手，竟全往身上一抹。试想此君若立于路旁，想必像极了被贴上“牛皮癣”的巨型电线杆。再比如，三国还有个叫许褚的，“长八尺余”(《三国志》)，只看高度，肯定是合格的，可接下来的描述，倒有些吓人了，“腰大十围”，也就说，挺了个大肚皮。**试想当年许褚裸衣酣战马超，若在选秀场上，台下姑娘们看见一个硕大的肚皮晃来荡去，定会玉眉一颦，纷纷按钮选向了锦马超。**

如此看来，要有一副好身材，不仅要高，还不能太高，不能太胖，不能走形，此外恐怕还得有气度。那么，三国公认的好身材都有谁呢？周瑜应该算是其中一位。《三国志》是这样描述的，“长壮有姿貌”。周瑜同志一生的名气，恐怕是绕不开赤壁的。遥想当年曹操马踏荆州，刘琮举城投降，江东将士闻之皆恐。正当大家失了主意之时，好身材的周瑜立于殿中，一会儿拍拍张昭的老肩膀，一会儿摸摸陆绩的小心脏，谈笑间，一缕斜阳射入殿中，赤壁优雅的格调就此定下。

除却了倜傥的周郎，诸葛亮恐怕也是其中一位。《三国志》是这样描述的：“身长八尺，姿容甚伟，时人异之，少有英霸之器，逸群之姿。”如此好身材，难怪当年刘备屈身茅庐相请，轻烟缭绕之间，只见伏龙逆光飞翔，飘飘然犹如神仙之感。后来诸葛亮借调江东，竟也惹来了一段风骚，只不知后来周瑜弥留之际，仰天长叹“既生瑜，何生亮”，是否正是纠结自己不仅计输一筹，竟连身材也落了下风，才发出这般撕心裂肺的感慨。

不过，即便如此，诸葛亮恐怕还是难当三国好身材第一人，因为还有嵇康。提起嵇康，我们倒可也引出一段典故。这段典故出自《艺文类聚》：“嵇绍入洛，或谓王戎曰，昨于稠人中始见嵇绍，昂昂然若野鹤之在鸡群。”这就是鹤入鸡群的由来。看得出来，嵇绍的身材，往人海中一搁，竟是一座耀眼的光明顶。不过，文中的嵇绍，却非嵇康，而是他的儿子。至于嵇康的身材，王戎倒是道出了玄机，嵇绍这小子的身材，在世人面前，可算山峰，但在他老爹面前，那就是浮云啊。（“答曰，君未见其父耳。”《艺文类聚》）

那么，嵇康的身材如何惊艳绝伦呢？《晋书》上说：“远迈不群，身长七尺八寸，美词气，有风仪，而土木形骸，不自藻饰，人以为龙章凤姿，天质自然。”不仅如此，就连一向刻薄文辞编排名人的《世说新语》，也做了如此描述：“萧萧肃肃，爽朗清举”、“肃肃如松下风，高而徐引”、“岩岩若孤松之独立，傀俄若玉山之将崩”。古书里对女性玲珑曲线一向颇有笔墨，至于男性身材，竟也如此着迷的，恐怕自古以来少有。如此看来，嵇康堪称三国时代头号好身材。

好声音，好钱途

三国是一个弱肉强食的时代，没有点“把式”是肯定混不开的。譬如身板硬的，可以冲锋陷阵要两碗好酒；读点书的，可以舞文弄墨混两口饭吃；甚至连长得帅的，也能在乱世讨得一杯羹。当然，如若天生拥有一副好嗓门，在那个动乱的时代也是吃得开的。接下来，我们就八卦一下，搬张板凳，来瞧瞧三国时代的“好声音”都能干啥？

提起好声音，我们首先想到的应该是三国第一“咆哮哥”张飞同志。当年，刘皇叔为了体现自己的仁义，在荆州城下很好地秀了一把演技，玩了个“携民渡江”的大型真人秀。可悲催的是，皇叔同志严重低估了曹操虎豹骑的机动力，于是，残军行至长坂坡，几乎就要被曹操逮到了。在这千钧一发之际，皇叔的三弟张飞做了件大事，这在《三国志》是有记载的：“飞据水断桥，瞋目横矛曰：‘身是张益德也，可来共决死！’敌皆无敢近者，故遂得免。”如若把当时情景移植当今，大抵可以是这样的：**当阳桥边，战鼓擂动，三将军横矛立马，口中念念有词，“正宗纯爷们正宗好声音欢迎来到由皇叔领导品牌为您冠名的大型战场真人秀节目三国好声音。干干架添动力皇叔精神保健品为三国顶级好声音加油……”**急速的语调配合雷霆般的声音，犹如加强版的紧箍咒，极富穿透力地刺向了曹军的耳膜，曹操近侍夏侯兰同志，更是一个慌张，踉跄一下翻落马下。身经百战的数千精锐，尽在一惊一乍之间蜂拥溃散。皇叔的残军，终于得以苟延保存。如此看来，有一副好声音，在兵荒马乱之时，大可以用来保命的。

当然，**真正的好声音绝不仅仅只在沙场上退敌保命，如若搬到朝堂上，也同样可以混的风生水起，譬如崔琰同志**。《三国志》说地“声姿高畅，甚有威重”，也就是说，崔琰拥有一副CCTV播音员般极具磁性的嗓音。对于自己天生那副迷人的声线，崔琰肯定是要利用的，于是他有事没事就要拿本《论语》《韩诗》之类高雅的书籍练练嗓。（“诵论语、韩诗。”《三国志》）在此需郑重“申明”一下，《韩诗》自古以来就为汉初燕人韩婴所传授的《诗经》，跟韩国人无关，一切试图混淆该著作所有权的行为我们应给予最强烈的谴责。除了朗诵，崔琰一旦有了闲情，还会搬来古琴，飚上两句G调。（“以琴书自娱。”《三国志》）高音上得去，低音下得来，偶尔还能在海豚音、绵羊音之间玩两把真假音转换，如此好声音，自然在朝中引来众多粉丝追捧，甚至连曹操也一度为之折服。（“朝士瞻望，太祖亦敬惮焉。”《三国志》）由此作为铺石，到了魏国组建之时，“万人迷”崔琰更是官拜尚书，被安排在敏感的人事部门（相当于现在的组织部部长），可见曹操对他的信任。

在三国凭借好声音飞黄腾达的绝不仅崔琰一人，公孙瓒也能算一个。《三国志》记载，公孙瓒原是刘备的同窗好友。刘备是个贩草鞋出身的，人以群分，公孙先生的家境料必也是不好。事实也正是这样。根据记载，公孙瓒出道之时，仅是“郡门下书佐”，也就是在公务部门做个打杂临时工。其实中国历代都有个传统，一旦发生什么火灾、水灾、旱灾等可抗拒或不可抗拒的因素，总是拿临时工出来顶事的，也就是说，公孙瓒的职业前景十分黯淡。所幸的是，公孙瓒拥有一副好声音。（“有姿仪，大音声”）正是因为声音洪亮独特，他每次在窗口办公的时候，总会引来市民驻足观望。

不久，好声音的公孙瓒引起了顶头上司涿郡刘太守宝贝女儿的好感。经过一段时间的暗中考察，刘家千金发现这位年轻人不仅声音好听，办事还特别靠谱，于是寻了个机缘，向父亲做了个举荐。刘老太守寻思，自家闺女一向眼界甚高，怎就对一毛头小子一见倾心，心中落定要寻个究竟。

好声音

好声音，特指由某卫视引进的一版人气音乐选秀栏目，并由此带火一批草根歌手以及某品牌凉茶。而在三国时代，拥有一副好声音，不仅可以走红或让凉茶走红，还能带来官运，甚至成为杀人利器。

经过一番仔细打量，刘老太守发现公孙瓒确实是个人才，于是公章一挥，将他的临时工身份转正，并安排了一个公干的机会，派到当时著名公知卢植的门下，进行深造混张文凭。（“太守器之，遣诣涿郡卢植读经。”《三国志》）到了学成之时，老太守寻了个良辰吉日，张灯结彩风风光光地把女儿许配给他。（“以女妻焉。”《三国志》）就这般，小人物公孙瓒凭借着好声音完成了人生三级跳，最后成长为割据一方的诸侯。

三国最强音

尽管张飞、公孙瓒等人在三国的“声音界”混的风生水起，但好声音仅是用来吓吓人、泡泡妞之类的，难免流于低级趣味。因此，如若要给三国时代的好声音生生排个名次，那么榜首应非诸葛亮莫属了。为何如此说？我们先来看一下诸葛亮的履历。

《三国志》是这样记载的：“亮躬耕陇亩，好为梁父吟。”《魏略》也有记载：“亮在荆州，每晨夜从容，常抱膝长啸。”可见，诸葛亮年轻时就养成了练声的习惯，不仅能低声吟唱，也能高音悠扬，音域之宽，时之罕见。而且，诸葛亮后来能取得丰满的艺术成就，其实和他天赋异禀的好声音也是分不开的。这里，我们不妨细数二三。

首先：三顾茅庐，好声音为诸葛亮在职场面试加分。

刘备寄居荆州之时，一直在思考一个问题：剿灭黄巾时，自己和曹操几乎同时出道，如今曹操的小日子混的有滋有味，可自己依然寄人篱下，连套房子首付都付不起。思前想后，终于得出结论，乱世什么最重要？人才！扛着IQ大旗的人才！于是，他开始漫山遍野地寻求贤士，后经司马徽、徐庶等人提点，知道深山之中还有卧龙先生这等高深之人。但是，接连拜访未果，刘备对这位“只闻其名不见其人”的高人的“智商含金量”打下了疑问。

于是，在第三次拜访茅庐时，出现这样熟悉的一幕：刘备三人屋外苦等半晌，终于出现争执。急性子的张飞耐不住寂寞，嚷嚷着要把这家后院一把火烧了，刘备赶忙上前喝止，拉拉扯扯间，只听屋内传来天籁男声：“大梦谁先觉？平生我自知，草堂春睡足，窗外日迟迟。”只闻其声不见其人，原本纠结不清的刘备三兄弟倒也立定住了，竖耳一听，如此神秘的曼妙之声，果从茅庐之中传来。正陶醉时，屋门轻开，走出一位灵巧童子，道，先生有请。有了好声音的铺陈，童子领着刘备转入后堂，见一面如冠玉、头戴纶巾、身披鹤氅的白衣男子床边“含情脉脉”地张臂欢迎，顿觉飘飘然有神仙之慨，接连惊呼如鱼得水，双手殷勤奉上聘书一份。

其次：舌战群儒，诸葛亮的好声音成功挖掘职场第一桶金。

其实，诸葛亮刚跟刘备混的时候，日子过得并不舒心。刘备这人有个习惯，就是老喜欢装君子，放着荆州这嘴边的肉不吃，满嘴假惺惺的仁义道德。刘备的“好意”，曹操自然心领，于是挥师南下，三下五除二，就把荆州给啃了下来。寸功未立，反被打成过街老鼠，一向志气甚高的诸葛亮自然心有不甘，于是请命前往东吴寻求联盟。

可是，这时以张昭为首的东吴主降派，早被曹操的威风吓破了胆，一心只想息事宁人。在这危急存亡的关头，好声音让诸葛亮的缔盟之行绝路逢生。原来，尽管张昭等人极力反对，但决策人孙权仍然举棋不定。难道刘备真有手段？孙权心存疑窦，于是想了主意，背对来使，以立威严，如不合拍，也好打发，倘若合计，再转不迟。当然，张昭等人也想数落落难的才子，于是一个茶局就这样摆下了。

茶局很是精致，可诸葛亮却无心欣赏。孙权总是背对自己，同盟之事从何谈起？正踌躇间，张昭开口了，孔明贤弟啊，你看，茶桌摆满了杯具，其实人生也一样，本就是一场“杯具”，就像你我这般，何必苦苦强求。正愁如何开口，你倒送上门来，诸葛亮微微一笑，整整衣领，品了口茶，亮亮嗓子。这一简单的亮嗓，江东众臣呆住了，如此穿透力的声音，倒是前所未闻。见众臣“惊魂未定”，诸葛亮倒是趁热打铁，笑着答道：“吴王此时还是桌上茶壶，尚可引领一方茶几之物，他日投降曹操，到时要做桌边一个无名“杯具”，恐怕都难啦。”言语间，诸葛亮一把拉过张昭，轻抿了一口茶，做洗漱状：“老先生请瞧，此杯方才是‘杯具’，如今也可是‘洗具’，角度不同，结果也许大不相同。”且不说论据如何，诸葛亮一番“先声夺人”，江东群臣皆已心神不定，当然早落下风。于是虞翻、步骘等人刚一开口，即被孔明一一驳回。如此精彩的声音大战，孙权终于按捺不住要看个究竟，于是大手一拍，翻转虎皮宝座，高喊“I WANT YOU，今夜包厢私下详谈”。

再如：空城妙计，好声音让诸葛亮死里逃生。

创业的时光有如白驹过隙，数十年晃眼即过，刘备、曹操等第一批创业者终究入土，而天下三分格局也已落定。原本在丞相府邸练练嗓，逗逗鸟，诸葛亮的晚年时光也是怡然自得。可年轻时就立下“自比管、乐”的志向，岂能就此泡汤？老窝在成都，肯定不是办法。如此筹虑了几年，见时机成熟，给后主呈上一份《出师表》，扬言打回曹魏老家洛阳，以使刘氏正统归位。诸葛亮声音本来就浑厚，辅以肺腑煽情之言，动之以情地朗诵了一番，满朝顿时涕声一片。于是，北伐之事就定了下来。

可未料，出师的第一役，就迎来了当头一棒。自负的马谡在街亭被对方老将张颌生吃围歼，更要命的是，司马懿大军已经迫近驻扎地西城。风云大半辈子，难道就要晚节不保？心急如焚之时，诸葛亮无意瞟见桌边的古琴，于是，誉名古今的空城计就此铺开。沐冠整衣，登城坐定，三两个丫鬟，一把古琴，此等架势，城下的司马懿心中顿生疑虑。正心疑时，城上琴声响起，四周顿时寂静一片，**片刻之后，歌声传来：“我送你离开，千里之外，你无声黑白……”时而低唱浅吟，时而高亢婉转，真假音变换过**

渡，气息始终稳定，似乎一切成竹在胸，司马懿心中疑惑，不知如何是好。只听城头上的诸葛亮笑道:“仲达贤弟，还想听否？今年老夫还有三十二场演唱会。”司马懿一听，心中大惊，三十二场？难道孔明要全国巡演？下一站会是……长安、洛阳？况且，街亭只见马谡，不见魏延，若诸葛亮引一奇兵，自子午谷杀出，长安危矣。寻思至此，司马懿背后一凉，莫非中了孔明声东击西之计，于是赶忙挥鞭策马，急令大军撤退。

那些年的神曲

当代社会生活节奏快，老百姓“鸭梨山大”，偶尔放松一番，神曲当道，自然也能讲通道理。在极度低俗的音域一个流转，瞬间脱俗的“华丽”转身，装个鸟叔，扎个马步，悠扬着来一阵最炫名族风，不失为一种潇洒。当然，如若把场幕移至三国时代，我们讪笑着找寻，竟也能寻到诸多神曲。当然，其中最有名气的恐怕要属孔明的《空城曲》。

空城之下，万马集结，神曲过后，众生散去，此等千古绝曲的魔力，实是令人匪夷所思。当然，孔明先生，以及他的空城计的名气实在太大，对于后人，似乎早已过于熟稔，因此我们暂且按下不表。如若依着曲音顺着三国时代继续寻觅，此时的我们，大抵可以找到《广陵散》。

《广陵散》所以能成就为神曲，应该和嵇康是脱不了干系的。嵇康这人，在历史上很出名，现代的很多文艺青年，其实都在学他。嵇康的成名，很大缘故是由于他是竹林七贤里的灵魂人物。竹林七贤，名字的架势就像极了现代的人气偶像组合。史书上是这般评价嵇康的，“精于笛，妙于琴，善于音律”，尤其对琴曲最为痴迷。相传，嵇康曾有一张非常名贵的琴，是自己砸锅卖铁换来的（有点类似当代青年卖肾换iPhone），自然分外爱惜。有一次，“发烧友”山涛（也是竹林七贤之一）前来探讨人生，竟乘着醉意想要剖琴。嵇康一看情形不对，急了，竟抱着琴爬上窗台，高喊再相逼就要自由落体。

那么，嵇康何时习得《广陵散》？据官方史料记载，嵇康是从三国著名音乐教父杜夔儿子杜猛那里学得，但到了《太平广记》，记载就颇为传奇了：一个夜黑风高杀人夜，嵇康寄宿荒郊古亭。孤灯相伴，嵇康忽然寂寞了（文艺青年都这样），于是抚琴清弹。清扬婉转之间，空中传来一声轻笑道，先生所弹极致，在下也有神曲一首，望能提鉴。嵇康环顾张望，四下竟是无人，正奇怪间，空中琴声响起，隐隐飘荡一股杀伐之意，肃灭了夜的寂静。

曲终之时，天却见白，嵇康恍惚之间，空中魅影声动：“在下身是故人，幽没于此，形体残毁，不宜见君。相遇虽一遇于今夕，可以远同千载，此曲为《广陵散》，望君记之。于此长绝，不能怅然，请君一誓，不得教人。”（《太平广记》）发誓自然是必须的，可神曲《广陵散》，竟然就此绝于嵇康，却是十分可惜的。其实，若要筹个年长，到了“文艺大爷”的年纪，有意来个选择性失忆，放下誓言，收个虔诚的闭门徒弟，也并非没有可能。可遗憾的是，嵇康偏偏命短。

原来，**像嵇康这样的文艺青年，摆在文艺圈绝对堪称“神器”，可若安放在公务员的队伍里，绝对是件“杯具”。可不巧的是，嵇康偏偏当官了，如此一来，犯事似乎是必然的。**不久，桀骜不驯的嵇康就因为政治路线错误，被领导送上了断头台。世间的事，往往不易理会，正是这断头台，成就了《广陵散》神曲的地位。行刑之时，白虹贯日，嵇康微微昂头，淡淡一笑，唤来忠实粉丝，摆上木琴，就这般旁若无人地忘情弹唱。断头台下的听众们，自发地手牵着手，摇着彩棒，齐声浅吟，正动情处，却见手起刀落，《广陵散》随着嵇康的身首异处，终是成了千古绝唱。

相比于嵇康这位灵魂乐者，三国时代另一位文艺青年编排的神曲就颇为荒唐了。这位文青的名字，叫做祢衡。祢衡这人，才华横溢，精通音律。当然，但凡有才华的人，都是颇为自负的。本来，“我笑别人太疯癫，别人笑我太痴狂”也不失一种逍遥，可我们的祢衡同志，却又不甘寂寞，偏偏要到官场上走一遭，偏偏打交道的又是曹操。求职见面会上，祢衡给出的个人简历倒是洒脱：“大儿孔文举（孔融），小儿杨德祖（杨修），余子碌碌，莫足数也。”（《后汉书》）

神　曲

神曲，泛指网络上莫名走红的流行歌曲。曲风抑或怪异独特，抑或朗朗上口，譬如《忐忑》《爱情买卖》《最炫民族风》《江南Style》均属此类。此外，神曲和广场舞堪称中老年妇女生活必备的一对黄金搭档，每当夜幕降临，街头巷尾均可觅见。

简历中的孔融，身份可不简单，不仅顶着孔子世孙的头衔，更是当时数一数二的大文豪，至于杨修，也是时下炙手可热的才子。祢衡这个乳臭未干的小屁孩，居然大言不惭地当起两位前辈的“便宜干爹”，料想是个江湖术士吧？曹操心中如此掂量，工作岗位自然也就定了下来：官中尚缺鼓手，不妨试用（“闻衡善击鼓，乃召为鼓史”）。

本来，从基层做起，也不失一条出路，可我们的祢衡，可是创作型才子。才子怎能抛头露脸走秀卖唱，祢衡同志怀才不遇的情怀忽然泛滥一发不可收拾。情感泛滥，就容易出现问题，祢衡的麻烦，随着一首离奇神曲就此铺开。《世说新语》是这样记载的：“祢衡被魏武谪为鼓吏，正月半试鼓，衡扬枹为《渔阳掺挝》，渊渊有金石声，四座为之改容。”简单翻译一下就是，某年元宵晚会上，曹操大宴宾客，正兴起时，瞧见一旁调试鼓音的祢衡，于是一个招呼，那个打鼓的谁谁，上来表演一曲。此番情景可是进退两难，内心一阵挣扎，一咬牙跺脚，倒是即兴创作了一曲鼓乐《渔阳掺挝》。当然，祢衡也是有才，不经意的几个拨弄，场下四座观众，不约而同悄然入戏，眼里不觉泛出泪光。

如此惊艳的表现，领导自然看在眼里，此后的仕途本应是一片光明的，可正待谢幕之时，座下官员意犹未尽，高喊返场再来一曲。当然，音乐人大可分有两类，一类喜欢HIGH歌场面，一类喜欢静静地搞创作，祢衡无疑是后者。耳边飘过世俗的掌声、口哨声、尖叫声，祢衡原先泛滥的情感终于决堤。于是，祢衡倒也不再做声，静静回到鼓边，徐徐脱衣，袒胸露体，以“RAP”说唱方式，竟将座下一干人等，统统骂遍。当然，随着这极具有超现代感摇滚情怀的脱衣神曲落毕，祢衡的身首分家，也已为时不远了。

如若说，祢衡谱写的脱衣神曲颇有几分无厘头，那么，更有甚者的神曲竟是驴叫。有意思的是，这首神曲的创作者，竟是魏文帝曹丕。曹丕的灵感来源，也是颇有意思的。原来，曹丕有个好友，名叫王粲，原是汉末文艺界偶像团体建安七子的成员之一（相比前文提到的组合竹林七贤，建安七子的资历可要高出许多）。**人气偶像，大抵有两个特点，一是帅，二是短命（比如嵇康）。可王粲同志，不仅不帅，还尤其丑，但秉承短命的风格却也决绝**。

好友英年早逝，曹丕自然分外伤怀。追悼会上，总得有领导致辞这个环节的，按道理，领导讲话的套路是这样的：“王粲同志革命的一生，是光辉的一生。为了大中国复兴事业，王粲同志积劳成疾，献出了宝贵的生命……”语毕，哀乐响起，周遭人等顺势哭天抢地般地号啕大哭。可我们“调皮”的曹丕，却是不按常理出牌的。看着墓碑上的人生简介，曹丕忧伤地微微一笑道：“我这个老友啊，生前就喜欢学驴叫，同志们啦，我看不妨用驴叫送他一程吧。”

领导别有意味的一番话，一旁陪同吊唁的官员们却摸不着头绪了，个个面面相觑。此时，一位机灵的官员忽然提了提嗓子，引吭高歌一声驴叫，有人“领了唱”，后面自然是水到渠成了，于是，一曲即兴发挥的“驴叫Style”竟在墓地前此起彼伏地响起。（“王仲宣好驴鸣。既葬，文帝临其丧，顾语同游曰：王好驴鸣，可各作一声以送之。赴客皆一作驴鸣。”《世说新语》）

替身自古不易

替身这行当，其实不太好玩，大抵都是要代“大牌”们受罪的。譬如演艺圈里，一旦遇到危险的高难度动作，抑或出现脱衣露臀的低俗行为，替身们此时就要出马了。当然，替身绝非现代人的专利，古时早已风行。三国时，诸如曹操、诸葛亮等大腕们，就曾乐此不疲狂热地起用替身演员。

当年诸葛亮数出祁山，皆因粮草不济，时常无功而返。当时的交通远不如当今发达，出山一趟并不容易，如此来回折腾，自然会伤了自己的元气。于是，诸葛先生灵机一动，把独轮车进行一番改造，申请了一个很好听的专利:“木牛流马。”不过，独轮车容量终究是小，几万张嘴巴吃饭，当然也是杯水车薪，**于是诸葛亮又拍了一下脑门，计上心来:“偷。”偷什么，自然是偷粮。当然，对于身负复兴大汉重任的诸葛亮来说，用“偷”字不太好听，我们不妨置换一个现代语法，叫“征用国有资源”**。

不过，尽管“普天之下皆王土”说得好听，但大汉国土资源已被曹魏非法政权无理占用。要征粮，说到底，还是得偷。诸葛亮同志打起仗来思前想后磨磨唧唧，但偷起东西可是果断得很，于是，这就出现了一出好戏:“出陇上诸葛妆神。”当时和诸葛亮演对手戏的司马懿可是老江湖，绝非好对付的主。若要成功收粮，恐怕只有调虎离山了。那么，如何调开司马懿这只大老虎呢？诸葛亮自然有办法，原来，他早准备了三辆一样妆饰的四轮车（诸葛亮的专车），然后在军中海选几位机灵的将士，簪冠鹤氅，装成自己模样。定妆完毕，选个大雾迷茫的清晨，喊上一些早起的兵士，到司马懿营前敲锣打鼓。

一大早就如此大声嚷嚷，这究竟还让不让人睡觉啦？一脸黑眼圈的司马懿自然火大，匆匆洗漱一番，提剑拿刀来到阵前。只见对阵蜀军个个朱砂抹面，张牙舞爪，口中念念有词。阵势中央，诸葛亮端坐于四轮车上，手摇羽扇，一副欠扁模样（这替身的演技确实不错）。司马懿心道，这孔明还真欺负到头上了，于是下令全力出击，意在就此活捉。谁知越追越是荒凉，眼前的四轮车竟然不见，只听一声轰响，后军两翼不远山坡，分别出现两车，车上之人，似乎又是孔明。司马懿环顾四周，阴风习习，冷雾漫漫，究竟是人是鬼？究竟蜀兵有多少？司马懿越想越惧，大军竟在雾中不知所措。而此时的孔明真身，早令三万精兵将小麦割尽，运赴基地打晒去了。

有趣的是，不仅诸葛亮喜欢用替身，就连一向勇猛的张飞，也会忍不住尝一下新鲜。张飞同志，可不是手无缚鸡之力的诸葛亮，他是三国时代数一数二的功夫明星，在吕布家门口骂阵“三姓家奴”也是家常便饭，按理说是不大可能请替身的。事实也确实是这样，直到他遇到了巴蜀老将严颜。原来，自张飞入川以来，一直所向披靡，可到了巴郡，却和守将严颜僵持不下。城池固若金汤，主将稳重老成，张飞即便万般气力，却也无处使劲。无计可施之后，往往就是急中生智，粗中有细的张飞开始散布假消息，准备三更时分经废弃小路偷袭巴郡。

严颜得此消息，自然十分高兴，于是星夜埋伏于羊肠路边，只等张飞上钩。果然，夜至半晌，只见张飞骑着高头大马在小道上艰难前行，样子十分狼狈。见敌军已步入伏击范围，一声令下，士兵突击，直取笼中之物。老将严颜，更是身先士卒，逮住马上将军就是一顿拳打脚踢。岂料螳螂捕蝉黄雀在后，打到酣畅处，只听身后一声大喝，真张飞已岿然站立，不怀好意一脸坏笑地看着颜老将军。不用说，最后被五花大绑自然是严颜同志。只是，替身演员却是同行不同命，诸葛亮的享有专车接送待遇，摇着羽扇，很是舒服，可到了张飞这里，竟是遭来一顿毒打。

崔　琰

崔琰，三国魅力型男。曾官至魏国组织部部长一职，作风正派，口碑甚佳。由于太帅，素为曹操忌惮。后因在个人“微博”上讽刺曹操，由此遭遇暴力执法，锒铛入狱，最终身首异处。

尽管诸葛亮、张飞等人大力推荐替身演员上位，但要论三国时代起用替身的鼻祖，却还是曹操。早在濮阳之战，曹操误信吕布细作谗言，中计困于濮阳城中，有如瓮中之鳖。金鼓齐鸣，四方火起，喊杀声翻江倒海，曹操知是中计，拔马便跑，不巧的是，途中恰遇吕布。吕布戟指曹操头盔道，曹操何在？也是曹操命大，由于当时火势较大，吕布眼神估计也不是太好，竟然打了花眼。曹操就势向前指一位替身道：“骑黄马者是。”吕布鞭马追赶，曹操拨转马头，望东门奔去，只是那位莫名被临时起用的替身演员，最后命运如何，我们不得而知。

可以看出，替身有的时候是可以救命的。可曹操用替身救命，却还不止一次。翻开《魏略》，我们还能寻到如下记载，曹操有次外出打猎，不巧遇到袁术部曲追杀。万分危急之时，曹操部将秦邵挺身而出，自愿甘当替身，高喊“曹操在此，有胆放马过来”。袁术部曲，本就是一帮好利之徒，心里早已惦记赏钱，于是也不细想，一并上前将其砍成肉泥。曹操劫后余生，每每想起这位舍已为人的替身，总会不禁悲怆，于是收养其子秦真于府中，改名曹真（也就是后来和司马懿演宫心戏的那个草包曹爽的老爹）。

凭着替身接连侥幸脱险，曹操不禁就此上瘾，不仅热衷“武替”，甚至还别出心裁地起用“文替”。《世说新语》里有这样一个故事，讲的是曹操平定北方，晋爵魏王，北面匈奴闻其威名，自然要打点好关系，于是派遣了使者前来拜贺。威震外夷，这当然是件好事，可曹操同志却觉得自己长相不够气派（主要是个子矮，身高大约一米六），恐在高大的匈奴人面前现眼，于是喊来了崔琰，做自己的替身接见匈奴使者。

这个崔琰，《三国志》是这样记载的：“眉目疏朗，须长四尺，甚有威重。”看得出来，崔琰同志是个不折不扣的帅哥。可有意思的是，但凡长相帅气的男人，演技大抵不佳（也就是我们现在说的偶像派）。这位帅哥硬生生地把一场“外宾见面会”给演砸了。当日，这位山寨版的曹操正中端坐殿内，生硬地背着台词。前来朝拜的匈奴使者，本是见过大场面的人，三言两语间，底细自然打量清楚。看来，魏王不过如此，使者暗下寻思，面上不禁露出轻侮之色。可眉角一瞥，却见扮作侧侍卫模样的曹操，挺立在坐榻旁边，手握钢刀，两人眼神一交流，匈奴人悠然升起的气势，竟消去了大半。

接见完毕，曹操自然要派人做个反馈的。当问及对于新晋魏王的印象时，匈奴使者自然装腔作势地表了客气话，这个魏王嘛，倒是有着一副好皮囊，不过，我看他旁边那个捉刀的马仔，短小精悍，器宇不凡，恐怕不是等闲之辈啊。（“魏王俊美，风采高雅，而榻侧捉刀的那人气度威严，非常人可及，是为真英雄也！”《世说新语》）

娱乐圈的潜规则

三国时代的主旋律，自然是打仗。可掐累了架，终究也要休息，此时若搬张小板凳，站在上面高亢一曲，恐怕也是未尝不可。著名的美男周瑜就有一出“曲有误，周郎顾”，再如孔明先生，索性端坐城门开了一场十万人不插电演唱会，也博个空城计的美名。不过，即便周瑜、孔明们颇有娱乐精神，但毕竟也是走穴玩票，行军打仗恐怕还是正道。因此，如若非要探三国时代的娱乐圈一个究竟，搬出史料想必在所难免了。

首先，我们翻开的是《曹瞒传》。《曹瞒传》这书，原为三国时代吴人所著，东吴北魏一向势不两立，书中调侃曹操在所难免。虽说此书不一定严肃，但绝对好玩，我们不妨摘取其中一条：“（曹操）好音乐，倡优在侧，常以日达夕。”所谓的倡优，实际就相当于现代的娱乐明星。可以看出，曹操是个音乐发烧友，闲暇无事总会借着探讨艺术之名，邀些小明星来家里喝喝茶，喝着谈着，艺术片就成了动作片。当然，一些想走红的娱乐圈小明星，对这位大领导的潜规则倒也心领神会，纷纷投怀送抱。

可是，鲜有技术含量的陪睡，不一定都能分到一杯羹，有的时候，甚至会惹来一身臊。接下来的这个故事，同样源于《曹瞒传》，“有幸姬常从昼寝，枕之卧，告之曰：须臾觉我”。古代没有闹铃，睡到自然醒有时也是难免，不过，曹操倒也有创意，对陪睡的女明星多了吩咐，添加了闹钟功能。可这个“美人闹钟”，却有“死机”的时候，原来，这位陪睡的女明星，见曹操睡意正酣，竟然不忍敲打梦乡，待曹操觉醒，天色已是渐晚。也不知是真耽搁了要事，还是先前恰做了一个闹心的噩梦，曹操一边拭去嘴边残留的口水，一边喊来门外侍立的下人，竟将此可怜女星拖下棒杀（“姬见太祖卧安，未即寤，及自觉，棒杀之”）。

陪睡潜规则，倒也不全是曹操的专利，宅心仁厚的刘皇叔那个宝贝儿子阿斗同志，也学了几分风流故事。《三国志》是有记载的：“（刘琰）妻胡氏入贺太后，太后令特留胡氏，经月乃出。”这位胡氏，可是蜀汉车骑将军刘琰的老婆，“有美色”、“能为声乐”。（《三国志》）当然，这位浑身洋溢着“文艺范”的高官姨太太，绝不甘心只在家打打麻将遛遛狗，偶尔寻个机缘，抛头露面亮亮嗓倒也打花时间。

恰巧，阿斗同志寻了相父诸葛亮北伐中原之机，无人管束，央求母后一通，于是打着为太后祝寿联欢的名义，邀请一干文艺女星，进宫表演助兴。胡氏虽然谈不上职业艺人，但也在邀请之列。可未曾想，这一场舞，竟陪跳了一个来月。床边的女人，竟被别人“包养”月把时间，家中的刘琰自然愤愤不平，心思自己好歹也是高官，平时只有自己潜规则女星的名堂，（“号为侈靡，侍婢数十。”《三国志》）如今自己的女人被潜，面子想必难堪。

面对着手下的微词，阿斗终究是个阿斗，自然没有阿瞒的气场。接下来的事态，似乎有些不可收拾了。刘琰同志的家中爆发了一场战争，原来，被绿帽子遮住心智的刘琰，完全失了风度，竟喊来数百家丁，高声陈述一位男人的屈辱血泪史，然后群起批斗，竟硬生生将这位面若桃花的业余女星，打成了残花败柳。（“疑其与后主有私，呼卒五百挝胡，至于以履搏面。”《三国志》）潜规则之所以叫潜规则，大约是见不得光的，闹大了恐

怕就成了笑话，经过刘琰一闹腾，自然也就不方便循此规矩了。（“自是大臣妻母朝庆遂绝。”《三国志》）

娱乐圈的艰辛，受伤的不止女星，有的时候，男星恐怕也是难逃牵连。当然，男星的陪睡，不算多见。（其实在三国，和士大夫睡觉是件很时髦的事情，譬如张飞，当年就非要睡当朝财政部长刘巴，当然，娱乐男艺人是不够陪睡资格的）躲过陪睡的缛节，陪个酒局陪张笑脸，想必也是要的。《三国志》有这样一个记载，魏文帝曹丕喜欢讲排场，每逢年会，总会喊上一些当红明星露脸助兴，名单当中，少不了杜夔、马真。马真倒是欣然应邀，可杜夔却不愿意了，不用说，杜夔肯定是当时娱乐圈的头牌。（“尝令夔与马真等于宾客之中吹笙鼓琴，夔有难色”）

娱乐圈

娱乐圈，也称为演艺界，泛指从事表演艺术方面事业的人群及其生态环境。圈里的从业人员，根据职称等级，可以分为普通艺人、小明星、明星、当红明星以及巨星等几类。此外，由于娱乐圈外表光鲜来钱容易，一小部分初入职者，为了早日取得行业职称认定，往往采取“一脱到底”等极端方式，以求获得圈内人士以及社会大众的广泛“认同”。

关于杜夔同志的来历，我们倒是可以插个笔墨，《三国志》这样记载的：“夔善钟律，聪思过人，丝竹八音，靡所不能。”可以看出，杜夔在当时，绝对是个创作型的音乐才子。不过，这位才子是如何登上娱乐界一哥宝座的，倒也有一个故事。原来，当时的娱乐圈，还有一位名叫柴玉的乐手，心思细腻，指如纤玉，总把乐器照顾的周到，自然也拥有许多的粉丝。（“钟工柴玉巧有意思，形器之中，多所造作，亦为时贵人见知”）一山不容二虎，这在哪个行业恐怕也是一样，接下来，互相挖坑是必然的。杜夔指责柴玉“其声均清浊多不如法”，柴玉反唇杜夔“清浊任意”。于是，纠缠不清的两位，请来了裁判曹操。（“夔、玉更相白于太祖”，当时曹操还在世）

其实，艺术这种东西，不像跑步快慢那般的一目了然。现在的娱乐PK，底下投票器钟爱摇滚还是蓝调，观众是青菜萝卜各有所爱，拼的大抵是人气。不过，依古时的规矩，大多一言堂，孰是孰非，终究还是看领导喜好了。曹操虽是音乐发烧友，但大抵只是玩票，不过，内不内行，怎能让几个戏子优伶知道，于是煞有介事地拿过铸钟，装模作样的一敲，然后摇头道，这个明显不行嘛，我看杜夔说的没错，柴玉你看来就是一个走江湖的啊。（“太祖取所铸钟，杂错更试，然后知夔为精而玉之妄也”）至于柴玉的下场，竟从大牌明星自由落地沦为了弼马温，（“于是罪玉及诸子，皆为养马士”）按现代话说，就是给封杀了。

出来娱乐圈混，迟早是要还的，当年杜夔风光的往事，竟在猜拳、吹瓶，偶尔冒出几声饱嗝的喧嚣声中，彻底凌乱了。兄弟，再来一首，哥们，过来握个手，这位娱乐圈一哥，就这般僵住在舞台中央欲哭不能。于是，杜夔借了个机会，寻到曹丕身旁，低声道，我这三国好音乐啊，恐怕是下不了这低俗的场面吧。谁知话音未落，曹丕把脸一沉道，唱，继续唱。当红明星的尊严，就这般赤条条地被领导潜规则了，杜夔自觉天旋地转，后来竟不知如何下的舞台的。

如此看来，在三国的娱乐圈里，无论是投怀陪睡的无名小角，抑或坐拥万千粉丝的风光大牌，到了领导们的跟前，终究是平等的，都是要低声下气的。杜夔同志，以为自己红了几个作品，就成了“高富帅”，想要一个大牌，摆一道“非诚勿扰”的谱，却未想领导放下脸来，一声棒喝，终究现出了“屌丝”原型。落场之后他心中愤懑不平，抑郁了，不久倒也一命呜呼。（“夔自谓所习者雅，仕宦有本，意犹不满，遂黜免以卒。”《三国志》）

免费“自助餐”

三国乱世，连年战乱，人民的温饱应该是成问题的，甚至汉献帝刘协，也曾在逃荒时，不得不带头咽下变质的牛排，（“与腐牛骨，皆臭不可食。”《献帝起居注》）正因如此，奸雄曹操倒也偶尔多愁善感了一番，感叹道：“生民百遗一，念之断人肠。”可有意思的是，即便食不果腹的大环境，有些地方的老百姓，倒是有幸尝鲜免费的“自助餐”，我们接下来谈到的下邳就是其中一处。

下邳这个地方，《三国演义》里是给了篇幅的，曹操、刘备、吕布等军阀头子，都曾搁置大把时光，纠结此处许久。不过，我们要谈的下邳，战火倒还尚未蔓延。作为大汉王朝东部的传统重镇，下邳当时的经济和文化还是比较发达的，既占水运之利，又有灌溉渔猎之便，土壤肥沃，物产丰富。可就是这样一个鱼米之乡，百姓的日子过得却不算安宁。因为，当时下邳有个行政长官，名叫笮融。

笮融这人，原是安徽丹杨一带的地痞流氓，后趟着汉末乱世的浑水，拉了一票人，投靠了徐州牧陶谦。（“初聚众数百，往依徐州牧陶谦。”《三国志》）恰陶谦苦于乱世人才飘零，正四处张榜纳士，见眼前投奔之人容貌甚伟，也算一条好汉，于是少了冗长的人事考核，大笔一挥，委任笮融分管下邳地区。笮融本就是流氓出身，如今摇身一变成了国家干部，终究是要出问题的。

笮融瞧着此地民营经济活跃，心中忽然不淡定了，竟在“物流”上做了手脚，搞个了暗箱操作，但凡流经辖区的物资，竟然不约地离奇失踪。不用说，自然是纳入了笮融的腰包。《后汉书》中有这样的记载：“笮融为下邳相，（陶谦）使督广陵、下邳、彭城运粮，遂放纵擅杀，坐断三郡委输以自入。”笮融的胡作非为，徐州的最高行政长官陶谦此时却已无暇过问，因为他得罪了曹操，按现代话讲，就是摊上大事了。

笮　融

笮融，汉末豪强，佛教徒中的异类。行事风格以不按常理出牌著称，擅长黑吃黑打。广陵太守赵昱、彭城相薛福等同志，曾盛情诚邀笮融来属地进行观摩考察并商讨投资事宜，均被其无理由没收个人财产，抛尸荒野。后笮融因惹怒江东军阀刘繇，避难山中，为山民所杀。

见上头睁一只眼闭一只眼，笮融自然更是由着自己的性子，在辖区里开始了天马行空的规划，拿着公家的黑钱，做起了形象工程。不过，笮融盖得不是高楼大厦，而是佛家寺庙。其实，相对于儒家、道家，佛教在当时还只是“非主流”(大约在东汉初年汉明帝时期才引入中原)，信奉的人不是太多。大家都玩的我也玩，叫做跟风，大家不玩的我来玩，这叫个性。笮融倒是一个很有个性的人。

于是，笮融同志大起浮屠祠，高筑诵经阁，要求下邳人民日夜诵读佛经。当然，为了让自己的事业能有更多的关注度，笮融倒想了一个妙招，“课读佛经，免除信佛者徭役”(《三国志》)，如此一来，附近各郡和尚、尼姑，以及一些浑水摸鱼的社会青年，竞相迁入下邳，巅峰之时，拿着“专业资格认证”的佛教徒竟达五千多户之多。

每逢到了佛祖诞辰，笮融都会举办“浴佛会”，每次浴佛，所设酒饭达数十里，费以钜亿计。（这排场有点像现在的某些地方政府，逢年过节都要习惯性大张旗鼓地举办各色联欢会，当然，形象工程的代价就是烧钱）不过，这排场庞大的自助盛宴，百姓却不掏腰包的，产生的费用，全由地方政府买单。干惯了杀人越货的勾当，对于笮融，用钱洗洗良心也是应该的，也许，这就叫“洗钱”。只是，如此庞大开销，若要补上财政窟窿，笮融要杀的人，恐怕还得不少。

劫富济贫也罢，纵权滥杀也罢，反正，笮融在历史上的名声不算太好。相对于笮融的简单粗暴，接下来登场的这位，办起自助餐的手法倒是文明许多。此人的名字，叫做张鲁。张鲁的祖父，就是大名鼎鼎的张陵张天师老前辈。由于机缘巧合，“学院派”的张鲁竟然割据了汉中。为了向祖父致敬，张鲁倒也在辖区内，把“五斗米道”的招牌高高挂起。

何谓“五斗米道”，即只需缴纳五斗米就可入会（五斗米大概也就六十斤左右）。当然，**为了宣传“五斗米道”，张鲁用的手法倒和当今的“电视购物”类似：“五斗米！没错，就只五斗米！即可享有至尊会员待遇！一次缴费，终身免费！绝无重复收费！无论你的干爹是土豪，还是地道的穷二代！只要扛着一袋米，即可立马办理会员卡！亲，还犹豫什么呢？快加入我们的大家庭吧！你就有机会和心仪的偶像一起吃早餐！”**

由于媒体上劈天盖地的推广，一时间，信者甚多。初入会者，称为“鬼卒”，高级会员，则号“祭酒”，行政区内不置官员，以“祭酒”管理地方政务。（“不置长吏，皆以祭酒为治。”《三国志》）至于“五斗米道”的《会员守则》，其中心思想归纳起来，大致就是“诚信为本”四个字。入会当日，大家得手牵着手，一道高唱“只要人人都献出一点爱，世界将变成美好的人间”。对于犯法者，教会也是颇为宽容，会员卡上有三次“犯小过”的积分，每犯抵消。积分清零者，如若再犯，那就得吃点苦头了，《三国志》有如下记载，“则当修道路百步以赎罪”。按现代话讲，就是罚做“义工”，免费为社会贡献点GDP。

除此之外，《会员守则》里还明确规定，春夏两季万物生长之时，禁止屠杀，又禁酗酒。（按现代话讲，就是在这非常时期，KTV、夜总会等娱乐场不得对会员开放）当然，入会者有义务，自然就有福利。张鲁给出的福利倒也直接，就是在马路上创立“义舍”，由政府以及地方慈善机构牵头出资，将“义米”、“义肉”摆放于内，免费供会员以及其他行路人量腹取食。

也许此时，有人有了疑问，三国乱世物质匮乏，倘若依照当代百姓取食自助餐的习惯，应是多多益善的，浪费恐怕是难免的。如此一来，何以为继？不过，张鲁是有办法的，一方面，他命人在餐食前贴上了“浪费可耻，节约光荣”的标签。当然，光贴标签还是不够的，另一方面，张鲁在官方媒体上进行了地毯式的宣传，内容大概如下：同志们，这食物可是上天赐给我们的礼物，请量需而为，如若起了贪念，将会受到鬼神诅咒的。（“置义米肉悬于义舍，行路者量腹取足，若过多鬼道辄病之。”《三国志》）

可惜的是，由张鲁牵头的汉中这块具有原始意识形态的“共产主义”试验田，终究抵不过嗒嗒的马蹄声，最后还是被曹操给一口吞并了。当然，这是后话。

人在囧途

记得有句比较文艺的说法：人生，就得有一场轰轰烈烈的恋爱，以及一次说走就走的旅行。三国时代，行军打仗说走就走恐怕是家常便饭，可看风景的雅致恐怕是没有了，打打杀杀一路过来，难免磕磕碰碰，擦破点皮，人在囧途的事，曹操可是碰到不少。《世说新语》里曾记载着这样一出故事：某年夏天，曹操讨伐军阀张绣，行军路上，万里无云，骄阳似火。这样的天气，若放在新闻联播里，恐怕要出现工农兵兄弟热情高涨，大家团结把歌唱的画面了。可作为“旅行”，恐怕是不太适合的。果不其然，一路的大太阳砸在弯弯曲曲的山道上，毫不留情地打发着兵士们的精气。更囧的是，周遭没有水源，终于，几个体弱的士兵一个踉跄，竟晕倒在路边。

打仗毕竟不是旅行，磨蹭着晚了点，绝不是听着导游唠叨两句，一个点头就能混过去，倘若误了时宜，可是要全军覆没的。当然，这对于曹操倒也不是问题，他灵机一动，抖出一个笑脸，高呼“同志们啊，水源就在前方不远处”。士兵本已昏昏沉沉，听闻消息，也辨不了真假，反都抖擞了精神，腿也不酸了，牙也不疼了，内分泌失调也恢复正常了。当然，这就成了后来“望梅止渴”的典故了。

如果说“望梅止渴”还颇有点文艺色彩，那么接下来的“华容道囧事”恐怕就要难堪得多。这个故事，出自《三国演义》，讲的是曹操败走华容道，一路跌跌撞撞，甚是狼狈。不仅如此，曹操还必须在若干个转角遇到“爱”。**不过，曹操应付的自然不是鲜花，而是天上飞来的巨石、流矢甚至香蕉皮，这颇有点无厘头魔幻味道的场面，恐怕是像极了中国古代版本的“塔防游戏”。当然，有了这般炼狱般的伤痕旅途记忆，曹操老鸟回巢后的第一件事，放声大哭“郭嘉啊，你为啥坑爹地死得那么早”也就合情合理了。**

不过，囧途的事，对于曹操而言，不一定都是坏事。譬如，收复汉中张鲁的地盘时，曹操就捡了一次便宜。当然，比起华容道的无厘头，这可要严肃得多，因为它出自《三国志》。事件的经过大致是这样的：曹操西征汉中，割据势力张鲁寻思就此依附。可他的弟弟张卫同志，却不同意了。张卫找来一张“汉中地图”，拉着张鲁的手道:“你看这汉中多有山险，本就是易守难攻之地，哥哥啦，我的地盘我做主，岂容曹操他在这指手画脚。”

就这般，怀着同曹操掰一掰手腕的心，张卫得了张鲁的默许，领了数万“五斗米道”会员，在山上横向筑城墙十余里，凭借关隘坚守。果不其然，曹操远道而来，地理环境本就不熟，加之山势险峻难登，一时无法攻取。见军粮已快见底，曹操望着群山峻岭，有了打道回府的念头，于是，喊来了夏侯惇、许褚二人，吩咐道，你们组织些人，喊上前头山中的战士们回家吃饭。

说来也巧，就当夏侯惇、许褚的“后援团”踏入山途，忽然阴风一阵，天色暗了下来。黑灯瞎火，山路生疏，夜雾弥漫，寒风凛冽，“户外运动”中各种坑爹剧本纷至沓来，夏侯惇、许褚摸着荆棘一路骂娘，迷失在深山老林中。就在此时，却见前方灯光闪烁，夏侯惇、许褚相视一笑，道，化缘去。未曾想，一个近身靠近，竟误入了守关的张卫营寨。巧的是，“五斗米道”本就有鬼神之说，寨里的那些会员们，见门口站着一个独眼龙(夏侯惇此前作战时被射瞎一目）和一个黑面魔煞，后面还飘忽着若干魅影，竟以为牛鬼蛇神现身，于是一片惊呼，纷纷弃营逃窜。至于张卫同志，早已失了先前的豪言壮语，连滚带爬，跑得比谁都快。就这般，曹军人马在囧途竟然捡到了宝，把汉中莫名其妙地给收复了。

曹操的囧事多了，老对手刘备自然也要掺和一番。当然，皇叔这个故事，也很有名，发生的时间点大致在东汉建安十三年。当时的情况是这样的，曹操率大军南下征讨荆州，荆州牧刘表眼睛一睁一闭，竟然撒手西去了。留下的刘琮这个宝贝儿子，本就是没多少主见的“富二代”，在娘舅蔡瑁等人忽悠下，竟将荆州双手奉上。大敌当前，更换根据地看来在所难免了，可刘备有个习惯，就是喜欢热闹。单枪匹马跑路这多落寞啊，人多这才热闹，于是马蹄一转，竟跑到新野城下一喊：曹操可是大魔头，（曹操曾在徐州屠过城）城里的同志怕了有木有……

城里的百姓们一看这架势，心思皇叔是个实诚人，自然深信不疑，于是相约拖家带口地跟了出来。**一大帮人扛着若干大箱家用，慢悠悠地随着大部队南行，途中难免有年老的喝杯水，年少的喝口奶，貌美的补个妆，总都得坐下来耽搁一下。可逃难毕竟不是春游，这般磨蹭迟早要出问题的，特别是在曹操王牌部队虎豹骑面前。**刘备瞧着形势不对，一把拉过老婆孩子，呜咽地一顿交代：“夫人们放心，曹操要寻的人是我，只要我还在逃，这个老贼就不敢把你们如何。这样吧，你们好好打扮一下，混入逃难的人群里，也许终能幸免的。”夫人们还在泪眼婆娑地酝酿情感，可一抬头，皇叔早已在硝烟中消失的无影无踪了。

相比刘备的狼狈，皇叔的二弟关羽的“人在囧途”，却要风光许多。故事的前因后果大致是这样的：关羽、刘备下邳失散，关羽陷身曹营，刘备转投袁绍。在曹营混得风生水起的关羽，得知兄长下落，竟也放下富贵，单人匹马保护二位兄嫂千里寻兄。可一路上，关羽的青龙偃月刀一直不见消停过：东岭关斩孔秀，洛阳城诛韩福、孟坦，汜水关除卞喜，荥阳时杀王植，黄河渡口灭秦琪。当然，这就是后来脍炙人口的“过五关斩六将”了。

尽管杀人杀的热闹，可我们如若翻开中国地图，却会惊奇地发现，关二爷的旅行路线——“许昌、东岭关、洛阳城、汜水关、荥阳”，这其实并非一条直线，甚至可说折了好大的一个圈。换现在话讲，就是从北京到天津出差，途中竟偏要到厦门中转是一个道理的。（其实这在当今也好理解，某些地方官员们，不是就费尽心思沾点公费考察的光，譬如打着看望非洲阶级兄弟的旗号，却跑到欧洲豪华十日游）

不过，关二爷不是出差，是跑路，公费考察的心思肯定是没有的。我们不妨还原一番当时的情景，关羽同志匆忙作别了曹操，竟落下了随身多年的中国地图。当时偏又没有GPS导航系统，出了许昌，关羽竟不知何处起脚，于是寻条西北方向的便道，一路前行（袁绍的基地在许昌的东北方向）。如此行了数百里，遇见已近废墟的洛阳，关羽猛然醒悟，莫非自己走错了方向，于是倒转马头，改行向东，一路经过汜水关、荥阳，费了一番周折，终于到达东郡渡河口。

尽管走了不少弯路，可带着两位嫂子，一路“游山玩水”抒发个人情怀，顺便杀几个人添点关注度，关羽乌龙版的“人在囧途”不仅赏了风光，也讨了风光。行文最末，我们倒可以搬出《三国志》，为关羽此行加条旁白：“羽尽封其所赐，拜书告辞，而奔先主于袁军。”至于所谓的过关斩将，史料里其实是不见记载的。如此想来，无非是罗贯中同志为了活跃气氛，增加个人新书《三国演义》的卖点，凭空涂鸦罢了。想来如果条件允许，安排关二爷到鼓浪屿住上一宿，恐怕也未尝不可。

第 5 章

让你OUT了的牛掰小伙伴

皇叔的偶像

在历史上，刘备、曹操有个酒局是很出名的。青梅、桃花、半面琴弦，清茶、小酒、三两蛙声，这的确是个聊天的好去处。不过，这场青梅煮酒论英雄，尽管谈得是热闹，但似乎并未有结果。袁绍、刘表虽说养马带甲，但终究是酒囊饭袋，自然算不上英雄的，天下英雄经过如此筛选，竟“只有使君和操耳（曹操语）”。曹操是否真是如此料定，我们不得而知。不过，至少刘备不是这样认为，淫人妻子的乱贼曹操决计不是，至于身无定所的自己，恐怕也是难负其名的。

那么，刘备心目中的头号英雄是谁呢？这个问题在不久之后的荆州另一场酒局上寻到了答案。原来，官渡之战后，曹操兼并了袁绍势力，（此时曹操、刘备已经闹翻）居无定所的刘备只好继续举家南迁，投靠刘表处。刘表这人虽是公务员出身，但也算是个文人。文人有个通病，就是喜欢对时下人文风物品头论足一番。于是，每逢闲下功夫，就会请一干朋友到自己的私人会所弹弹琴喝喝酒，当然，刘备也会位列其中。有次，刘表闲暇无事，颇感寂寞，于是邀上刘备、许汜共论天下之士。聊着聊着，刘表忽然又落寞了（文人都这样），神伤道：“诸位言语之间，似乎乱世之中并无半个英雄。如今奸人当道，英雄无处，大汉光复要待何时啊？”

就此情形，刘备沉吟半响，说道：“其实，备心中确有一英雄人选。”“贤弟所指何人？”刘表落寞的眼神忽然来了精神。可是刘备也不答话，眼睛直盯着自己，似乎若有所指。刘表暗自得意，心道，刘备啊，这个马屁就不要拍啦。刘表正要推辞客气一番，只听刘备说道，“兄台听过陈登陈元龙否？”原来是陈登，刘表发现刘备意指非己，心里又落寞了，于是干笑道：“贤弟真是好人啊，别人在背地总是说人闲话，可你总是说人好话。只是陈登如若贤弟所言，可为何如今依然籍籍无名呢？”

见领导表了态，一旁的许汜附和道：“陈登嘛，也就一江湖术士，学艺不精，倒还骄狂得很啊。”陈登一向是大隐隐于市的低调之人，怎会骄纵狂妄呢？刘备暗忖，于是问许汜道：“许兄您认为陈登骄狂，可有依据呢？”许汜漱了一下腔调，正色道：“我过去因世道动荡路过他处，拜会过陈登。可他毫无客主之礼，一直不见搭理，自己上大床高卧，却让我在下床干坐。”（汉末男男相宿成风，甚至成了风雅）

“原来如此，许兄小气了，人家不陪你睡觉是有道理的。现在天下大乱，帝王流离失所。陈登自然希望兄台能忧国忘家，匡扶汉室。可是您却向陈登提出一道睡觉这般附庸文雅的要求，这当然是陈登所讨厌的。假如当时是我，我肯定会上百尺高楼上去高卧，而让你们睡在地下，哪里只有区区上下床的区别呢？”刘备顿了一下，接着说道，**依许兄这般，床笫之欢论英雄，实在可笑。像陈登这样文武足备的超世俊杰，只能在古代寻求。当今芸芸众生，恐怕很难有人及其项背了。**（“若元龙文武胆志，当求之于古耳，造次难得比也”）如此一席说辞，直呛得许汜面红耳赤，倒是一旁的刘表听了，放声大笑。

那么，究竟陈登何德何能，竟让人杰刘皇叔如此高看呢？我们不妨从《先贤行状》记载的两件小事谈起。第一件小事和“万人敌”吕布有关。当年，吕布占领徐州时，陈登的组织关系尚在此地。鼠目寸光的吕布不成气候，聪明的陈登当然看在眼里，于是背地里给曹操发了一条短信:“布勇而无计，轻于去就，宜早图之（《三国志》)。”弃暗投明的明白人，曹操自然欢迎，即刻回复道:“潜伏军中，听候差遣。”(“登输心魏祖，亲为反间。”《资治通鉴》)

自古以来，卧底都是提着脑袋的差事，下场终不会太好，尤其在三国第一猛男吕布身边，风险系数恐怕是极高的。不过，这对于大心脏的陈登来说，似乎一切都不是问题。不久，陈登的“业务”来了。原来，淮南称帝后，袁术一直觉得孤单，总想找个伙伴唠嗑一下，于是吕布上了考察名单。当朝“皇帝”抛出橄榄枝，吕布自然受宠若惊，正待答应之时，陈登不失时宜地跳了出来，陈述利害关系。吕布这人有个毛病，就是耳根子软。陈登堆出笑容的几个忽悠，吕布主意早已转了大半，况且袁术的“皇帝证书”，并没有得到官方认证，这也是事实。由此，吕布顺势改变主意，谢绝了袁术的好意。

陈　登

陈登，少时即有扶世济民之志，为人低调冷静，博览群书，涉猎的主要刊物有《战时经济导报》《乱世新闻快报》等。在担任徐州农业局局长一职时，陈登带头亲自到田间考察，并开设专项科研基金，培育出优等水稻，有效解决徐州百姓的温饱问题，堪称三国版的“杂交水稻之父”。另，此人患有家族遗传病，虽经主任医师华佗亲自问诊，但并未根除，后于壮年病发身亡。

打消了袁、吕二人抱团取暖的愿景，接下来各个击破自然是曹操分内的事了。吕布伏亡后，陈登因功勋卓越晋封为伏波将军，兼广陵太守。广陵这个城市虽说不大，却是长江北岸的军事重镇，自然引来了江东孙策的非分之想。刚驱一狼，又来一虎，不过，对于见惯大场面的陈登来说，这仅仅又是一桩小事罢了。和陈登打照面的不是别人，正是日后虎踞江东的孙权。作为孙策的先头部队，大军围至城下，却见城楼上旗偃鼓息，一副凋零模样。（“闭门自守，示弱不与战，将士衔声，寂若无人。”《先贤行状》）费了一番舟车劳顿，未想眼前只是残破空城，江东兵士们相视一笑，卸甲稍息。也是，入城只是迟早的事，何必猴急。不过，在人生的战场上，浪费时间无疑是自杀。年轻的孙权不懂，但老辣的陈登一定懂得。

陈登悄上城楼，见时机成熟，急令士兵突击。强兵有如天降，孙权所部猝不及防，顿时溃不成军，死伤无数。（“纵兵乘之，贼遂大破，皆弃船迸走。”《先贤行状》）孙权这人有个习惯，就是记忆力特别好，如此奇耻大辱，自然刻骨铭心。不久，立志报仇的孙权企图卷土重来，厚着脸皮向老哥孙策要了数万精兵，再次兵临城下。得到情报的陈登，并不慌乱，一面轻描淡写地给曹操发去“短信”，请求救援；一面暗中命人在救兵来援的必经之地聚积柴草，隔十步一堆，纵横成行，布列整齐，逢孙权军至，即可点燃。

说来也巧，孙权本想掩着黑夜，暗袭广陵，可行军半道，却见光照远近。见此情形，孙权急哭了，不是偃旗息鼓吗，不是城门紧闭吗，怎么跟上次不一样啊？正焦虑间，城上鼓擂，火光冲天，杀声一片。没有思想准备的江东兵士，以为曹操援军以至，拔腿便跑。当然，其中跑的最快的，依旧是孙权。（“令夜俱起火，火然其聚。城上称庆，若大军到。贼望火惊溃，登勒兵追奔，斩首万级”。《先贤行状》）

无间万人敌，巧据江东虎，轻描淡写之间，樯橹灰飞烟灭。陈登的作为令刘备自然钦佩不已。除却了钦慕，好学的刘皇叔倒也从陈登那里偷师学的一招半式。《先贤行状》是如下记载的：“登在广陵，明审赏罚，威信宣布。广陵吏民佩其恩德，共拔郡随登，老弱襁负而追之。”讲的就是陈登因为工作调动，轮岗至其他地区，临行时一番离职演讲，竟将城中百姓感动得一塌糊涂，非要不离不弃，追随到底。**当然，这张“人情牌”，刘备在荆州逃难的时候，也曾煽情地山寨了一把，搞个大型“渡江秀”。可惜未曾学全，反倒被打成一张臭牌，不仅百姓被一番折腾，还在长坂坡落个抛妻弃子，狼狈可见。**

魔头的克星

董卓是个杀人魔王，这应该是没有异议的。史料中有关董卓反人类暴行的记载数不胜数，《三国志》的作者陈寿就曾有这样评价："董卓狼戾贼忍，暴虐不仁，自书契已来，殆未之有也。"就是这样一个杀人如麻的魔王，一生却也有惧怕之人，此人的名字叫孙坚。

要对付一个十恶不赦的暴徒，念一篇肺腑的报告或唱两句动情的红歌恐怕是没有用的，最好的方法也许只有一个，就是"以暴制暴"。对于这点，十七岁的孙坚就做到了，而且还做得很好。《三国志》记载，**在十七岁那年的一个雨季，孙坚陪着老父亲乘船去钱塘"重走青春路"，可就在途中，美好的雅致却被一帮悍匪给打乱了。**

原来，悍匪胡玉等人抢掠了商人财物，正在岸上分赃，商家旅人过往船只，竟也不敢向前行驶。恰巧顺流放舟的孙坚，在此人群中多看了一眼，居然瞧了个正着。如此无法无天，众人竟坐视不理，孙坚血脉贲张，怒上心头，不顾父亲拉扯阻挡，提刀大步奔向岸边。胡玉等人平时蛮横惯了，见一人提刀走来，只当是城管，自然不放心上，谁知手起刀落，已是人头落地。见带头大哥如此不堪一击，众匪惊慌失措，扔掉财货，作鸟兽散。

事情至此，本已平息，可孙坚怎肯罢休，一路千里追凶，直把这群逃窜之徒杀个干净。可见，孙坚对付坏人，是丝毫不会手软的。

一战成名的孙坚，不久就和董卓有了交集。当时，黄巾起义正在热闹，大汉政权已是奄奄一息，远在西凉的军阀头子边章、韩遂见此情形，躁动的心愈发热烈起来。西凉本是董卓地盘，床蹋之上岂容别人酣卧，以他脾气，估计又要掀起一场腥风血雨。可奇怪的是，董卓竟然按兵不动，任凭韩遂等人在居民生活区胡作非为烧杀抢掠。

原来，老谋深算的董卓心里自有算盘，籍以西凉之乱，伸手向朝廷索要军费。汉灵帝虽然昏聩，但还不傻，董卓的伎俩怎能得逞，于是一纸诏书，以“维稳”不得力为名，令司空张温代理车骑将军，将董卓的指挥权生生拿下，并指派作战生猛的孙坚作为张温的副手，一同前往西凉参与平乱。

军费未见，还无端空降一位顶头上司，董卓终于沉不住气了。军政见面会上，董卓姗姗来迟，也不拜见座上领导，寻张椅子，只管自己大口吃肉。张温见了，心中自然恼火，于是指责几句。谁知董卓丝毫不知收敛，反倒冷笑两声，扬长而去。经此尴尬，一旁的孙坚终于沉不住气了，说道，“此人对外征战不利，对内目无法纪，此时不除，更待何时。”(“今明公垂意于卓，不即加诛，亏损威刑。于是在矣。”《三国志》) 见张温沉默不语，孙坚接着说道，“如将军觉得不便，小人愿效犬马之劳，侍夜击杀之。”半晌，张温终于开口了，“恩，文台啊，这事我看还是再研究研究吧。”当然，在中国的官场，“研究研究”其实也就意味着不了了之。

不久，仁慈的张温报应来了。董卓借着“十常侍之乱”，人模狗样地当上了相国。董卓坐上相位的第一件事就是翻旧账（当年策划诛杀行动的事情自然也被抖了出来），于是张温、孙坚的名字被拉进了黑名单。迂腐老古董张温当然不足为惧，董卓略施小计，编排了一个谋反的罪名（和袁术通奸叛国），让他送上了西天。可领兵在外的孙坚，董卓却着实有点头疼。

董卓头疼的原因有二：一是孙坚是个有本事的愤青，有本事的人往往不按常理出牌；二是孙坚居然已和袁绍等人联手组织义军，企图和“中央”政权分庭抗礼。其实，没有精心训练的关东联军，对于手握西凉铁甲重兵的董卓而言，无非只是乌合之众。但对孙坚的骁勇善战，董卓在西凉战场早已亲见一番，这位气场强大的对手，如若同袁绍联军发生化学效应，后果想必严重。（“关东军败数矣，皆畏孤，无能为也。惟孙坚小戆，颇能用人，当语诸将，使知忌之。”《三国志》）

寻思至此，董卓愈发焦虑。一筹莫展之时，旁边的李傕献计道：“相国，您畏惧之人无非孙坚，我们有小皇帝在手，大可不必怕他。况且孙坚乃草莽之徒，我们不妨效仿当年策反吕布之举，以利诱之，难道他还不乖乖就范？”董卓一听，倒也乐了，大笑道：“李傕啊李傕，瞧你平时不通文墨，倒也有机灵的时候。天下哪有不吃荤的猫？好，好，就按既定方针办！”

于是一个夜黑风高的夜晚，李傕怀揣着董卓开出的空白支票，悄悄地潜入了孙坚的军营。虽然双边战事一触即发，但李傕也是朝廷中人，孙坚也就没太多为难，只是淡淡问道，来者何事。李傕满脸堆笑道：“这是支票，相国的意思，您的。”见孙坚面无表情，李傕接着说道：“听闻将军家公子一表人才，恰相国千金也已成人，不如结为儿女亲家？董相国还说，孙将军的家人就是他的家人，大人您不妨把远近兄弟名单一并列出，将来好一一封官。”（“卓惮坚猛壮，乃遣将军李傕等来求和亲，令坚列疏子弟任刺史、郡守者，许表用之。”《吴录》）孙坚冷笑道：“董卓逆天无道，颠覆我大汉，我恨不能诛杀其三族。你再多语，可要问问我腰间宝刀愿意否？”李傕见状，知孙坚已起杀心，赶忙一鞠躬仓皇爬出帐外，悻悻落荒而逃。

见孙坚毫无相好之心，反要屠己三族，董卓一时心烦意乱，只好派吕布、华雄等人前去抵挡一番。可在风头正劲的孙坚面前，一心忙着裤裆里那些事的干儿子吕布，自然是无心恋战，胡乱摆了两把花架子，即刻溃不成军，军中猛将华雄同志还因此丢了“卿卿”性命。（正史里华雄为孙坚部队所斩）眼见战况愈发不力，董卓更是坐立不安彻夜难眠，每想起倘若京城失陷，自己的头恐怕难安在这身肥硕躯体之上，总会惊出一身冷汗。为避孙坚锋芒，神经衰弱的董卓想出了一个“伟大”的馊主意：先是把洛阳洗劫一空，然后带着百姓迁都长安，最后再造个眉坞把自己裹得严严实实。

毁洛阳、迁长安、造眉坞，董卓费尽心机，狡兔三窟，竟为躲避孙坚。如此看来，能令不可一世的乱世大魔头慑如惊弓之鸟者，纵观三国时代，恐仅有江东之虎孙坚矣。

外星人小伙伴们

诸君看到行文标题，恐怕大多心头一紧，寻思这大概是天方夜谭吧？其实，但凡一个王朝出现，开国之君的头顶难免得套上光环，譬如江湖混混刘邦同志，屁股一旦沾了龙椅，就非得倒腾点魔幻色彩，要求官方媒体联袂将其塑造成一个大无畏的神龙之子形象。（相传刘邦老妈某日上山砍柴，竟梦见神龙附身，后诞下刘邦）当然，我们了解了古代文人的叙事手法，对于以下发生在晋王朝实际缔造者司马懿身上诸多离奇的新闻报道，也就不足为奇了。

关于司马懿的外星小伙伴们的第一次出场，大概是在五丈原。当然，这也是诸葛、司马两位老对手人生中的最后一次对峙。《晋书》上是这样记载的："会有长星坠亮之垒，帝（司马懿）知其必败。"所谓长星，描绘倒也形象，大抵指的是拖着光尾的不明飞行物，也就是我们现在说的飞碟。**我们不妨设想当时情景，端坐军中帐的孔明先生，左边一把诸葛弩，右边点盏孔明灯，抿了一口茶，羽扇一挥，对着外星刺客清言道，远道而来的朋友们，出招吧。**

对于此番激战，《晋阳秋》里描写的也许更为详细："有星赤而芒角，自东北西南流，投于亮营，三投再还，往大还小。俄而亮卒。”可见，双方激战了至少三个回合，互有搏力，战况可是惨烈。可是诸葛亮毕竟年届甚高，少了年轻时呼风唤雨的功力（出道时还玩过借东风这般逆天的招式），终于体力不支，倒在了工作多年的案桌前。

有意思的是，司马懿同志也许平日被诸葛亮压制着太多，对于星际友人的能耐，竟不十分相信。他虽打量出了蜀军星夜撤军的端倪，却偏执地认为是孔明的伏兵之计，反失了掩杀敌军的最佳时期。正因如此，民间好事的江湖艺人们，借以笑着编排了一出“死诸葛吓走生仲达”的黑色喜剧。

当然，司马懿向太空请外援，绝不止五丈原一个孤案。到了曹魏政权后期，也发生了一件类似事情。当时事件背景大致是这样的，辽东叛乱，司马懿奉命远征。经常出差的朋友应该都深有体会，坐长途客车绝非一件惬意的事情，更何况当时的交通工具十分粗糙。因此，当司马大军杀到叛城之时，士兵们的精神状态业已相当疲惫。当然，以逸待劳的叛军领导们，看得倒是十分开怀，一边下令部下坚守不出，一边搬来躺椅喝着咖啡发发微博看魏军的笑话。于是，司马懿火了。

司马懿很生气，后果很严重，因为，他又搬来了外星小伙伴。同样是《晋书》记载的：“时有长星，色白，有芒鬣，自襄平城西南流于东北，坠于梁水。”对于突如其来的天外来客，辽东的那帮领导们自然没有见识，尽数慌了阵脚。司马懿一声令下，起土山挖地道，楯橹钩橦，发矢石雨下，昼夜攻之，不日，城破。（“帝纵兵击败之，斩于梁水之上星坠之所”）看着阶下那些曾经怠慢自己的辽东军民，小心眼的司马懿可没有太多工夫打亲民牌，长袖一甩，丢出军令：“男子年十五已上七千余人皆杀之（《晋书》）。”

更有趣的是，这本神奇的《晋书》，不仅记载了飞碟奇袭事件，就连外星人的真身，竟也有翔实记述。原文照搬如下：“孙休永安二年（此时司马懿已归天八年），将守质子群聚嬉戏，有异小儿忽来言曰：三公锄，司马如（三国归晋的意思）。又曰：我非人，荧惑星也。言毕上升，仰视若曳一匹练，有顷没。”看得出来，文中来自荧惑星的异小儿定是外星人无疑，而且外星人的个头，大体不高（倒也符合现代人对外星人的想象），至于具体形状面相，《搜神记》里记述更为详细：“眼有光芒，爚爚外射。”

就在司马家的外星小伙伴现身后的四年，蜀亡；六年，魏废；二十一年，吴平。三国归晋的神奇预言，终究成真。只是，荧惑星究竟位于何处？已是无从考究（荧惑星，一说即现代的火星）。其为何屡次暗助司马家一统天下？也是无从知晓。二者之间，可有私下达成某种交易？后人亦无迹可寻。看来，外星人两千年前到访地球，确实留下了太多的谜团，只待后人揭晓。

牛掰的农村男教师

三国时代能人异士多如牛毛，可有一人不得不提，此人便是胡昭。胡昭的名头，倘若搁在今日，恐怕是无人知晓的（甚至不如潘凤、曹豹之流），可在当时，却是实实在在地占据了各大媒体人才榜的首页位置。

我们先翻开胡昭的个人档案，来寻个究竟："胡昭，字孔明，养志不仕。"（《三国志》）短短数字，信息量可是不小。至少，我们发现了一件极其有意思的事情，即胡昭的字，竟和千古一相诸葛孔明一般模样。也许因为名字的渊源，两人之间也有了奇妙的交集。同时，我们大致也了解了胡昭的生活状况："养志不仕。"

所谓的"养志不仕"，中国古代的知识分子但凡如此作为，大抵都是有小算盘的。譬如，唐朝有位叫卢藏用的进士，一门心思寻着入朝做官，可偏苦无门路，于是一个剑走偏锋，隐居在京城长安附近的终南山，竟借此得到很大的名声，终于如愿捧上了金饭碗，这就是终南捷径的由来。不过，胡昭同志却是实在的真性情。

为何如此料定呢？原来，胡昭隐居之所冀州，本是袁绍的地盘。袁绍这人，素有"四世三公之家，门生故吏满天下"的美名。有了漂亮的名头，自然得做些漂亮的事情，于是，袁绍琢磨着寻些知识分子往脸上贴金，胡昭自然是在名簿之中。降尊纡贵，登门拜访，袁绍的场面功夫，倒是做得十足。可偏偏胡昭不太懂得领情，几番客套寒暄，就是不肯腾出屁股，出山走上一趟。

碰了一鼻子灰，袁绍高傲的脸上挂不住了。“外宽内忌”是袁绍天生的性格硬伤，胡昭自是了然，于是寻了个托词，化了个“闲云野人”妆样，起身躲进了乡村深处，过起了梅妻鹤子的逍遥日子。胡昭循夜消失，袁绍倒也释然，寻访公知，原本只是做个样子，若是胡昭端坐屋内，僵持不就，自己面子自然难堪，可如今悄然不辞而别，自己却也留下了礼贤下士的美名。（“胡昭始避地冀州，辞袁绍之命，遁还乡里。”《三国志》）

胡　昭

胡昭，一生隐居不仕，将毕生心血投入到农村教育事业中，被广大师生誉为三国最美男教师。此外，胡昭在书法上的造诣颇为深厚，和三国时的另一书法家钟繇齐名，素有“钟氏小巧，胡氏豪放”之称，其笔迹为当时文艺青年争相模仿，流传程度不亚于当代风靡一时的“庞中华字帖”。另，直至胡昭八十九岁高龄，朝廷仍不忘邀其议政的念头。

有意思的是，遭到胡昭“放鸽子”的，绝不仅是袁绍，还有袁绍的老对手曹操。原来，曹操平乱了北方后，自然意气风华，拿着汉献帝的印章，摆了个谱，自命了丞相头衔。面子上做足了功夫，踌躇满志的曹操下一步自然要意指江南了。在这样的背景下，曹操发了求贤令。当然，求贤是个双向选择，绝不是“曹太公钓鱼，愿者上门”这么简单。遇见了含金量高的大鱼，曹操恐怕还得放下身段，屈尊作秀一番的。不用说，胡昭自然是上了曹操花名册的大鱼。

曹操给的场面文章，《三国志》是这样记载的：“太祖（曹操）为司空丞相，频加礼辟。”可这位孔明同志，不是游历于山水之间，就是放歌于乡野小道，对曹丞相版的“三顾茅庐”始终不见回应。不过，曹操招揽人才，绝不像袁绍那般做做样子，甚至下聘书的手段一向也是不按常理。这些名堂，胡昭早已听说。他担心如此频繁地放曹操鸽子，难免受到报复，于是，寻个良辰吉日，倒是自己上门拜访了曹府，来述个究竟。

《三国志》如是记载:“昭往应命，既至，自陈一介野生，无军国之用，归诚求去。”也就是说，胡昭自陈乃一村野民夫，早已习惯于躬耕樵读的田园生涯，至于行军作战之法，自然一窍不通，与其尸位素餐，占着公务员编制，不如把机会给那些上进的后生。曹操见胡昭态度坚决，话也在理，知是难以挽留，只得慨叹“人各有志，出处异趣”(《三国志》)，听任胡昭回归故里。

接连拒绝了袁绍、曹操这两位财大气粗的“老板”，看来，胡昭的隐名埋名绝非为了待价而沽。那么，隐居山林的胡昭，闲余时光又是如何打发的呢？《三国志》是这样记载的:“躬耕乐道，以经籍自娱。”也就是说，胡昭同志除了躬耕自乐、看看报纸文摘外，还会抽点时间，做个兼职教师。乡间的下里巴人们，但凡做完了农活的，总会挽起裤脚，席地而坐，感受一把文化熏陶的。

当然，金牌名师开馆讲学，即便是在山间僻壤，慕名而来的文艺青年也是络绎不绝。可未曾想，就在这山险绝壁之间，竟因此悄无声息地上演了一场惊心动魄的“大场面”。事件的缘由经过，大致是这样：原来，胡昭的仰慕者中，有位叫司马懿的青年，胡昭见他聪慧通达，胸有雄才大略，料定此人日后必能成就一番大业，倒是倾心相交。（“初，晋宣帝为布衣时，与昭有旧。”《高士传》）可在学馆附近，却有一个名叫周生的待业青年，闲暇无事，总会纠结一帮“二逼青年”，对登门的学子进行一番品头论足。文艺青年和“二逼青年”似乎天生就是“不同戴天”的仇人，周生的无聊行径，自然遭到出身名门的司马懿的白眼。

遭到文艺青年的白眼，这对于“二逼青年”来说，可是奇耻大辱。于是，周生打听了司马懿离开学馆的时日，纠集了一伙“志同道合”之士，

决定在其归途中进行截杀。胡昭惊闻此事，立即放下讲尺，前去追赶周生，经过一番跋山涉水，终于在一处山间小道截住了周生一行。《高士传》是这样记载的："昭闻而步陟险，止（周）生，生不肯，昭泣与结诚，生感其义，乃止。"也就是说，周生寻思着一位如此德高望重的文艺导师，居然放下身段，抛出两行眼泪，和自己进行一番煽情地互动告白，寻仇的念头自然打消了。

有意思的是，这位孔明先生怀着悲天悯人的心肠，给了司马懿一条生路，却在数十年后，断了另一位孔明先生事业上的活路。这真可谓天意弄人，两位从未谋面的孔明先生因此有了穿越时空的离奇交集。如此想来，胡昭同志不仅悄无声息地拒绝了袁绍、曹操登门的好意，更是在轻描淡写之间，埋下了三国归晋的伏笔。看来，若在三国时代评选最牛乡村男教师，恐怕非胡昭莫属了。

美女作家竟是结婚狂

三国是个极其有趣的时代，大汉数百年的才气好像约好了一般，偏要在此时一并张扬，于是曹植、嵇康、杨修、马谡、阮籍等人纷纷“鱼贯而出”，唯恐落于人后。有趣的是，诸多才情青年里，竟悄然混着一位女儿身，这位文艺女青年名叫蔡琰（传世名篇《胡笳十八拍》和《悲愤诗》的作者）。

翻开蔡琰同志的简历，我们会不禁惊叹她的渊博才情：精通天文数理，博于行文诗赋，兼长辩才音律。这位手持工科、文学、艺术等多个本博硕士学位的女作家，若是流经当代，传承了如今的习俗，定是位不谙情事的灭绝师太。庆幸的是，浸淫了书香的蔡琰，全然没有小家碧玉的矜持，而且，她还早恋了。

蔡琰倾心的才子，名叫卫仲道，这是听起来就像个文艺青年的名字，是当时大学里出色的士子。两位情窦初开的男女，情浓时难免无法自制，于是，窗台边、校园中、树荫下，甚至大桥下和沙滩上，都留下了两人嬉闹欢娱的身影。瓜熟蒂落之时，两人成婚了，那年，蔡琰芳龄大约十八。（当然，古时候说女孩在这个年纪早恋也是牵强了）蔡琰是如愿嫁了，卫仲道如愿娶了，没有狗血爱情故事里双方父母的纠结、反对和决裂，一切都是那么风平浪静。可这本是桩男才女貌的婚姻，未料最后却俯首输给了宿命。来年的春暖花开之时，体弱的卫仲道竟因疲劳过度，咯血而死。原先盈盈相迎的婆婆，此时却换了张面皮，执意认定她克死了夫君，成天投以惨淡的眼色。心高气傲的蔡琰，哪里能受得了这种白眼，于是她不顾父亲的反对，愤然撕毁了婚约，回到家里做起了宅女。

就当蔡琰对爱情心灰意冷的时候，家里出了一件大事，她的老爹蔡邕，被人投进了监狱。我们先费点笔墨来介绍一下蔡邕。蔡邕这人，精通书法，深谙史略，应该算是汉末最出色的文人之一，不过，文人都有一个毛病，就是智商和政治情商往往不成比例。于是，蔡邕站错了政治队伍，投诚了董卓。董卓倒台后，司徒王允顺势把蔡邕打入了监狱，后竟给活生生地斩首了。家道中落，蔡琰的心思还未缓过来，却又恰逢京都暴乱。兵荒马乱之中，蔡琰迎来了自己人生的第二段婚姻。

没有一见倾心，没有鬓间厮磨，取代的却是兵戈铁马，因为蔡琰是被掳走的，做了压寨夫人，掳走她的，竟是远在荒漠的南匈奴人。在一个围着篝火敲打着星光的夜晚，蔡琰被架进匈奴左贤王的帐篷，却不曾想，这一进去，竟然就是十二年。这位虎背熊腰的汉子，可比文弱的卫仲道耐得起敲打，蔡琰也迎来了膝下的一双儿女。不过，**床上的激情终究只是一时的，文化层次的极大落差，让蔡琰心中难免失落。好在左贤王也不计较，我打我的马刀，你做你的文章，日子过得也是相安无事。**

正当蔡琰用了十二年时光去适应塞外飞沙的时候，曹操不合时宜地出现了。这时的曹操，早已不是当年那个逐狗斗鸡的阿瞒。人红的时候，总喜欢念旧，终于一个夜深人静的晚上，曹操忽然想起了授业恩师蔡邕，于是打听到了恩师孤女蔡琰的下落，差人送上了黄金千两，白璧一双，要求赎回蔡琰。面对魏王的强大政治压力，左贤王寝食难安，蔡琰见此情形，叹道：“天意如此，妾身恐还是汉家的人吧。”于是一段相对泣下的拜别，蔡琰放下了夫君儿女，收拾起行囊，回到了故乡。

如说蔡琰的第一段婚姻给了诗情画意，第二段婚姻给了大漠飞沙，那么如今身心疲惫的蔡琰，已经无暇恋爱。可曹操偏是一个好事的人，于是自作主张给蔡琰张罗起了第三段婚姻，一个指派，都尉董祀的府上，挂起了大红灯笼。新婚燕尔，本是风流快活的，可董祀的脸上却始终不见笑容。想来也是，一位风华正茂的男子，无从到处留香也罢，却还必须在家中对着已是残花败柳的二手女人，心中苦恼，只能闷头自吞了。蔡琰是个聪明人，夫君心思怎能不懂，可惜古代整容拉皮的功夫尚且没有，也就只能有心无力了。

蔡　邕

蔡邕，蔡文姬之父，汉末著名文学导师，热衷收集各宗古书、古玩以及连环画。另，此人涉猎广泛，在心理学、星座学、流行乐等方面也多有研究，其身影常见于《千家讲坛》《东汉好声音》等各类正式、非正式电视栏目。后，董卓因打黑运动倒台，蔡邕受其牵连，为司徒王允收监下狱杀之。

不和谐的性生活终会带来苦果，尚在年富力强之时的董祀，困于长期的性压抑，性格开始变得愈发哀怨，逢人便说自己拾了魏王的破鞋。不久，言论就传到曹操耳里。曹操大怒，好一个董祀，不领好意也罢，还把墨水往本王身上泼。于是一声令下，满腹唠叨的董祀被打入了死牢（古代是没有言论自由的）。难道这辈子就要纠结于结婚、离婚、再婚的魔咒中吗？倘若再来一段婚姻，对于蔡琰已是无力承担。于是，蔡琰下了一个决定，上访。

不过，面对喜怒无常的曹操，赤裸裸地据理力争也许并不是一个好的选择。于是，蔡琰决定打悲情牌。在一个风雪交加的黄昏，曹操宴请百官，蔡琰顺着道贺的人流，混入宴席。鼓乐响起之际，曹操忽见一女蓬首徒行，叩头请罪，心中纳闷，遂问来者何人。蔡琰音词清辩，酸哀道出自家身世，恳请曹操放夫君董祀一马。座上宾客，此前大多为蔡邕门生，见导师孤女境遇如此凄苦，皆为之改容落泪，原本欢乐的气氛，随着蔡琰的抽泣，变得凄凉起来。见宴会即将尴尬冷场，曹操干咳两声，笑着问道，董祀那般对你，你竟无怨无悔？蔡琰泣道，即便夫君将来是人是鬼，我都愿意陪他单脚跳过终点。

正是塞翁失马，焉知非福，蔡琰真诚地“作秀”，终于感动了曹操，也感动了董祀，于是这对老妻少夫，终于拾起久违的浪漫，溯洛水而上，缠绵于郁郁山麓，过上了连神仙都羡慕的逍遥生活。

霸气侧漏的“女汉子”

随着历史推演，人们形容女子，早已不再单纯只是丰乳肥臀、前凸后翘、唇红齿白的性感模样，于是，一个富有时代感的名词应景而生：女汉子。何谓“女汉子”，大抵和当代男人圈的妖娆“伪娘”是遥相呼应的。当然，我们不妨套用网络上流行的打油说辞，大概可以总结如下：化妆太荒唐，肌肉排成行，神经超大条，行李自己扛。可有意思的是，这些绽放在当代女人圈里的奇葩之花，其实早在三国时代就已盛开。譬如，祝融夫人就是其中一位。

这个祝融夫人，相传乃祝融氏之后世居南蛮。这个南蛮，大概就是现在的云南地区。提起云南，兴许一些文艺青年们，早已迫不及待地收拾行囊，打开忧郁的情怀，遐想着丽江那柔软的时光和传说中安谧如镜的香格里拉。不过，当时的云南，确是南蛮。至少，祝融夫人住的不是灯红酒软的客栈，而是洞穴。

当然，祝融夫人能荣登三国著名女汉子宝座，绝不仅仅只是因为住在洞里饮毛茹血，她还有一手好功夫，善使飞刀，而且百发百中（堪比传说中的小李飞刀）。如此推断，祝融夫人无疑是有着结实的手臂和发达的肱二头肌，也许，正是如此，这位极品女汉子，才能把一身胸毛满脸横肉的南蛮洞主孟获同志整得服服帖帖。不过，祝融夫人的能耐，不仅在于“内可上床治猛男”，还能“外可上马擒猛将”。于是，一场女汉子大战肌肉男的传说自然上演。

关于这场离奇的PK，《三国演义》的描述，那可是相当精彩：南蛮叛乱，蜀相孔明出兵降服，两军阵前对峙，蜀将张嶷横刀立马，只等敌将呼应。却见对方军中，翩翩策马一位女汉子，背插五口飞刀，手挺丈八长标。正当张嶷迟疑之际，祝融夫人亮出了看家本领，飞刀。有句流行歌词是如下唱的:“岁月如飞刀，它刀刀催人老。”不过，祝融夫人的飞刀，绝不是催人老，而是催人老命的。见飞刀迎面而来，张嶷自知回避不及，心中默念“男人，要对自己狠一点”，然后一咬牙，急挥左臂一挡，接着一声惨叫，顺势翻身落马。

面对着倒地“娇喘连连”的张嶷，祝融夫人全然没有“怜香惜玉”之情。也对，如果说男人要对自己狠一点，那么，女人就更要对男人狠一点。于是，女汉子霸气地挥了挥手，一干状如歪瓜的左右，一哄而上，一个五花大绑，将张嶷生生拖入洞中。当然，也是张嶷幸运，经过老道的孔明一番斡旋，双方终于和解，签下了停战备忘录，最终逃过了被烧烤的命运。不知是否因洞中湿气过重，且落马惊吓，经此耻辱一役，张嶷的晚年竟落下了顽疾。（“嶷风湿固疾，至都浸笃，扶杖然后能起。”《益部耆旧传》）

三国时代的女汉子，绝不只祝融夫人一人，还有孙尚香。对于这位孙家小妹，《三国志》的评价倒是给力:“才捷刚猛，有诸兄之风。”孙尚香的兄长是谁，可是被曹操誉为“猘儿，谓难与争锋”的江东小霸王孙策。如此看来，孙尚香无疑是女汉子一枚。当然，为了不负女汉子的头衔，孙尚香自然放下了小家碧玉的雅致，在家中摆置了诸多兵器。她的贴身侍婢们，也都收起红装，个个腰佩短刀。

有意思的是，这位霸气外露的女汉子，人生姻缘却不是给了气拔山河的型男猛汉，而是成全了成天“梨花带雨”的刘皇叔。身属非意中人，孙尚香自然心有不甘。恰巧刘备偏偏又是天生一副大耳朵（人称大耳儿），料想孙家小妹稍有不顺心，便一把拎过大耳朵，罚跪搓衣板定是常事。也许是“耳提面命”久了，刘备心里倒是落下阴影，于是就有了《三国志》记载的：“先主每入，心常凛凛。”

告别了刁蛮的孙夫人，接下来登场的这位女汉子，尽管名气不大，但在史书上却多有记载，此人名叫王异。根据《三国志》记载，王异为天水人赵昂之妻。不过，和祝融、香香二位夫人酣畅淋漓的霸气人生轨迹不同，这位人妻的女汉子之路，走的却是颇为励志艰辛。原来，王异的夫君，是一位叫做赵昂的小官员，可此君虽在边陲之地，倒有着忧国忧民的气度，于是给领导递了一份申请，外调他地做了地方专员，而王异和她的子女们，却留守在原户籍所在地天水郡西城。

两地分居，对于心猿意马的夫妻，花边新闻肯定是少不了的，可在情和美满的赵昂、王异夫妇看来，却不是问题，鸿信之间，更添了情意绵绵。可就在此时，同郡有个叫梁双的官员，因不受朝廷重用，一时愤起，竟率兵攻破西城，王异的两名儿子，不幸倒在了刀戮之下。见爱子被杀，王异自然万念俱灰，又寻思梁双本是负恩之徒，倘若落于他手，清白恐怕难保。于是，转到厨房拿了菜刀，准备自刎，可就在举刀之时，忽觉衣角一紧，王异低头一看，却见蹒跚的小女儿，正泪眼婆娑地望着自己。见此情景，王异悲从中来，摸着女儿的小脸蛋叹道：“我若死去，你便遭遗弃，到时又可以投靠谁呢？”

可是，一对“孤女寡母”要如何逃出梁双这个臭男人的魔爪呢？于是，这位悲惨人妻开始了女汉子之路。女汉子的第一准则是什么，就是化妆太荒唐。王异心里自我暗示道：“我闻说，即便西施，若穿了不洁的衣服，人人也会掩鼻远离。何况我没有西施般漂亮？”于是，她开始了离奇的整容之旅：每天起床，必要敷上一片由臭沟水特制的面膜，然后披上一件经牛粪、马尿特别浸制的麻衣，至于三餐，更仅食少量流质的汤物，日子长了，自然熬成了一副蓬垢瘦弱的“理想”模样。这样形如枯木、浑身散发着恶臭的女子，梁双自然是不会流连。这样的日子，竟过了一年。后来，在赵昂的不懈调解下，梁双和州郡官员和解，双方终于达成了谅解备忘录，觥筹交错之后，又成了“欢快”的一家人。

女汉子

在英文系和化学系高材生眼里，女汉子可以用以来公式进行解读：Female（女人）=Fe（铁）+ male（汉子）。此外，历代通俗杂志里记载的女汉子有花木兰、孙二娘、小燕子、容嬷嬷、白骨精等。

如此一来，王异的身份，自然从军中俘虏，摇身成了领导夫人（享有公车待遇）。为了早日见到阔别已久的爱妻幼女，赵昂自然派了专职司机快马相迎。可是，就当车队将至官舍之时，王异喊下司机，说道，我夫妻二人，历经世道磨难，如今相逢，恍如隔世，容我拿出脂粉，一补妆容。说罢，王异拉过女儿的手，柔声道，乖，你先跟着叔叔，进屋拜见爹地，妈咪等会就来。

支开了司机、女儿，王异打开手包，拿出一个小瓶。当然，瓶里装的不是啫喱水、隔离液什么的（女汉子化妆就逊掉了），而是农药。看着车窗外渐行渐远的女儿，王异一声长叹，自语道，女儿啊，娘亲遇难不能死节，全因顾念你啊，如今你将回到父亲身边，我也了无牵挂了。说罢，农药水引颈落肚。

也许，王异是命不该绝的。赵昂同志思妻心切，早已立于门前等候，却只遥见司机拉着女儿姗姗走来。未见爱妻，赵昂心道不妙，赶忙奔向车内看个究竟，于是，一通解毒药汤自然灌进了王异口中。待王异苏醒，赵昂拉着爱妻的手，说道:“孩子她妈啊，你若不离不弃，我便生死相依。”

有趣的是，女汉子这条路，一旦走下去，似乎就无法回头了。原来，王异忍辱守节之事，经过媒体的渲染，上了各大“官方网站”的头条。“巾帼纯爷们、军中女汉子”等一系列光环自然套在了王异头上，夫君赵昂似乎也沾了光，被朝廷委任了军事要职，赴冀城就任。当然，为避免重蹈两地分居之苦，此次王异倒是随夫徙居。

新晋的领导夫人是条女汉子，兵士们自然要一睹芳容的。既然是女汉子了，金银首饰等细软之物恐怕没了必要，于是王异一盘点，竟将随身珠宝悉数给了夹道的战士。（“悉脱所佩环、黼黻以赏战士。”《三国志》）刚才说了，冀城是个军事重镇，赵昂、王异夫妻的温存日子没过多久，西凉马超终究提兵来犯了。

马超是谁？那可是令大老板曹操都极其头疼的人物。（曹操曾切齿道：“马儿不死，吾无葬地也”）赵昂又如何对付得了。王异看了一眼一筹莫展的夫君，转身喊来副将，要了铠甲，全副武装之后，提把七尺长剑，径直上了城墙。（“会马超攻冀，异躬着布韝，佐昂守备。”《三国志》）见一介女流，竟悍然化身肌肉女亲临弹雨，守城兵士自然备受鼓舞，手拉手齐声高呼“跟着女汉子，天天有肉吃”。在这群情激昂、同仇敌忾的气氛渲染下，马超凶悍的进攻竟给生生地挡下了。（后来，赵昂的直接领导刺史韦康，不愿看到民伤劳顿，打开了城门，同马超议和，当然，这是后话）

“穿得了脏衣，喝得下农药，镇得住男人，扛得起兵器”，女汉子王异的“爷们”事迹，自然在后世的文人圈交口传说。甚至，连一向以莺歌燕舞见长的清代金牌言情作家、畅销图书《肉蒲团》作者李渔先生，也曾这般感叹道:“真丈夫，真烈汉，照映千古!”

面子最大的家庭煮妇

中国人素来讲究面子。面子照顾好了，做事自然有了余地，倘若一个疏忽，驳了面子，芥蒂恐怕就此缠绕。譬如孔明先生本怀匡民济世之心，却非要摆个面子，躲在深山里清高一把，直到刘备这个贴牌皇叔放下了面子，三顾茅庐，方才欣然出山。当然，在三国时，面子绝不仅是用来升官发达的，有的时候，它还可以用来救命。有趣的是，用面子来救命的，还是一个女人。

我们要谈的这位有面子的女人，名叫王氏。中国古时，关于女性的记载往往有姓无名，王氏也不例外。虽然落笔的史家不给面子，但这并不打紧，因为她有个很大牌的叔父，名叫王允。司徒王允同志，因不满董卓朝堂上的胡作非为，摆了干爹的面子，和萝莉女儿貂蝉一合计，耍了一出连环杀，结果了董卓的老命。不过，这桩杀人生意披上了情色的外衣，行事的由头毕竟不太光彩，在后来，董卓的马仔郭汜、李傕寻了机会，在给领导的平反运动中，王允竟给倾巢一锅端了。

尽管郭汜、李傕等人的无情剑影就此铺开，但也有漏网之鱼，王氏兄妹就是其中的幸运儿。《三国志》是这样记载的："时年皆少，逾城得脱，亡命归乡里。”尽管侥幸逃脱了性命，但流落民间的王氏兄妹，日子过得并不风光，原先的“高富帅”，如今成了“屌丝”男。王氏的哥哥王凌，遭遇了多年的冷风冷雨，终于摆不正心态，当众闹事，被官府一把拿下查办，剃了胡子，成了一名戴罪的环卫工人。（“凌为长，遇事，髡刑五岁，当道扫除。”《三国志》）

人在倒霉的时候，幸运往往来的就会很快，王允遗落多年的面子终于让念旧的曹操捡了回来。当然，王允的面子自然顺势安在了王凌的脸上。原来，曹操某日到基层调研工作，瞧见马路边的这位清洁工，相貌堂堂，却没了胡须（古时男性剃胡须的性质，相当于如今劳改犯剃光头），一个心生好奇，便问随行秘书缘由。（“时太祖车过，问此何徒，左右以状对。”《三国志》）

秘书的回应，让曹操恍如隔世，当年剿除董卓，自己还是热血青年。往日画面历历在目，如今自己两鬓已有白霜。寻思至此，曹操不禁感叹道：“这个侄子，应该和叔父王允一样，是个当国家级干部的材料啊。”（“此子师兄子也，所坐亦公耳。”《三国志》）领导既然发话，录用手续自然简单得多，扫大街的“劳改犯”一夜之间转正成了捧着铁饭碗的政府公务员，王氏兄妹时来运转。有了曹操开的绿灯，王凌的仕途一路畅通，到了曹芳一世，竟已官居太尉（应验了曹操当年的政治预言，和当年叔父王允的官位已经平级了）。王氏自然也借着福荫，拾起白富美的衣装，寻了机缘，嫁给了当时的杰出青年郭淮，做起了专职“家庭煮妇”。如此一晃过了数十年，本也相安无事。

人没事的时候，就难免寂寞，一旦寂寞，总会寻些心思折腾，王氏的哥哥王凌，当年的那位愤青，终于又开始闹事了。原来，魏文、明帝二人命薄，到了曹芳一世，政权已落在司马家之手。偏偏王凌又是念旧之人，曹操当年的知遇之恩老搁在心头翻腾，于是，他和司马懿翻脸了。和司马懿演对手戏，王凌自然不够分量，戏未开演，就已败下阵来。打包着一起遭殃的，自然还有王凌的整个家族，当然，妹子王氏名列其中。

此时的郭淮，在幕后女人王氏的悉心“打理”下，经过了时光的洗礼，已经成长为一名德高望重的名将。可此时无端飞来的横祸，却让这位关中名将束手无策了。朝廷文书甚急，王氏克日当发赴洛阳行刑，关中各州府一干文武们，结伴敲开了郭淮的家门。看着落满了烟头的烟灰缸，手下们心中愤懑，纷纷表态了：“将军，郭夫人一向可是待我们不薄，如今却要移交朝廷行刑，您于心何忍啊。况您为朝廷立下了汗马功劳，可朝廷却视而不见，非要您妻离子散。将军啊，您将丹心向明月，无奈明月照沟渠，我们看，不如反了吧”。

郭　淮

郭淮，魏国名将，驻守边关期间，善于处理和当地少数族群的关系，经常到羌、胡人家中嘘寒问暖，因此被人亲切地成为“心灵导师”。此外，郭淮富有极高的军事素养，曾成功狙击西蜀诸葛亮、姜维师徒二人的多次侵犯。正是由于其军功卓越，以致蜀汉的忠实粉丝罗贯中不得不在《三国演义》中对他多次丑化，使其屡次败于诸葛亮之手，后为姜维一箭射杀。

郭淮虽是威震疆场的名将，可回归政坛，却是一位不折不扣的乖乖男，手下的好意，自然被回绝的干脆。即日，王氏赴刑，百姓夹道送别，一片哭声，竟蜿蜒了数里路。见夫人渐行渐远的背影终于消失于视野，郭淮心恸不已，数十年举案齐眉的生活画面，历历浮在眼前。一阵恍惚之后，余光一瞥，见一旁送别的儿子们竟相继哭着昏厥过去。此时此景，郭淮终究按捺不住伤悲，喊过左右，令其快马加鞭喝住行刑队伍。见领导发话了，文武官员们欣喜如狂，飞跑传命，就像救自家性命似的。

时隔半日，却似三秋，看着安然回巢的爱妻，郭淮泪满盈眶，一把上前抱住拥吻。两旁夹道欢迎的百姓们，手捧鲜花，欢呼雀跃，就如同过了一个盛大的“复活节”。可是，司马懿那边如何交代呢？郭淮心里没谱，于是，他忐忑地给老领导发了一条“微信”，内容大致是这样的：“王凌乱法，家妻本该连坐，可五个孩子哀痛欲绝，恋恋不舍，思念他们的母亲。如果他们的母亲死了，我就会失去五个孩子。五个孩子如果死了，也就不再有我郭淮了。”

这条情真意切的“微信”，戳中了一向心狠手辣的司马懿的泪点，因为，他想起自己一段往事。原来，当年正值年富力强的司马懿，曾经有过一场外遇，事发之后，发妻张春华女士不依不饶，非要司马懿跪着搓衣板认错。司马懿可是心高气傲之人，怎能对妇人低身下气，于是这事就一直耗着。可张春华也非等闲之辈，见司马懿没有低头的意思，竟然喊上司马师、司马昭几个儿子一起闹绝食。几个儿子这么一闹腾，司马懿自然乱了阵脚，也顾上不什么面子了，立马找了发妻，低头道:“春春，我错了。”(“诸子亦不食，帝惊而致谢，后乃止。”《晋书》)

正所谓父子连心，身为人父的司马懿自然深有体会，于是，红着眼圈借了魏帝的公章，特准赦免了郭淮妻子。就这般，这位本该到鬼门关报道的王氏，却阴差阳错地享受了上层朝廷的特事特办，以及基层百姓夹道欢迎的待遇，成全了古代许多“家庭煮妇”们一辈子也无法企及的大面子。

不败战神竟是“屌丝”男

三国群雄并起，相互PK，自然分外精彩，胜负也自然常有。曹操铁踏中原，风云十数年，意图洗马江东，居然在赤壁栽了大跟头。关羽睥睨天下，意气风发挥师北伐，最后兵败身陷麦城。诸葛亮蛰伏西川，枕戈待旦，未想才出祁山，就在街亭给劈头盖脸泼了一头冷水。如此想来，若要纵横三国时代，如果没打过几场败仗，几乎都不好意思出来见人。不过，其中也有例外，此人的名字叫做乐进。

我们先从《三国志》里看看乐进同志的骄人战绩:“征张绣于安众”,“围吕布于下邳”,“攻刘备于沛，破之”,“击袁绍于官渡”,“别击黄巾，破之”,“击袁谭于南皮，先登”……可以看出，乐进同志军旅生涯经历大小数十次战役，几乎毫无败绩，他的手下败将里不乏吕布、袁绍、刘备这样身经百战的高人气偶像。更惊艳的是，乐进不仅在战场上指挥若定，即便面对面赤裸裸地真刀真枪武力单挑，也丝毫不落下风，如“力战，斩绍将淳于琼”,“从击谭、尚于黎阳，斩其大将严敬”。值得一提的是，被乐进亲斩的刀下亡魂淳于琼同志，曾和曹操是朝中同僚，后与颜良、文丑等人并称河北名将。

正因乐进战功卓越，曹操在封功行赏的功劳簿上，给予了相当高的荣誉。《三国志》有这样的记述："太祖建兹武功，而时之良将，五子为先。"曹操当时授勋的五子良将，指的就是最号毅重的于禁，巧变为称的张颌，骁勇显名的乐进，果敢沉稳的张辽，以严谨著称的徐晃。从这份名单中，我们不难看出，乐进当时的军中排名，甚至还在张辽、徐晃之前。

可奇怪的是，挟如此厚厚一叠颇有分量的人生履历表的三国一流战将，个人名气却远在张辽等人之下，经过数代颠簸，轮转至今，竟早以沦为二三流战将，淡出人们视野。当然，对于乐进的悄然"沦落"，《三国演义》应该是脱不开干系的。在古代，舆论宣传产业远没有当今发达，作为当时为数不多的纸媒制品，《三国演义》自然要"接地气"，做到贴近群众深入群众，才能获得更多的销售量。

那么，我们来看下当时同乐进齐名的几位名将的人际关系图。

张辽：武圣关羽在魏营中的亲密战友，另曾在合肥以少胜多击溃东吴巨头孙权。

徐晃：同为关羽在魏营中的亲密战友，曾在荆州和其有过一段极其精彩的火拼。

张颌：曾和张飞在汉中荡石山"激情四射"大战五十天，并果断替司马懿背黑锅，成功成为诸葛亮北伐的牺牲品。

于禁：身背变节丑闻投靠关羽，并成就其威震中华的名声。

可以看出，关羽、孙权、诸葛亮等人均为三国时代的核心人物，本来就有极高的群众基础，与其有过纠结或交集的人物，自然是有卖点的，即便丑闻缠身的于禁，也可以作为一位反面争议人物进行发挥。反观乐进，行事中规中矩，虽有击退吕布、袁绍等人的成功案例，但终归是小规模的遭遇战，或仅是作为副将参战，光环自然逊色不少。除了先天经历没有太多炒作优势之外，还有重要的一点是，《三国演义》作者罗贯中还是一位不折不扣的相貌控。

为何说罗贯中是个相貌控呢？细心的同志不难发现，三国时代但凡相貌不堪者，一旦到了他的笔下，名声总不会太好。譬如身形短小的曹操，最后成了逆天窃国的厚黑级政治流氓，甚至连一向盛名在外的凤雏庞统，也因相貌不佳，最后命丧落凤坡之时，居然不愿惺惺同情一把，反要描写成因和诸葛亮抢入川头功，犯了冒进主义错误（诸葛亮是帅哥嘛）。与之相反，三国著名型男赵云同志，虽在正史中仅是刘备的贴身保镖，战功微薄，最后居然通过各宗文字炒作，凭空捏造了数十个的个人单挑案例，最后荣登蜀汉五虎将（根据相关史料记载，关羽为前将军，张飞为右将军，马超为左将军，黄忠为后将军，赵云不在其列）。

至于乐进的长相，我们不妨从《三国志》里来找找答案："容貌短小，从太祖，为帐下吏。" **"容貌短小"，可见乐进的相貌在当时不仅不算出众，甚至有点难堪，按现在的话形容，就是"矮锉丑"。而且乐进的出身也颇为卑微，"为帐下吏"，也就是不折不扣的基层"屌丝"男。如此一位集矮锉丑和"屌丝"气质为一身的人物，自然是不入罗贯中法眼的。**也许带有了主观情绪，乐进的功绩被抹杀殆尽，也就自然很好理解了。

譬如，对当年打得孙权丢盔弃甲的合肥之战，《三国志》是这样记载的："乐进与张辽、李典屯于合肥，以进数有功，分五百户。"可以看出，这个胜仗是乐进、张辽、李典三人合力的结果，可到了罗贯中手里，最后整理出来的新闻标题成了"张辽威震逍遥津"，不仅所有功劳一并归于张辽头上（也许因其是关羽密友，爱屋及乌吧），乐进还被无端安上怯战的名头（要知乐进可是以"胆烈"著称）。如此看来，身为古代舆论的喉舌，罗贯中同志居然选择性失明，这让我们的三国不败战神情何以堪。

脑残杀猪女的后宫风云

中国古语有云:“女子无才便是德。”可想，古代男人的自尊心，大抵是脆弱的，唯恐女人读了几篇诗文，懂了几桩道理，就把自己看低了。不过，倘若女人一味无才，也绝非一件好事，尤其在暗波云涌的深深后宫，胸大无脑，往往会招来祸端，轻者伤及自己卿卿性命，重者甚至家破人亡。譬如，汉末灵思皇后何莲女士就是其中一位。

根据《后汉书》记载，何莲原是屠家出身，自幼不曾读书，无才想必是符合的。不过，她的那位杀猪老爹何真，却不简单。当时的天子汉灵帝，是个好色之徒，频频下诏广纳天下美女。消息传到何真耳朵，心里自然一阵骚动。这位满手血腥的中年汉子，放下屠刀，进到里屋，仔细端详一把咬着手指的笨女儿，尽管蓬头垢面，可那般前凸后翘的身材，却岂是俗世尘灰可以掩盖的住？何真越瞧越是欢喜，似乎小康生活正向自己盈盈招手。

可是自己是屠户出身，家庭成分恐怕难称大雅，如何登堂入室，这是个问题？何真困扰之时，汉灵帝给他带来了灵感。原来，汉灵帝一直有个习惯，就是喜欢把官员编制做成一桩买卖，给多大钞票就能办多大的事。如此想来，用钱摆得平的事情那都不是事，何真老爹琢磨了一番，把心一横，塞给选美官员一把好处费，倒也免了其中遴选的周折。就这般，何莲糊里糊涂被“保送”进了宫。

正可谓各花入各眼，有了儿时手起刀落的耳濡目染，何莲身上竟也平添了一份野性。好色的汉灵帝，尽管阅女无数，可大多名门闺秀，终究一副弱不禁风娇滴模样，如今眼前不期而遇的女人，虽说少了端庄，但霸气外露的身段，却让这颗见惯大场面的小心脏迷鹿乱窜。意外得到了皇帝垂爱，何莲自然趁热打铁，不久小皇子刘辩争气地呱呱落地。有了子嗣，对于宫中女子，无疑等于有了一张保险的绿卡，此后，何莲的宫中地位一路高歌猛进，最后竟摇身成了皇后。家中杀猪的父兄，自然也就鸡犬升天，和如今的皇后一道“共同富裕”。

身居高位的何皇后，身份自是昔日屠家小女不可比拟，脾气渐长似乎也是自然。不过，对于这样一位没有头脑的女人，盛气凌人绝不可能是一件好事。不久，一桩自导自演的深宫血案，就险些要了这位“屌丝”皇后的性命。《后汉书》如实记录了这桩深宫血案：“（后）性强忌，后宫莫不震慑，时王美人妊娠，后遂鸩杀美人，帝大怒，欲废后，诸宦官固请得止。”

原来，登上了皇后宝座的何莲，竟萌生出一个离奇的想法，何不把身边的这个男人打造成“妻管严”？女人吃醋，本也正常，但要把身处万千温柔乡的皇帝锁紧，恐怕实属不易。何况，汉灵帝本就有颗“驿动的心”，何莲本又无才无德，除却床上娴熟地张开大腿，琴棋书画可是一样不会，如此能耐，又怎能拴住夫君的心思？见汉灵帝依然风骚地四处拈花惹草，何莲心中自然咬牙切齿，管不了老公的裤裆，也只好拿手无缚鸡的后宫女子出气了。可就在这个风口浪尖，刚进宫不久的王美人偏偏怀孕了，偏偏又让好妒的何莲知道了。

兴师问罪是自然的。面对当朝皇后，王美人自知腹中胎儿难保，于是讨了打胎药。不知是王美人于心不忍，药量不够，还是天意冥冥，命不该绝，腹中胎儿终是顽强地活了下来，因此还无端承受大汉数十年气数殆尽的屈辱（即后来的汉献帝刘协）。当然，这是后话。

当众被人戏耍，何皇后当然怒火中烧，于是唤上几个太监，斟上一杯毒酒，王美人竟给生生鸩杀。汉灵帝尽管荒唐，但还不傻，如此赤裸裸的谋杀怎能视而不见。加之，本就对粗俗的何莲心生厌倦，于是废后就被提上了议程。脑残的何莲，未曾想夫君竟然如此绝情，一时不知如何是好。所幸的是，何莲虽然宫中少有“女人缘”，倒是和几个太监打得火热。汉灵帝这人，耳根子软，特别身边那些太监们一个“深情款款”的忽悠，常常就令他失了主意。

自然，帮了何莲大忙的，肯定还是太监。一阵不阴不阳的耳边风，终于在汉灵帝身旁吹起：废后这可是不吉利的，坏了汉家风水，如今黄巾军那些暴徒们，正砸锅卖铁闹革命，倘有闪失，却也道不清楚。汉灵帝虽然荒唐，可也不敢拿祖上基业造次，于是废后之事也就消停了下来。

不过，**女人太监一台戏，迟早是要出问题的。搬来太监充当“救火队员”，何莲虽然保住了自己的荣华，却也为之后近百年的动乱早早地埋下了祸端。数年之后，声色犬马的汉灵帝带着残破不堪的江山，步履蹒跚地颠到老祖宗那里报到**。此时的汉家大将军何进，即何莲那位杀猪的老哥，手握重兵，于是朝中一个招呼，懵懂不清的小侄子刘辩顺势登上了帝位。可接下来，如何瓜分政治蛋糕却出现了问题，当然，困扰东汉百余年的外戚内宦纷争，再次拉开帷幕。

既然帷幕已经拉开，政治站队自然是不可避免的。可是，这位已是何太后的屠户女，终于还是逃脱不了脑残本色，令人意外地靠向了风情万种的阉党拍档们。帮外不帮亲，何进一看妹妹这架势不对，竟然自作主张，喊来了远在西凉的军阀头子董卓（看来，脑残是家族遗传病）。董卓这人，别看长得人模狗样，可一肚子都是坏水，慢悠悠地看了一场观虎斗的好戏，然后顺其自然地接管了“比赛”。当然，董卓铁骑进京，何莲女士和她的宝贝皇帝儿子没有得到善终，随着这场本不该出现的动乱，终是魂飞魄散。

如此看来，荒淫的汉灵帝，慢悠悠地将摇摇欲坠的东汉王朝推向了悬崖边缘，可相依出场的这位含着杀猪刀出生的女人，倒也畅快地一屁股将这个残喘的王朝踹入万劫不复的深渊。当然，这场汉末脑残女接棒无德男的接力赛，也为接下来的三国乱世大场面，落下了深刻的伏笔。

后宫醋女的“破鞋论”

女人大抵都是醋坛子做的。床榻之间，方才情意绵绵，倘若一言不欢，骤然变脸也是常事。偏偏男人大多是视觉动物，但凡有些本钱的，外头拈花惹草也是寻常事。男人若喝高了酒，要发酒疯的，女人吃多了醋，自然也要发醋颠的。只是古时女子，大多依着男人度日，诸如汉初吕后这般，生生把情敌大卸八块的，恐怕不多，更多的只是在房前屋后一声牢骚。可牢骚多了，难免男人就得心烦，譬如三国时代就有一位后宫佳丽，因为醋意联翩，最终被打入冷宫。此女名字，叫做虞氏。

对这位醋女，《三国志》是这般交代的:“初，明帝为王，始纳河内虞氏为妃。”也就是说，魏明帝曹睿还在做皇子的时候，就已经和虞氏上床了，既然上了床，就不好意思不领结婚证了。至于虞氏家世，史书虽无记载，但一定是“白富美”无疑的。可遗憾的是,“白富美”搭配“高富帅”，自古以来就绝非上佳组合，于是，到了曹睿同志登上了帝位，这对床头夫妻的矛盾，已是到了不可调和的地步。

原来，曹睿本是一位花心公子，起初头上还有一个乖张的老爹（曹丕）压着，行事还算不敢造次。如今顶上石头烟消云散了，在石榴裙下摩拳擦掌兴风作雨一番，自然是必须的。当然，做皇帝背后的女人，容得下寂寞也是应该的，可虞氏偏偏是个不甘寂寞的女人。更让她无法释怀的是，在诸多后宫佳丽中，曹睿最宠爱的，偏偏是一位叫毛姬的女子。

缘何虞氏对毛姬有如此偏见呢？原来，毛姬此女，虽是天生丽质，凹凸有致，却是民家出身（魏晋时期门第观念还是很强的）。她的父亲毛嘉，“本典虞车工”(《三国志》)，其工作性质，大抵相当于当代电视广告里常放的“厨师汽修挖掘机，山东某某技校强”。堂堂白富美，岂能败给“屌丝”女？心中愤愤的虞氏，每日闲着无事，就到曹睿面前吵闹。现代有个比方，讲得是一个女人相当于五百只鸭子。试想一下，五百只鸭子成天在面前嘎嘎叫唤，是谁都烦。曹睿同志终于燥了，干脆发了一道圣旨：毛姬贤良淑德，宜为后宫之主。（“帝即位，虞氏不得立为后。”《三国志》）

卞　氏

卞氏，史称武宣皇后，曹操的第二任妻子，原为三陪女郎。其为素食主义者，生性不爱浮华，服无文绣，饰无珠玉，室内家装环保。另，卞氏堪称三国顶级的“生育机器”，其子曹丕、曹植、曹彰均为上才。其成功的人生经验是：女人出身不问出处，关键是男人要选对。

本是发通牢骚，未想连唾手可得的后位也给弄丢了。目送着“床龄”远比自己少的毛姬成功上位，虞氏这下不干了，索性破醋坛子破摔，摆出了一副“一哭二闹三上吊”的架势。曹睿自知理亏，寻思着虞氏虽然刁蛮无理，可毕竟也是多年夫妻，于是搬来了家里的老佛爷卞太后（曹操的老婆、曹丕的老娘)，央其屈尊来虞氏处做思想工作，借以安抚落寞的情绪。(“太皇后卞太后慰勉焉。”《三国志》)

按常理说，老佛爷坐镇，事端平息本是时间问题了。可虞氏这位孙媳妇，偏在气头上，看了一眼前来劝慰的太婆婆，竟将脸一扭，嘴向下一撇，呛声道：“其实啊，我早已料到了，你们曹家这群臭男人啊，恐怕大多偏爱贱女人吧。”(“虞氏曰，曹氏自好立贱。”《三国志》）虞氏话音未落，一旁好言相劝的太皇后，面色就下来了。原来，虞氏一句吐槽，除却出身低微的毛姬，竟把两位重量级的女人无端给牵扯进来了。其中一位，就是魏明帝曹睿的生母甄宓。

甄宓这个女人，可是大有来头，不光在三国，即便放在整段中国历史上，也是很有分量的。曹植有篇很有名的《洛神赋》，大抵说的就是她。玩味的是，甄宓此女，偏本不属于曹家的，她的初婚是给了袁绍的儿子袁熙。可惜她的前公公太不争气，雄起了大半辈子，却在官渡对峙中软了下来。沦陷后的甄宓，自然成了战利品，被时任五官中郎将曹丕给“收编”了。对于这段情色往事，《世说新语》编排的更绝，讲的是曹操在破城后，立即下令把甄宓带来，手下却带来了一盆凉水：“您儿子曹丕，早就去啦！”曹操闻之失色，恨恨顿足道：“今破贼，正为奴。”（此间的话外音，你们懂得）

未想到，为宫中人忌讳莫深的曹家父子三人共抢“破鞋”的绯闻，竟被虞氏这位口无遮拦的女子给捅破了。更难堪的是，虞氏捅的娄子，远不止这些。因为，躺着中枪的另一位女人，正是面前的太婆婆卞氏。原来，太皇太后卞氏也有一段难以启齿的往事。《三国志》记载，“（卞氏）本倡家。”也就是说，卞太后出生在一个以卖艺为生的家庭，打小随着爹地妈咪们四处飘零，及至青春期，曲线玲珑的她，自然成了一位声色谋生的歌者舞伎。后来，偶遇了出来喝花酒的曹操，珠帘帐下，整套服务下来，曹操甚是满意，于是大腿一拍，给了卞家些许银两，一个八抬大轿，竟将她迎娶进了门。

自己掖了数十年的旧事，竟在花甲之年被一个晚辈毫不留情地揭开了。卞太后此时的心境，恐怕如同大庭广众下被人扯下了花底裤，然后撑着竹竿高高挂起，难堪之情可想而知。当然，卞太后毕竟是经过岁月历练的，心里虽有愤愤之意，也并未当场发作，只是淡淡地抛下一句“时候也不早了，你洗洗睡吧”，随即起轿回宫。不日，虞氏等来一则意料之中的消息：“绌还鄴宫。”（《三国志》）

文艺青年的泡妞宝典

按照现代流行说法，青年大致可以分成三类：普通青年、文艺青年、犯二青年。当然，在三国乱世，犯二青年全扛起了镰刀锄头，成了暴力青年。于是所谓的三国大场面，也就成了几个暴力青年带着一帮普通青年在全国各地打群架，剩下一些无所事事的，后来都成了文艺青年，比如曹植、嵇康、刘伶就是其中比较出名的几位。

如若我们细看一下，会发现那个时代的文艺青年都有一个共性：无酒不欢。无论是才高八斗的曹子建，还是卓资鹤立的嵇叔夜，抑或特立独行的刘伯伦，一旦闻到酒香，终究是把持不了"矜持"，便有了一醉方休的意思。普通的文艺青年喝高了大多倒头大睡，可也有例外的，此人品酒同时，还对品玩美女颇有讲究，他的名字叫阮籍。

说到品玩女人，三国时代其实大有人在，比如吕布"偏爱诸将妇"(《九州春秋》)，曹操常打听"城中有妓否"。不过，身为三国文艺青年界的翘楚，阮籍的调情功夫，绝不像曹操、吕布那般简单粗暴，当然，这和阮籍同志的家庭背景是有关系的。阮籍的老爹，就是三国"建安七子"之一的阮瑀，也就是说，阮籍是在笔墨纸砚中含着书香长大的，身上自然多了一些文艺气息。《三国志》是这样定论阮籍的："才藻艳逸，而倜傥放荡。"《魏氏春秋》也有类似的记载："籍旷达不羁，不拘礼俗。"因此，我们可以给阮籍同志这样的定位：一位经常犯二的文艺青年，女性朋友坚定的情感导师。

为何阮籍能在女性心理学上有如此造诣呢？如若非要总结一番，大抵可以归于三大法宝："写诗，弹琴，加装酷。"首先，我们先来窥探一下阮籍的文学功力。阮籍的《咏怀诗》中曾有这番诗句："愿为双飞鸟，比翼共翱翔。"中国古代的老百姓文化水平大多不高，倘一怀春少女，见一青年对着自己沉吟"比翼双飞"，即便并未理会其中含义，心扉想必也早已开了大半。若在此时，投个夕阳剪影，撷上两朵玉兰，咏上几句"西方有佳人，皎若白日光。被服纤罗衣，左右珮双璜。修容耀姿美，顺风振微芳……"如此一番，女子的矜持恐怕早已抛在"云霄"之外了。

当然，"对付"普通女青年，吟诗大抵是够了，但若要虏获文艺女青年的芳心，恐怕还是吃力的。不过，对于阮籍来说，这根本就不是问题，因为他还能弹琴。三国那个时代，吃饭是个大问题，会弹琴的固然不会太多。但凡会弹琴的，后来全都出名了，譬如孔明、周瑜、嵇康。不过，他们都没有阮籍弹得有味道，因为阮籍弹琴有个习惯，就是挑时间。别人弹琴总是在酒足饭饱之后，打个饱嗝拨弄两下琴弦，阮籍可不这样，他喜欢半夜里背上鸣琴，寻张凳子，踱到女孩子的窗棂下弹上两曲。此番情节，在阮籍的诗中是有体现的："夜中不能寐，起坐弹鸣琴。"试想大院深闺，一轮明月高悬，树影斑驳张错，叫春的猫声总是扰人心烦意乱。忽然幽幽琴声入耳，辗转反侧间，伊人的枕巾恐怕早已湿了大半。

倘若遇到豪族门阀里刁蛮任性的二逼女青年，见惯了抚琴吟诗，阮籍也是有办法的：那就是装酷。《晋书》有这样的记载："时率意独驾，不由径路，车迹所穷，辄恸哭而反。"也许，这就是梁朝伟先生"生活体"的最早版本：阮籍有时闲着闷了，便会不发一语，赶上一架马车，独自行在陌生的小路上。行着行着，觉得累了，忽然大哭一场，然后折回自己的小木屋里，倒头便睡，就当没事发生过。如此酷酷青年，即便再蛮横的千金小姐，路上一个邂逅，难免心猿意马浮想联翩。比如司马昭家的大孙女，就是落入情网的其中一位，她屡次地投怀送抱，秋波涌动，倒是阮籍拒绝的干脆。（“文帝初欲为武帝求婚于籍，籍醉六十日，不得言而止。”《晋书》）

除却上述的三宝，阮籍泡妞还有一个小秘籍：吹口哨。（“阮步兵啸，闻数百步。”《晋书》）**在大街上遇到吹口哨的，大抵会被当做洋溢着“屌丝”气息的流氓青年，不过倘若这位青年还会点小诗小曲要些小酷，境遇便不一样了。**一个悠扬的哨声，在空中打个转弯，直落进女子的心扉，无论她是文艺的，普通的，刁蛮的，甚至极品的。因此江湖上，关于阮籍的香辣传说多如牛毛。当然，这是后话。

第 6 章

惊呆你想象力的破碎情怀

人妻诱惑

对于遥远的三国时代，白门楼应该是个意味深重的地方。虽然少了铜雀台的香艳、凤仪亭的暧昧、赤壁的硝烟和白帝城的凄凉，可就在此处，当初涉猎天下的三巨头完成了人生颇让人玩味的一次会面。当时的天下依然未定，三位逐鹿中原的英雄座次却微妙了起来：曹操高高在上宴请八方，流亡的刘备成了座上宾客，不可一世的吕布却成了阶下囚徒。

尴尬的觥筹交错间，吕布趴在曹操的面前，请愿誓效犬马之劳，乞求一命。酒后的曹操听言大笑，方要点头，回脸瞧见一旁的刘备，寻思不如走个过场，发扬一下民主，问问宾客意见何如？于是问道："刘贤弟，你看，我得奉先可是如虎添翼，天下安能不定？"刘备冷笑道："兄台，您忘了董太师了吗？（"刘备进曰：明公不见布之事董太师乎？"《后汉书》）刘备的只言片语，犹如一盆凉水，曹操的酒意顿时全醒，吕布的人头，至此安放在白门楼上。

为何刘备要痛打吕布这条落水狗呢？也许是早看不惯了吕布的矫情，也许是担心曹、吕联手会是自己个人事业的最大绊脚石。当然，也许根本就非如此。如若我们翻开相关史料，细细品味，会发觉皇叔的话中或许暗藏乾坤，可能，还会牵扯出一段不为人知的情色往事。《后汉书》有如下记载:“即勒兵袭下邳，获备妻子。备败走海西，饥困，请降于布。”这本是一场正常的兵家交锋，刘备输了，降了，这也正常。何况，刘备本就不是个输不起的人。

可为何后来刘备在白门楼会有如此怨气呢？原来，问题就在“获备妻子”。望辞生义，吕布当时俘获了刘备的老婆应该是没错的。可是吕布这人有个习惯，就是喜欢吃别人老婆的豆腐。刘备的老婆在吕布军营里待了几个晚上，究竟可有擦出“火花”，史料里忌讳莫深，并无交代。不过好事的后人罗贯中，倒是图了个嘴快，隐约露了个口风。

卫　臻

卫臻，烈士后代，其父卫兹早年追随曹操讨伐董卓，于荥阳殉职。其人气骨清高，不喜拉帮结派，自号政坛的独行侠。座右铭：孤独是一个人的狂欢，狂欢是一群人的孤独。

《三国演义》大约是这样描述的，张飞因饮酒丢了下邳，还“弄丢”了大嫂，自觉愧对刘备，欲拔剑自刎。刘备向前抱住，夺剑掷地，泣道:“兄弟如手足，妻子如衣服。衣服破，当可缝；手足断，安可续?”刘备是个好哭的人，这应该是事实。不过，此刻皇叔的眼泪却颇为意味深长：一是消解张飞的内疚感；二是担心老婆此去恐怕是凶多吉少。经过吕布转手的女人，当真已是“破衣服”吧？此时刘备的心中，也许就已放下狠心:“兄弟如手足，妻子如衣服，谁要动我衣服，我就剁他手足。”

后来情节的发展，恰巧印证了刘备的心思，这在一些相关资料里是有记载的。《英雄记》是这样描述:“布见备，甚敬之。”对于一名败军之将，吕布却给了高规格的待遇，除却表面的作秀功夫，究其内心，恐怕还是心中有愧吧。愧对刘备什么，亦许是难以“见光”的，于是吕布拉着皇叔的手，走过几折长廊，进到一间精致的厢房。房中摆放着一张绣花的大床，床上坐着一位婀娜身段的妇人，背向着房门，几缕轻光从窗格飘入，散发着暧昧的味道。刘备心中纳闷，方欲见问，倒是吕布轻笑两声:“这是在下拙荆，请床上坐。”(“请备于帐中坐妇床上，令妇向拜。”《英雄记》)

故事至此，姑且先岔着交代一下：在秦汉时代，妇女和别的男人碰面是不道德的，更勿说把陌生人引入私房。譬如同时代的夏侯惇同志，因为舍下来了一群文艺青年，一时兴起，也想附庸一把文雅，乃命老婆端茶倒水，招待一番，未料却引起卫臻等文人的反感，大肆数落了一番。（“夏侯惇为陈留太守，举臻计交，命妇出宴，臻以为末世之俗，非礼之正。”《三国志》）

坐定厢床的刘备，虽也见惯了大场面，此刻却倒局促了起来。倒是吕布自然几分，轻车熟路道:“宝贝，给我远道而来的朋友跳支舞，如何?”一时霓裳拂面，如坐春风，莺歌燕舞，梨花细雨。曼舞散去，美妇皎洁一笑，转身拉开一侧珠帘，只见里面烟雾缭绕，露水如珠。美妇沐浴更衣，端来了细软瓜果。（“令妇向拜，酌酒饮食。”《英雄记》）此时的窗外，早已暮色阑珊。接下来发生的故事，用笔墨似乎已经无法“诠释”了，我们也只能寄情于遐想。**对于吕布离奇的情感补偿，穷人家出身的刘备倒是消受不起，相反，爱妻被无端染指的场景，却在刘备眼前挥之不去，对于吕布的怨念，反倒增加了不少。**（“外然之而内不说。”《三国志》）

文至如此，我们再来解构当年白门楼那桩离奇的命案，心中脉络也许就会明了许多。吕布本想刘备念当年换妻之约，央求讲两句好话，却未曾想，那般乞尾求饶的嘴脸，却正中刘备心中痛处。曹操也是个风流的明白人，经皇叔一个提点，猛想起当年董卓被抢了女人的滋味。于是，三个各怀心思的男人，在白门楼上泼下不为人知的情色往事。个中纠葛，终在吕布指着刘备大骂“你怎能忘了我们当初的约定”中，（布因指备曰:“是儿最叵信者。”《三国志》）隐晦地落下帷幕。

向师娘伸出的魔爪

倘若在三国时代排出好色榜，曹操、董卓肯定是榜上有名的。可有趣的是，同样好色，董卓被后人唾为催花狂魔，曹操却被称呼可爱奸雄。缘何两人境遇如此不同？若要追究，也许问题就出在两人的“办事”手法上。其一，曹操一般只对熟女下手，做事留了分寸，董卓则是老幼通吃，难免让人怨恨连篇。其二，曹操从不强人所难，喝喝酒调调情，上床之前总会做足前戏，可董卓却不这样，往往摆出霸王硬上弓之势，也不管伊人们可否愿意。

董卓如此霸道的作风，甚至连他老领导的老婆也未曾幸免。被董卓占便宜的老领导，名叫皇甫规，世代武官家庭出身，安定人氏。安定这个地方，位于如今甘肃省境内，在汉代是极其敏感的战略要地（是当时中原通向西北的交通要道和古丝绸之路必经之地），安定再往西北，就是一片大漠，素来就是羌胡的聚居地。其实，在东汉统治后期，政治环境已是相当腐败，羌人在当时时不时拉帮结派给朝廷惹上一些麻烦。在这样的大环境下，皇甫规终于在伟大祖国最需要的时候，出现在最需要的地方。

经过实地调研（皇甫规是当地人，对风土人情自然也是熟悉），皇甫规认为叛乱的根源在于当地公务员官架子大、摆威风，导致了民族矛盾激化。

于是，他决定抚以清平之政，采用招抚对策，上书奏免了一批多杀降羌、不遵法度的官员。羌人素来吃软不吃硬，如此一番怀柔，心里自然由是感慕，于是前后相归降者逾二十余万。

这片动荡之地，终于迎来了久违的安宁。在这点上，皇甫规是居功至伟的。很巧的是，那时军帐下，后来呼风唤雨的董卓也恰在其中。在人生的启蒙导师皇甫规的辅导下，董卓的业务逐渐娴熟起来，并且学会了和羌人友好相处。（"尝游羌中，尽与诸豪帅相结。"《三国志》）随着年月的推移，董卓发现，眼前的这位导师不仅教会他如何交可交的人，还教会了他如何做"爱"做的事。原来，皇甫规这一驻扎，竟在漠北待了数十年，风霜终究要零落岁月的墙，相濡以沫的老妻终于撒手西去。老年丧妻，这本是一件痛苦的事，不过，皇甫规并未悲伤太久，很快在一个撒着阳光碎末的午后，皇甫府上敲锣打鼓迎来了二房。

老夫少妻，这让一旁的董卓羡慕不已。更让董卓惊奇的是，导师的这位后妻不仅面容姣好，而且写了一手好文章，经常会替皇甫规处理政书文件。（"妻善属文，能草书，时为规答书记。"《后汉书》）每次汇报工作，师娘的体香和偶尔飘过的发丝，总会让董卓陷入遐思。与此同时，由于长期浸淫大漠荒沙之地，羽翼渐丰的董卓对于两样东西的渴望愈发强烈：一是文化（后来重用蔡邕就可看出），二是美女（跟青年时代长期性压抑也有一定关系）。**像师娘这般富有文化的知性轻熟女，自然成了董卓的性幻想对象。风烛残年的皇甫规，前世是修得哪门妙缘，竟得如此美女秘书相伴，每每想起此事，董卓心中自然有了羡慕嫉妒恨。**

不久，董卓的好运终于来了。董卓的导师皇甫规，这位年过七旬、夜夜"老汉推车"的老者，终于带着一地遗憾光荣升天。于此不久，当朝皇帝愚蠢的舅父，远在京城的何进，为了同一群大小太监火拼，居然拉帮结派搞小圈子，怂恿董卓挥刀进京。当然，这桩蠢事的最后结局就是东汉王朝加速坍塌，董卓全面掌控京城。

权力来得太快，就容易冲昏头脑，特别对于没读过书的董卓来说。见昔日高高在上的三公九卿，全唯唯诺诺地跪拜脚下，自我膨胀是肯定的。此后的董卓，琢磨出各宗离奇的想法来彰显自己高规格的政治地位。当然，人越是到了风光的时候，越容易想起自己的“初恋”，于是，董卓想起了那位曾经魂牵梦萦的师娘。当年帐下小吏，此时位极人臣，想必师娘见到如今模样，定要心襟荡漾，想着想着，董卓的口水湿了半面枕巾。

不过，**人生如果太过顺利，接下来肯定就要犯错。这次，董卓彻底的错了。第一，他高估了权位的魔力。第二，他低估了师娘的节操**。正当董卓同志高调地骑着高头大马，兴高采烈要把美师娘抱回家的时候，（“娉以軿辎百乘，马二十匹，奴婢钱帛充路。”《后汉书》）未想却遭来一盆冷水。看着门前浩浩荡荡的迎亲队伍，师娘淡淡说道：“董卓，你难道忘了当年导师的恩情了吗？”董卓以为师娘装模作样玩害羞，于是嬉皮笑脸地答道：“正是惦记导师恩情，特来接师娘到府上快活几日。”董卓的话音未落，笑容却就此僵了下来。原来，师娘已是变了脸色，张口骂道：“呸，不要脸的粗人，我夫君可是忠义之人，你当时不过只是帐下走狗，未想今日侥幸风光，竟然忘了规矩伦理。”

董卓万万没有想到，一向温文尔雅的师娘居然也会骂人，而且骂得如此难听。只是这番一个大声折腾，迎亲人潮本来就多，竟然一下子却涌了过来。师娘宁愿为那个早成枯木的糟老头守身如玉，也不肯亲近自己如日中天的身体，还当众被女人戳其痛处的董卓，自然恼羞成怒，也顾不上往日情面，一把拽住师娘的头，就往地上猛摔。一旁爪牙见了，交替了一下眼光，于是心领神会，蜂拥上前按住这位口中仍然骂骂咧咧的女人，一阵拳打脚踢。如此几个来回，可怜的那个柔弱身躯怎能熬得住，终在迎亲的唢呐声中香消玉焚。（“卓乃引车庭中，以其头县轭，鞭扑交下。妻谓持者曰：何不重乎？速尽为惠。遂死车下。”《后汉书》）

绝色王妃险遭马仔性侵

女人是男人的附属品，这等悲观腔调似乎千年以来一直如此。“嫁鸡随鸡”，女人命运偏要和她的男人“捆绑牵挂”一起，纵是修得前世福分，嫁个王侯将相，竟也不能担保今生不颠沛流离，受得百般羞辱。譬如，曾翩翩于殿宇之间的南唐后主李煜的爱妻小周后，在国破家亡之后，荣华早已雨打风吹去，竟在爱人面前，被大腹便便的宋太宗千番蹂躏。

当然，历史总是似曾相识，我们如若把时间前翻至三国时代，不禁发现也有一纤弱女子，竟和小周后一般境遇，此人名字叫做唐姬。根据《后汉书》的记载，唐姬原为大汉弘农王的妻妾。这个弘农王，还有个“显赫”的尴尬身分，汉献帝刘协的胞兄兼前任，他就是汉少帝刘辩。遗憾的是，这个倒霉的刘辩，在位仅仅五个月，就遭遇了宫中政变。他的草包舅舅何进，和以蹇硕为首的宦官集团火拼洛阳，最终一同灰飞烟灭。就在京城权力真空之际，西凉军阀头目董卓决计趁此打捞一把，于是率军接管洛阳城。

由于是外来政治势力，董卓自知难以服众，就在召集幕僚开了几次会议之后，决定拿这位无辜的小皇帝刘辩开刀，借此确定自己的政治地位。于是，董卓搬出了先帝刘宏（也就是《出师表》里的那个昏君汉灵帝）。这位先帝同志，尽管生的潇洒死的风流，可对自己的儿子，却是要求甚高。对于刘辩这个儿子，先帝同志给出了这样的评价：“轻佻无威仪，不可为人主（《后汉书》）。”

如此登徒浪子，怎可为大汉门面？一手握着先帝遗训，一手握着数万雄兵的董卓说话自然有了分量。于是，可怜的刘辩屁股还未在龙椅上坐热，即被废为弘农王，软禁于行宫。被人打入“冷宫”，心中难免不痛快，牢骚满腹的刘辩对着寒窗清影、粗茶淡饭，本要就此抑郁下去。所幸的是，他还有一名忠实的倾听者，即爱妻唐姬。这位唐姬，本就是天生丽质，动若清风拂面，静如芙蓉出水，有此美人相伴，刘辩的心境豁然开朗，不禁感叹：鸳鸯戏水，夫唱妇随，得此佳人，夫复何求？

李 傕

李傕，肌肉男，董卓马仔。曾统领西凉精锐部队“飞熊军”，和郭汜并称为董卓集团的左右护法。集团CEO董卓垮台后，李傕曾试图重组西凉部队，并破坏长安正常政治秩序。此后，还参与代号为“潜行狙击”的绑架汉献帝行动。后为曹操设计剿杀。

不过，刘辩的太平日子并没有持续太久。原来，在野军阀头目袁绍同志，竟集结数十万义兵，打着“清君侧”的旗号，浩浩荡荡向着洛阳开来。刘辩倘若复辟，自己定要人头落地，董卓眼见形势不妙，心头一狠，决计斩草除根。于是，一个微凉夜晚，董卓的心腹李儒来到刘辩处所，端上了一杯温酒，美其名曰暖胃。刘辩见状，心知在劫难逃，不禁悲从中来，仰天长叹道：“我无疾，是欲杀我耳？（《后汉书》）李儒是个见过世面的老江湖，自然知道刘辩不舍尘世，顾其毕竟也曾是皇帝身家，逼得太急未免难堪，于是低沉道：“弘农王眷念之人无非唐姬，不妨请美人曼舞一曲，奈何桥边也有个念想。”刘辩一听，悲呛道：“如是，甚好！”

清风弄影，寒蝉凄切，唐姬缓缓立于殿上，向着刘辩躬一下腰身，抗袖而歌道：“天道易兮我何艰！弃万乘兮退守蕃。逆臣见迫兮命不延，逝将去汝兮适幽玄！（《后汉书》）”如此情真意切，在场之人无不欷歔落泪，刘辩更是哭得稀里哗啦，一个哽咽，竟然昏死过去。李儒虽为董卓办事，见此情景，不免感怀，竟也不曾有半点造次，只在一旁静候。半晌时辰，刘辩方醒，指着唐姬涕道：“吾爱，卿生为汉家人，死亦汉家鬼，请记今日夫君诀言，勿负之。”（“卿王者妃，势不复为吏民妻。自爱，从此长辞！”《后汉书》）

闻刘辩已死，可身边亲眷如何处置，这是个问题，尤其对那位年轻貌美的唐姬，董卓更是垂涎三尺。**但碍于唐姬是皇亲身份，如要强求，恐坊间舆论并不答应，而袁绍正在关外虎视眈眈，若因生活作风问题被其抓住把柄，终究得不偿失。恰巧，此时司徒王允业已奉上美人貂蝉，床笫之上，年纪渐长的董卓也是力不从心。**经过一番思量，董卓有个主意，不妨将唐姬遣入民间，（“王薨，归乡里。”《后汉书》）待时机成熟，朝官忘了此事，再悄悄纳入府中，岂不一桩美事。

不过，打着如意算盘的董卓还未等到蜜桃成熟，干儿子吕布就要了他的性命。此后，京城（此时已迁都长安）几经权力交割，最后竟落到流亡军官李傕手中。这个李傕，原是董卓手下马仔，坏事也是干了不少。跟着董卓久了，自然也留了一份美人花名册。唐姬如花似玉，李傕怎能不知，当然，李傕同志可没有前老板董卓那种“当婊子还要立牌坊”的雅致，立马派人下了一份聘礼，送至唐瑁（唐姬老爹）府邸，扬言择日迎亲。（“及李傕破长安，略得姬，因欲妻之。”《后汉书》）才脱虎豹口，又入豺狼窝，夫君生前托付，难道就此葬入恶人之手？穷途末路之际，唐姬想起了贾诩。这个贾诩，一向怜香惜玉，于是星夜托人告之原委。

应该说，比之南唐小周后，唐姬还算幸运的，“护花使者”贾诩找到了献帝，诉之脉络。献帝年纪尚浅，自是感性，听此忠贞爱情故事，感动不已，况又念及胞兄故人，心中难免悲怆。但如今政局混乱不堪，军阀林立，献帝自身也是傀儡一枚，于是问计贾诩。贾诩沉吟片刻，道；“此事好办，陛下可告诏天下，弘农王唐姬淑德端庄，为世之楷模，特在宫中开辟一园为其处所，以示唐姬贞洁贤德，如此一来，纵李傕有豹子胆，也绝不敢冒天下之大不韪，前来宫中犯事。”(“帝闻感怆，乃下诏迎姬，置园中，使侍中持节拜为弘农王妃。” 《后汉书》)

不久，李傕闻之此事，心中懊恼不已。到口的丰乳肥臀，就这般给弄丢了，早知当初把大轿一抬，一个霸王硬上弓，生米做成了熟饭，哪有今日如此烦心事。只是，如今美人已在献帝宫中，且以弘农王妃之名告诏天下，也只好恨恨作罢。

奇葩天子的青春梦

三国分立尽管不过百年，倒也精彩纷呈。其中“涌现”出的诸多天之骄子中，东吴末代皇帝孙皓虽然不是最出名的，但一定是最有趣的一位。孙皓的有趣，不在于编排了几个黄色笑话，或者拍了几张艳照，因为这些对他来说，简直是微不足道。甚至，我们可以很负责任地说，孙皓同志绝对堪称人类进化史上一朵荒淫的奇葩。

我们先来了解一下这朵奇葩是如何盛开的。其实，孙皓的上位，本就是一件有趣的事情。翻开孙皓的简历，我们大致知道：孙皓是孙权的孙子，废太子孙和的儿子。按道理说，这样的资历是轮不到做皇帝的，可问题出在了东吴大帝孙权身上。原来，孙权这人，不仅上位的时间早，而且命足够长，这位同志在东吴整整执政五十余年，驾崩之时已近七旬。

对于一个集权的封建机构来说，一把手命长不一定是件好事，老人政治迟早要出问题的。晚年的孙权，竟患上了“被迫害幻想症”，最后把刀子对准了自己的宝贝儿子们。如此一阵折腾，到了孙权驾崩之时，“阿哥”们凋零得也差不多了，所剩的经过此番恫吓，生命倒也脆弱不堪，此后的孙亮、孙休二朝，在位时间总和也不过孙权的一个零头。

吴景帝孙休的驾崩，给东吴朝廷中的元老们出了一个难题：先皇遗孤嗷嗷待哺，而吴国此时国际政治环境已经十分糟糕了。亲密盟友蜀汉已被北方资本收购，曹魏集团也即将面临司马氏的资产重组，“元老会”的几个成员坐在一起商议后认为，曹魏、蜀汉的衰亡恐怕和国主羸弱是脱不了干系的，不妨立个较年长的君主。于是几个“委员”们将身为废太子长子的孙皓推上了皇位。

据《三国志》记载，孙皓从“元老会”手里接过聘书的时候，倒也毕恭毕敬地低调了一把。也是，自己孤身从藩国来到中央，不摆正心态恐怕是混不下去的。于是他默默地给朝廷老臣们端茶递水，默默地开仓振贫抚恤人民，默默地把宫女和珍禽异兽“放生”宫外。**在一年的政务考察期里，孙皓知书达理，比如给朝中年迈老人让座、扶路上跌倒的老太太过马路等。如此谦谦君子，自然赢得了元老们的交口称誉，**（“一时誉为令主。”《三国志》）**纷纷在年度考核评议表上打上红红的“优”。如此一番，这位“预备皇帝”终于“转正”了。**

屁股稍稍坐稳了江山，孙皓终于展现“率真”本性，再也不愿忸怩谦让地扮演“五好青年”，一秒钟玩“变脸”，乐此不疲地开始了荒唐的奇葩之旅。

孙皓开出的荒唐第一单倒是很有意思：俸禄二千石以下的公务员，必须下基层劳动。按照汉代规矩，二千石可为郡守，官职相当于现代的省长。也就是说，省长以下的公务员，必须下基层劳动。本来，当官的平时作威作福惯了，出去体验一下生活也是可以的。可遗憾的是，公务员们下基层，倒不是要为人民服务，而是给孙皓盖房子。

原来，孙皓客串扮演了一年“乖乖男”，非本色演出终于还是把这个孩子给憋坏了。我来京城是来做皇帝的，皇帝总要有皇帝的范，如此蜗居深宫成何体统（孙权提倡简朴，因此皇宫规格不算大），心中愤愤的孙皓，忽然有天夜里睡不着，对着星空喊道：“我要住大房子。”皇帝要住大房子，手下们自然要配合，《江表传》是这样记载：“皓营新宫，二千石以下皆自入山督摄伐木。”官民一家亲，砍树大家来，这场专项运动虽说开展得如火如荼，可是毕竟不太环保。不仅不环保，而且废体力，当官的平时拿本杂志泡泡茶，倒也自在，可一天到晚蹲在在太阳底下，绝对不是办法。不久，有人就有意见了。

有人有意见了，怎么办？自然要向上面提，提的报告自然到了元老们手里。元老们在公务员队伍里，做了个民调。低迷的民调数据出来，元老们急了，这个皇帝可是我们几个人开个闭门会议选出来的，挑来选去，竟选了这般一个荒唐皇帝，这不是抽自己的耳光嘛。读书人都是爱面子的，何况还是拿着国家高等职务津贴的读书人，这个面子恐怕是丢不得。于是，元老会的老同志们一个商议，喊上一些中层干部，拉了个声势，给孙皓递上了一份百人签名的行政建议书。

建议书呈上去了，政治老人们倒也回家安心地泡了口茶，只等着这个新皇帝能够表个态认个错，再给个台阶一笔带过倒也皆大欢喜。可是，他们错了。孙皓同志并不是想象中的那样好说话。通读了一遍建议书，孙皓火了，心中暗骂道，你们这帮酒囊饭袋，干着农民工的活，却拿着公务员的高工资，居然还指指点点说三道四。看来，领导是很生气的，那么，后果自然很严重。作为帝国的唯一领导人，孙皓终于亮出了第二张牌。

当然，亮牌是要讲究艺术的。这黑名单上，可有百来号人，打击面太大恐怕也不好收拾。不过，这对于孙皓这位天才皇帝来说，根本不成问题，因为他懂得什么叫杀鸡给猴看。说来也巧，当时的中书令贺邵恰好中风，口不能言。孙皓脑筋一转，便派人把贺邵给抓上了朝堂，安插了一个罪名：潜伏在东吴革命阵营里的反革命头子。

元老们一看这架势，傻了，也顾不上摆架子了，纷纷进言道，贺邵口不能言，怎会是反革命呢。孙皓一听，摊了摊手，疑惑道，对啊，这老家伙，怎么不说话啊？不说话怎能证明不是反革命呢？打，打到说话为止。

于是左右一个上前，架起贺邵，一阵耳光噼啪响起。如此折腾几个时辰，贺邵依然迟迟“不肯”开口表态。见此情形，孙皓“急了”，喊道，说话啊，平时不是挺能说嘛。喊话间，一记耳光又已拍上。

一出血腥的“耳光秀”过后，官员自然噤若寒蝉，至于那位可怜的贺邵，被榨干了“剩余价值”，竟也没了生路，掉了脑袋后，被丢掷荒郊野外。耳边少了唠叨的孙皓，私人会所越盖越大，公费开出的支票也越来越大。（“破坏诸营，大开园囿，起土山楼观，穷极伎巧，功役之费以亿万计。”《江表传》）不过，对于逐渐有了“见识”的孙皓，烧钱已经失去了原来的性质，也许，杀人更是一件乐事。（看来贺邵没有白牺牲。这位老同志用自己的鲜血，培养了孙皓前卫的兴趣）

奇　葩

奇葩，原意奇特而美丽的花朵，现特指离奇、个性，乃至世间罕至的人物。奇葩的口头禅：不走寻常路。同时提名史上最奇葩天子的还有：痴迷于偷窥老婆洗澡的汉成帝刘骜，致力于开发各种暴力级成人游戏的明武宗朱厚照，以及热衷沿街行乞的北齐后主高纬等。

据不完全统计，孙皓执政十数年间，收集的人头成百上千：会稽太守车浚因发扬慈善事业被杀，司市中郎将陈声因和“马子”吵架被杀，侍中韦曜因不会喝酒被杀，常侍王蕃因太会喝酒被杀，甚至连支持孙皓上位的“元老会”成员濮阳兴、张布等人，也因一言不合上了断头台。至于后妃、宫女、内侍等，只要稍不合心意，剥去面皮，挖凿眼睛，扔进水里化成浮尸，自然也成了家常便饭。

当然，杀人的心都有了，淫荡还会远吗？折腾完房子，收集好人头，孙皓终于开始“关怀”裤裆里那些小事了。为了满足自己的淫欲，孙皓强令官员在民间撒网捕鱼，广抓美女。同时，为了避免“裸官”，即便是省级干部，每年都要把自己女儿的资料注册在案（看来，领导也不是好当的），并且修改婚姻法，每年都要由政府牵头，办一场选妃秀，只有选不上的剩女，才允许出嫁。大赛成功办了数年，东吴后宫的女子，竟有好几千人。

当然，盖盖房子，杀杀人，泡泡妞，这对于封建时代的皇帝而言，也许还不算太荒唐，可孙皓接下来上演的荒唐秀，套用现代的话来形容就是：这家伙要逆天了。《江表传》是这样记载的：东吴丹杨有个叫刁玄的外交官，一直寻思能往上发展发展，可苦无机会，后借着国外考察的机缘，带回了已死了数十年的司马徽老先生曾发过的一条微博：“黄旗紫盖见于东南，终有天下者，荆、扬之君乎！”司马徽可是当年举荐诸葛亮的世外高人，孙皓自然知道，既然老先生都说了，将来一统国家的真命天子在荆、扬一带，这事肯定靠谱。孙皓寻思至此，一个离奇的主意已经落定。

孙皓这个雷厉风行的皇帝，顺了刁玄的考察报告，给了四字批示：“马上就办。”经过一阵张罗，孙皓下载了司马徽的微博，打印了一份证书，盖上东吴自制的公章，招呼上老娘妻儿爱妃以及一大帮亲戚朋友，兴致盎然地前往洛阳受命。（“即载其母妻子及后宫数千人，从牛渚陆道西上，云青盖入洛阳，以顺天命。”《江表传》）可遗憾的是，天公却不作美，竟下起了“浩浩荡荡”的大雪，于是，浩浩荡荡载着这位理想主义者的队伍，伴随着兵士们载道的怨声（看来干苦力的，境界就是不够），终于在晋吴边界消停了下来（当时曹魏政权已被司马氏取代）。

尽管孙皓同志的逆天表演秀最终败给了天气，但我们不禁还是埋怨起司马徽：老先生你也太不厚道了，过早就暴露了这位东吴天子宏大的人生观，加速了这位天才的人生进化，借此开出了如此奇葩。

宅男皇帝也玩制服诱惑

男人好色，这本也寻常。可是如曹门三代这般好色者，却也少见。至魏武帝曹操始，每次攻城拔寨，心中总是默念“城中可有妓否”。儿子曹丕似乎也不甘示弱，一登帝位，竟把一干年轻小妈一并纳入后宫，哪管那个风流老爹躺在地下尸骨未寒。到了孙子曹睿，裤裆更是高高挂起，玩起女人可谓花样百出，直令后人叹为观止。

有趣的是，早年的曹睿其实并不好女色，甚至还立志做一枚优质宅男。（“自在东宫，不交朝臣，不问政事，唯潜思书籍而已。”《魏书》）这位容貌绝美的皇储（“天姿秀出，立发垂地”），为何两耳不闻繁华？当然，这其中是有原因的。原来，曹睿的老妈甄姬，可是三国数一数二的美女，可就是这样一位倾国倾城的女子，最终也无法抵挡时光的痕迹。年老色衰之时，好色老爹曹丕全然不念当年濡沫之情，早早另结新欢，投入年轻貌美的郭女王怀抱。伤心欲绝的甄姬，终于断了尘世的念想，在一个飘着桂花香的清晨，挂起三尺白绫，决绝离去。

也许，就在甄姬自尽之前，经过了曹睿的窗棂，心中忽然不舍，于是推门进屋，抚摸着儿子，轻道：“记住，女人是危险的动物，特别是漂亮的女人。”看着泪眼婆娑的娘亲，曹睿似懂非懂地点了头。可令他没想到的是，这句话竟然成了娘亲最后的唠叨。有了这桩阴影往事，身体逐渐发育的曹睿，对于女色却是敬而远之，即便好色老爹在诸多寝宫之间夜夜笙歌，似乎也不为所动，一心闭门只读圣贤之书。频繁流连裙下的曹丕，终于到了“殚精竭力”、灯枯油尽的一天。政权交叠之时，吴、蜀敌患早已在外虎视眈眈。

宅　男

宅男，现在泛指患有交际恐惧症，成天蜗居玩游戏上 BBS 甚至流连限制级网站的一类人群。身份特征：现实世界里的穷“屌丝”，虚拟世界里的高富帅。口头禅：宅在屋里，春暖花开；出门一趟，天崩地裂。

对于这位久居深宫的宅男皇帝能否坐稳江山，朝中群臣心中甚是没底。于是群臣一合计，派老臣刘晔前去探个究竟。一番攀谈，刘晔带出了振奋的口信：“我们的小皇帝，才能不比秦皇汉武差多少的。”（“秦始皇、汉孝武之俦，才具微不及耳。”《三国志》）尽管刘晔打了保票，但毕竟强敌在外，群臣的心依然悬在空中。果然，这个刚登基三个月的小皇帝，屁股还没坐热，东边的孙权就迫不及待地率领大军围困江夏。

孙权这人有个习惯，就是特别喜欢玩趁火打劫落井下石的伎俩，哪里出点事情就要往哪里捅上一刀。曹魏新丧，如此良机怎能不乘乱揩油？对于名不见经传的小皇帝，孙权自然有恃无恐，放弃擅长的水战，竟然弃舟上岸围困江夏，气焰可是嚣张。告急文书送至曹睿案头，满朝文武群情激奋，纷纷请战救援江夏。怎知这位宅男皇帝面不改色地缓缓道来：“众卿家莫急，孙吴放弃强项，旨在速攻，如今却同我军在岸上僵持。依我看，就不必劳师动众嘛，不消几日，孙权必退。”（“帝曰：权习水战，所以敢下船陆攻者，几掩不备也。今已与聘相持，夫攻守势倍，终不敢久也。”《三国志》）

对付孙权，自有心得，至于西蜀来犯的诸葛亮，曹睿也是成竹在胸。

当年，诸葛亮初出祁山，斩获西北三郡，关中震动。见朝中群臣如锅上蚂蚁，不知所措，曹睿微微一笑，派送定心丸道：“诸葛亮阻山为固，自保是可以的，可如今此人贪恋三郡，长途跋涉，不知进退，气势已然转竭，只要派五万敢死军士，即可据之。”（“亮贪三郡，知进而不知退，今因此时，破亮必也。乃部勒兵马步骑五万拒亮。”《三国志》）果不出所料，不久文书即传来诸葛亮兵败街亭的消息。如是数年，曹睿同吴、蜀几个交手，竟然全是不落下风。终于，心高气傲的诸葛亮熬不过失落，带着遗憾星落五丈原。

少了西边诸葛亮的咄咄逼人，孙权自然不在话下。**曹睿回首起二十几载的青春岁月，猛然惊觉自己曾经“三点一线”的生活轨迹竟是如此的单调。人生得意须尽欢，何况正是身强力壮时，曹睿寻思至此，业已拿定主意，定要抓住青春的尾巴，好好地风骚一把**。于是，这位宅男摇身一变，竟然无端多出许多风流韵事。《魏略》是这样记载曹睿此后的作为：独孤求败的曹睿同志，为了打发高处不胜寒的落寞，开始大力打造豪华私人会所，豪置五星级包厢，每位包厢分由一位美女坐镇，享受公务员待遇，并各自分发办公制服（“于列殿之北，立八坊，诸才人以次序处其中，其秩石拟百官之数”）。每当夜幕降临，曹睿就会流连其间，尽享人间欢娱，每到一处，坐镇美人胸口洞开，沟峰毕现，焚香彻酒之间，媚态百生，衣带渐宽之际，娇喘声息不绝房梁。

不过，对于这位充满了想象力的宅男皇帝，如此搔首弄姿千人一面的“制服诱惑”，渐渐已经不能满足他日益高涨的性需求。于是，曹睿在莺歌燕舞之林，新辟一私人工作室，摆上一张办公桌，桌后铺上一张大床，床笫之上，锦衣玉枕暗香涌动。至此每当夜深人静之时，总有身着制服的佳人轻叩房门，一个魅影闪动，从门间缝隙飘入屋内烛光之中。曹睿轻抬双睑，只见来者短裙黑丝，前凸后翘，尽述今日朝中之事。弯腰俯身之间，窥见衣中隐约浑圆胸器，曹睿自然心襟荡漾，待美人近至鼻息处，一把搂住纤纤细腰，抛向身后大床。原来，曹睿早已厌倦了昔日单刀直入的前戏，意想加些暧昧元素抑或更加刺激，因此决定另辟蹊径，安排了香艳的角色扮演，海选宫中知性美女，邀其深夜之时，着上工作制服，悄至办公室汇报工作。（“乃选女子知书可付信者六人，以为女尚书，使典省外奏事，处当画可。”《魏略》）

看来，在色情的世界里，男人是很容易迷失自己的。痴迷于制服角色扮演的曹睿，终于步入了他那位好色老爹曹丕的后尘，在三十几岁本是年富力强之时，竟然“精”疲“力”尽，最后落入奈何之桥。颇为玩味的是，这位日夜辛勤耕耘的宅男皇帝，身后竟未留下子嗣。当然，这也为此后魏朝政权坍塌埋下了重重的伏笔。

皇帝的岛国往事

如要追根溯源日本文明的由来，恐怕梦想长生不老的秦皇还要立上一“功”，倘若没有当年徐福五百童男女，如今日本恐怕仍是茹毛饮血之地。可奇怪的是，徐福定居日本，并未有零星史料佐证，即便如此，中日民间对此渊源似也认同。因为越过秦代不远，史料上终于有了中日往来的记载。

根据《后汉书》的记述，霸气外露的汉武帝曾多次远征高丽王国，高丽的近邻倭国（日本）见此情形，恐受牵连，朝野一片惊慌。其实，当时日本的政治气候远未成型，国土分裂成数百个诸侯国（每个诸侯国规模应该相当于我们以前的部落），诸侯国的带头大哥们，坐在地上开了个碰头会，达成共识，共约派使者朝见大汉帝国。

中日外交，如是经过百年，本也波澜不惊，可到了三国时代，中间却出现了一些曲折，为此，中国（魏国）还险些卷入了一场战争。我们还是从《三国志》里寻找些许答案。原来，三国时，倭国里出现了一位很有本事的女王，名叫卑弥呼。据说，这个女人“事鬼道，能惑众”(《三国志》)。“事鬼道”，按现在话讲，应该就是掌握了当时比较先进的科学技术。“能惑众”，说明卑弥呼应该是位颇有手段的漂亮女人。不久，这位智慧和美貌并存的女人平定了内乱，获得倭人拥戴，大家纷纷表示甘心拜倒在她的石榴裙下，立她为王。也许，这算是中国有关“日本天皇”最早的文字记载吧。当时的倭国还是男权社会，女人坐上第一把交椅，许多诸侯国王自然不愿臣服，比如狗奴国、硃儒国、裸国、黑齿国等一些较大的诸侯国，私底下总是小动作不断。屡被“骚扰”的卑弥呼，想到了隔海相望的魏明帝曹睿。

听说远在海外千里的倭女王愿意朝拜东方上国，曹睿心里自然高兴，亲自接见使者并颁布诏书，封女王为“亲魏倭王”。与此同时，朝廷发表一份申明，表示了东海海域一直是中国的利益所在，东土上皇和倭女王是利益共同体，并签署安保条约。不久之后，卑弥呼和狗奴国男王卑弥弓呼发生矛盾，双方交战在即，女王祭出安保条例，希望曹魏出面调停。**魏国遂委派政府发言人张政召开新闻发布会，对狗奴国的野蛮行径表示强烈谴责。**（“遣塞曹掾史张政等因赍诏书、黄幢，为檄告喻之。”《三国志》）**狗奴国男王见势不妙，唯恐差枪走火，引来魏国的军事制裁．一场战争就此平息。**

既然友邦摆平了燃眉之急，倭国略表心意应该也要有的。当然，中国乃一方大国，见识总是有的，对蛮夷之地的古物奇玩，自然不会动心，与之相反，还绰阔地送了一干珍玩锦绣。尽管出手大方，但对于这个女人当家做主的国度，曹睿似乎有了好奇心（曹睿和他爷爷曹操一样，对女人颇有研究），又听闻倭女王在宫中侍婢有上千余人，常年不离左右。（“以婢千人自侍。”《三国志》）异域风华女子，童颜玉腿、丰乳肥臀者恐怕不少，寻思至此，曹睿自然心猿意马，于是借文化交流之名，委派官员远渡倭国，对其风物人情进行一番细致的调研。

不久，部下整理出来的调研报告。彻底打消了曹睿的非分之想。原来，当时倭国的风情是这样的：“男子无大小，皆黥面文身。”黥面文身，这在中国古代是用来惩戒犯人的（北宋面涅将军狄青即是如此）。如此低级装扮，为何倭人还愿孜孜而为？原来，当时的倭国科技文明尚待开发，第一产业主要还是靠下海捕鱼。大海是深不可测之地，难免遇见猛蛟，黥面文身打扮成一副酷似阿凡达的行头，终究是有威慑作用的。（“以避蛟龙之害。”《三国志》）

更令人难堪的是，倭人吃饭基本靠手（不用碗筷），交通基本用脚（不穿鞋袜），大多还保持着“不梳头，不去虮虱，衣服垢污”（《三国志》）的原始意识形态。如此后现代主义的销魂装扮，让人容易想起近年红极一时的犀利哥，可倭国人偏又个子矮小（一米六出头的曹操同志若身在倭国，想必亦可奉为小巨人），似乎少了犀利哥当年的“玉树临风”，和那股风中凌乱的潇洒。男人如此，女人也好不了多少，终日披头散发，衣不蔽体，家境好一点的，即会剪一块麻布对折，中间挖一孔，头从孔中穿过，如此就成一件“靓丽”衣裳。（“妇人被发屈紒，作衣如单被，穿其中央，贯头衣之。”《三国志》）一些稍微时尚点的女人，还会偶尔到海边拾起贝壳花石，磨成丹硃粉，一股脑往头上身上一抹，美其名曰化妆。（“以硃丹涂其身体，如中国用粉也”）

拿着调研报告，曹睿一时迷茫，恍如隔世。一个惆怅，回首一旁侍立婢女，个个如花似玉，唇红齿白，小皇帝不禁哑然失笑，寡人放着眼前艳福无暇，却要惦记海角倭国黑面婆娘，实在糊涂。

附：当年魏明帝曹睿馈赠倭女王的清单如下：

“龙锦五匹、绛地绉粟罽十张、蒨绛五十匹、绀青五十匹，答汝所献贡直。又特赐汝绀地句文锦三匹、细班华罽五张、白绢五十匹、金八两、五尺刀二口、铜镜百枚、真珠铅丹各五十斤，皆装封付难升米、牛利还到录受。”（《三国志》）

优质偶像的绯闻基友

在三国时代众多“人气英雄”里，赵云似乎一直是鲜有绯闻的。（即便像张飞这样的粗人，也曾在深山老林里同萝莉有过一夜情）甚至如《三国演义》那般描述：一个月明星稀撩人夜，丰乳肥臀的俏寡妇，主动傍上床沿求“安慰”，可赵云却依然岿然不动。

这出守身如玉的绯闻故事，倒非《三国演义》杜撰的，在《云别传》里，也有类似的记载:“领桂阳太守，代赵范，范寡嫂曰樊氏，有国色，范欲以配云。”也就是说，桂阳前行政长官为巴结现领导赵云，竟安排自己的寡嫂樊氏上演一出美人计，陪吃陪玩陪睡，这应该是事实。顺便交代一下，在三国时代，寡妇其实是很吃香的（譬如曹操、刘备的老婆花名册里不乏寡妇），也是，这些熟女们深谙云雨之事，绝不像处子那般生涩。

可就在床上功夫娴熟的美色面前，赵云竟表现的如此淡定，这在男人中间，应该是极其少见的。为何优质偶像赵云迟迟不愿流连花下之裙呢？这其中也许是有难言之隐的。我们不烦做个大胆的假设，赵云在出道之前，可能曾有一位青梅竹马的情人，正是年少时情感的根深蒂固，以至于赵云在功成名就之后，依然念念不忘，因此耽误了人生大事。当然，要寻找赵云情感生活的蛛丝马迹并非易事，我们还得翻出《云别传》。

翻开《云别传》，我们终于发现了一个名字。这个名字的主人，叫做夏侯兰。相关记载是这样的，“(夏侯) 兰是云乡里人，少小相知”。**可以看出，这位夏侯兰应该是赵云的发小。可颇让人跌眼镜的是，这位有着“吹气如兰”般名字的人儿，在个人性别档案栏上的留笔，却是不折不扣的男性。既然“性别”不合，我们高喊“在一起”的念头，恐怕就此打消下去。**

不过，这个时候我们就得搬出一句老话。这句老话出自《战国策》，叫“女为悦己者容，士为知己者死”。讲这句话的人，名做姬豫让，是个男人。“女为悦己者容”，这个很好理解，是符合生物进化生理规律的，可“士为知己者死”，这种男性之间生死相许的情感，似乎就不太好懂了，尽管史料里倒也编排了诸如聂政、专诸等一帮脑残的肌肉男，为了主公个人私欲舍身赴死。抛开上述个别脑残行径，我们不禁发问，男性之间仅仅只是单纯行侠仗义，就非得寻死吗？不过，到今天的层面上，就很好理解了，这里面可能有“基情”。譬如姬豫让同志，和有着知遇之恩的知伯，关系就相当的暧昧。(“知伯宠之。”《战国策》)

其实，“搞基”这种风气，在女贞观念还不算太强的汉代，还是比较流行的。(汉代的上流社会，竟偏好这口) 到了汉末乱世，风气似乎并未消减，比如，草根皇叔刘备白手起家的时候，遇到心仪的名士，总会摊开大床先睡上一觉。当然，赵云自是也不能例外的。《云别传》就有记载：“先主就袁绍，云见于邺。先主与云同床眠卧。”

那么，成年之后的夏侯兰，是如何同赵云的人生又有了交集的呢？原来，乱世兵纷，原本“两小无猜”的两人就已失散，赵云辗转公孙瓒、刘备处，夏侯兰倒是专一，一直随着曹操征战。后来曹、刘两军在博望坡照面，身为夏侯惇副将的夏侯兰，毕竟武艺生疏，被张飞一个拍马，给生擒了。(“先是，与夏侯惇战于博望，生获夏侯兰。”《云别传》) 听说儿时玩伴被张飞逮住了，赵云自然心急如焚，赶忙跑到刘备处连说好话。刘备是

个明白人，自然来了个顺水推舟，倒也寻思着给夏侯兰安排了一个工作岗位。（“云白先主活之。”《云别传》）

于是就有了接下来的一段对话。刘备道，子龙啊，我看夏侯兰这个小伙子，面相倒也端正，你们既是老乡，要不以后就安排他跟着你办事吧。赵云脸陡然一红，道，“这恐怕不好吧，我们原就相知，况阿兰可是曹操那边招降的人，若在身旁，料必有人会讲闲话的。”赵云面色细微的变化，老道的刘备自然看出，心里暗笑道，子龙同志啊，你这也太保守啦，我们不也睡过吗，这没什么嘛。但话到嘴边，自然得严肃起来，于是刘备正色道，“恩，所言极是，我给军师讲一下，就安排到军务部门坐班吧。”（“荐兰明于法律，以为军正，云不用自近。”《云别传》）

基　友

基友，内涵型名词。狭义指存在非正常关系的男人，广义可延伸为好兄弟、哥们、死党、战友等。有无同床经历，是判断男人之间的友谊或情谊是否达到基友级别的重要标准，于是有“好基友，一被子”一说。历史上著名的好基友组合有李延年+汉武帝、董贤+汉哀帝等，当然，在广义上，还可包括刘关张等。

有意思的是，子龙将军这位“青梅竹马”的少时玩伴，到了大众刊物《三国演义》作者罗贯中笔下，成了跑龙套的炮灰角色。在“博望坡孔明初用兵，烧烤睁眼瞎夏侯惇”这一章节里（其实，正史里这把火是刘皇叔放的），就有这样一段描写：“夏侯兰、韩浩来救粮草，正遇张飞，战不数合，张飞一枪刺夏侯兰于马下。”循着书中味道，我们大致可以寻出，金牌写手罗贯中同志可谓用心良苦，为了包装赵云“优质偶像”的个人形象，炮制了一场杀戮，活生生让这位天生丽质的美男直接玉殒了。

貂蝉是个“大叔控”

现代社会“大叔控”这个名词是颇为流行的。“大叔控”大抵可以指代那些着迷于事业有成的成功老男人，甚至不惜以身相许的年轻萝莉美眉们。其实，“恋父情结”在人类史上其实是并不少见的（弗洛伊德就曾做过类似论证），如若翻开三国历史，我们也不禁欷歔不已：原来，美眉们的“大叔情结”，早在三国就曾已流行，比如，极品美眉貂蝉就是其中一位。

关于貂蝉的出场，正史虽少有笔墨，但《三国演义》是这般描述的：“年方二八，色伎俱佳。”二八年华，也就是十六岁，这个年纪，搁在当代大约初中刚毕业。色伎俱佳，说明貂蝉不仅样貌标致，还颇有良好的艺术素养，比如钢琴过了专业十级之类的。**通俗点讲，貂蝉就是一个颇有艺术范的小萝莉。这般年龄的小女生，大抵都在琼瑶阿姨的泡沫剧情里哭上一把，然后挤眉弄眼地“耶”一下，来两张卖萌自拍。即便有点“理想”，报名“快乐女生”海选，恐怕年龄也达标不了。可就是这样一位幼齿萝莉，却在轻描淡写之间接连“上”了两个男人，着实让人钦佩不已。**

关于貂蝉美眉的情感经历，我们自然心知肚明，她上的两个男人，一个叫董卓，五十多岁，一个叫吕布，三十来岁。和两位年长二三十岁的成功人士玩感情，如此看来，貂蝉无疑是个“大叔控”。可有趣的是，貂蝉这位“大叔控”，出彩的亮点倒不在傍上“大叔”，而在这个“控”。玩控两位身经百战的老江湖，貂蝉倒是信手拈来，一个回眸，两把眼泪，三番娇嗔，四臂环抱，直哄得大叔五谷不分，六神无主，七窍冒火，心中小鹿更有如八仙过海，翻腾至九霄云外，十分激动。

如此折腾，大叔俩自然神魂颠倒，甘心反目成仇，拳脚相向也就正常不过了。可是，行文此间，不禁有人反问，貂蝉身负家国存亡重任，献身虎狼之躯，和大叔谈恋爱总有勉强被动之嫌，并非你情我愿，何来感情之由？其实，中国古文诗词里，素有“商女不知亡国恨，隔江犹唱后庭花”一说，貂蝉无非一名歌伎，况且年纪尚又轻轻，胭脂水粉之中，怎能有如此高尚的觉悟？可见，后面恐怕是有高人提点的。

提点貂蝉的高人，名叫王允。王允的年纪，恐怕比董卓还要年长，他的身份更是让人玩味：官方认证上，注明是貂蝉的干爹。“干爹”这词，自古以来都是敏感词汇，仅凭这点，就颇为让人浮想了。“干爹”“干女儿”之间，都有道不清的暧昧，即便三国，恐怕也是如此。我们不妨做出一个大胆的推断，貂蝉天生的大叔情结，决不在萍水相逢的董、吕身上，而是她的干爹王允。《三国演义》有如下一番对话，大抵也能看出蹊跷的:“妾蒙大人恩养，训习歌舞，优礼相待，妾虽粉身碎骨，莫报万一。”(貂蝉语)

别看此语寥寥，信息量可是不小：

一、貂蝉自我人称定位是“妾”，而不是奴婢或是小女。“妾”的意思，古时大约就是小老婆，按现代话讲，也就是小三、小四……小N。可见，王允貂蝉二人素日虽以父女相称，内心早有鱼水之想。至少，貂蝉是这样寻思的。

二、“蒙大人恩养”。所谓“恩养”，算是古代文明礼貌用语，剖出本质，恐怕和如今的包养是近义词。如此看来，这对干父女相处时间决计不短，日久生情，这肯定是难免的。况且貂蝉自幼流离民间，见识太多世间男人丑态，对摸摸屁股搂搂腰吃个豆腐恐怕早已习惯，如今被事业有成的老男人“优礼相待”(王允官至司徒)，心生倾慕也是自然的。

三、“虽粉身碎骨，莫报万一”。世上原没有无缘无故的爱，倘若只是“干爹”这层关系，貂蝉就要身赴前途叵测的狼穴，恐怕是很难站住脚的。貂蝉既有粉身碎骨之念，可见已有刻骨铭心之情。这份情感，超脱了父爱的范畴，也是可以理解。

大叔控

大叔控，泛指处于青春期，疯狂迷恋成熟老男人的少女。当然，大叔控的风行，也为社会一些剩男们寻找到了自我价值的注脚：男人越老越吃香。但必须强调的是，少女心目中理想的大叔，年纪并不是衡量其是否达标的必要参数，同时，至少还需满足如下“三件套”：有房、有车、多金。值得一提的是，尽管“大叔控”大行于市，可“大娘控”却鲜有耳闻。由此看来，当代社会男女地位尚未达到真正意义上的平等。

接下来，王允是如何回应的，我们这里不妨也摘抄一二：“允到阁中，尽叱出妇妾。”何谓“允到阁中”，也就是说王允把貂蝉领入了内室。内室是什么地方，当然来是交流“私人感情”的。“尽叱出妇妾”，看得出来，王允的大小老婆恐怕不少。如此推断，这位老男人的性生活应该是没有任何问题，甚至可以说是很丰富。赶走了成群妻妾，阁楼里自然只有“父女”二人。在如此一个密闭的空间里，铺一张床，点一缕香薰，上一盏红灯，是很难不让人遐想的。

接下来，王允做了什么，《三国演义》是这样描述的：“纳貂蝉于坐，叩头便拜，泪如泉涌。”可以看出，王允吃定了貂蝉的一往情深，决然打出了苦情牌。男人的眼泪在深爱其中的女人面前，恐怕是最有杀伤力的武器。感动得一塌糊涂的貂蝉，马上做出了回应：“适间贱妾曾言，但有使令，万死不辞。”只是不知，已古稀之貌居然还得逞美男之计，此时这位跪拜地上的老男人，心中作何感想？当然，如此看来，男人在情感界的艺术生命，恐怕要比女人长太多。

当然，哭过之后，这对“干爹”“干女儿”之间的默契，自然更近了一层。只是，一位十六七的小萝莉，如何伺候两位深谙风月的老男人，这是个问题。当然，王允的面前，应有先例。此前数百年前，也曾有老男人范蠡，为报吴国侵越之辱，救济苍生百姓，献上美眉西施之时，早已有了鱼水之欢。有了成功的“前车之鉴”，如此想来，临时培训恐怕也是有的。当然，《三国演义》里隐晦不解，我们倒也不便拆穿。

有意思的是，后来王允兵败身亡，吕布逃亡下野，《三国演义》里却再没有了貂蝉的音讯了。即便吕布命殒白门楼，终也不见貂蝉满怀悲伤的身姿。缘何不安排泪点纷飞的生离死别？是罗贯中不解风情，还是另有隐情？莫非，早在当年干爹身死之日，貂蝉就已以身殉情。当然，个中是非，也只能留给后人猜想了。

曹丕断背安抚型男

曹丕这人，在历史上口碑不算太好。若要究其缘由，大抵有三：一是贪恋美色，甚至不惜负上乱伦之名，连父亲曹操生前妻妾一并兼收；二是对糟糠之妻甄姬百般羞辱，最后致其自缢身亡；三是丝毫不念及骨肉亲情，对曹植、曹彰等兄弟一味地穷追猛打。

不过，这位占尽了滥情、寡义的负心汉，一旦坐到了皇帝的宝座上，反倒压得住阵脚，耍了几个把式，将边关一些蠢蠢欲动妄图政变的苗头轻描淡写地盖住了。当然，此样情形，也让等着看热闹的诸葛亮、孙权好生失望。（诸葛亮《隆中对》曾云：天下有变，则霸业可成，汉室可兴矣）如此想来，老爹曹操的厚黑亲抚之道，曹丕倒也学得几分相似，譬如，在对待降将孟达一事，曹丕就做得非常漂亮，很好地秀了一把“才华”。

我们先来介绍一下孟达。孟达这人，在历史上同样是口碑不佳，当年关羽能有荆州之败，他是肯定脱不了干系。正是由于他的袖手旁观，刘备光复汉室的势头从此打住，因此，但凡有点正统情结的文人骚客，难免要对他抹黑一把，吐两口垂涎。当然，如若我们翻开相关资料，会发现孟达其实还是有点能耐的。《魏略》里对他是这样描述的：“将帅之才，卿相之器，进见闲雅，才辩过人，众莫不属目。”可以看出，孟达是个“上马能杀敌，下马能写诗，期间偶尔还能思考一下人生”的人物，至少，应该算个型男。

不过，就算“造型”摆得再好的型男，倘若坏了刘备的好事，也是同样没有活路的，于是孟达一不做二不休，倒戈向了曹丕。**此时的曹丕，正在迎接自己人生中的第一次高潮：压在自己头上近三十年的老爹“如愿”升天，平日从未正眼看过自己的老弟趴在地上屈膝告饶，做了一辈子傀儡的汉献帝正忙着起草诏书拉他“上位”**。孟达送来的降书，犹如锦上添花。朝上的曹丕放声大笑道:“爱卿们，看看看，这是刘备家送来的厚礼，看来我们曹家想不兴旺都难啊。”(“闻其来，甚悦。”《魏略》）兴致甚高的曹丕，接连派了几位使者来到上庸（孟达的驻地），诚邀孟达来京城走走。

面对曹丕的盛情，孟达犹豫了。将军离开自己的领地，就像鸟儿失去翅膀，孟达不会不懂，可既然已和刘备翻脸，倘若再得罪了曹丕，小小的上庸岂有容身之所？于是孟达眼睛一闭一睁，搭了马车就到了京城。下车伊始，孟达的疑虑顿时消解了，路边久候的曹丕正对自己笑脸相迎。“久仰将军大名，今日一见，果然气度非凡啊！”曹丕一边寒暄，一边上前拉住孟达的手，直往自己的车上领。如此礼遇，孟达倒也有点受宠若惊了，口中呢喃“怎敢怎敢”，步子已迈上车辕，不经意间，这位久经沙场的武士，竟然面色绯红。（“乘小辇，执达手。”《魏略》）

一旁的曹丕，早已瞧出孟达面色的异样，笑着打诨道;“将军双颊漂红，莫非是刘备派来的刺客吧?”孟达听此一说，香汗直出耳际渗出，忙答道：“哪敢哪敢。”如此一个辩驳，脸色却更加红润起来。见孟达惊魂模样，曹丕倒是看得开心，一把上前抚着他的背说道:“说笑说笑了，我就喜欢你那惊慌的样子。”(“抚其背戏之曰:‘卿得无为刘备刺客邪?’遂与同载。”《魏略》）孟达心思，如今的自己就如笼中之鸟，倘能寻此靠山，实也一大幸事。况且车内空间狭小，应是建立“友情”的绝佳场所，于是一个顺水推舟，就倒在了曹丕的怀里。曹丕见惯了妩媚女子，突见花样型男如此做派，心中不禁荡漾，驿站到住所的数里行程，一路尘扬，马蹄正欢，车帘之下的风景，却从此无从窥视。

经过“车震”一事，孟达终得欢心，恰曹丕又喜吟诗弄剑，一旁作陪，总也兴致相投。（“达为文帝所宠。”《魏略》）于是寻了一个良机，向曹丕诉道，离家多日，恐沧海已是桑田，望能回上庸驻守，以报圣恩。曹丕心忖，孟达既以行了“断背”之礼，忠心料必是真，况且男男之事，只能浅尝，行多了伤身，于是顺势答应了这门差事。

第 7 章

无法理解的悲催人生

花样美男惨遭白富美逼婚

有句俗语是这样说的:“男追女隔层山，女追男隔层纱。”这句老话很好地讲明了中国历代男女恋爱关系中的不平等地位。不过，时至今日，随着妇女思想的大解放，花样美男被倒追的现象也时有发生。但凡一些虚荣心强的男人，甚至以被花痴少女们青睐引以为豪。只是，在男权意识颇强的中国古代，倘若恋爱的主动权在女人手里，绝对不是件光荣的事。

我们把目光移至颇有代表性的三国时代，来看看那时的男人们是如何对付“威淫”的。首先，要登场的这位美男，名叫张范。张范同志，出生于东汉末年的官宦世家，祖父张歆曾为司徒，父亲张延也曾官拜太尉，家族在当地是很有名望的。尽管家世显赫，张范身上并没有“官二代”的飞扬跋扈，相反，他是个很安静的男人，喜欢一个人到广场上放放鸽子，倘若遇上三两衣衫褴褛之人，还会从腰包里掏些钞票，支持一下慈善公益。(“性恬静乐道，忽于荣利，救恤穷乏。”《三国志》)当时的太傅袁隗，看中了张范悲天悯人的情怀，决计把宝贝女儿许配给他。

袁隗这人的背景绝非简单，此人不仅官居高位，更出身于四世三公的名门贵族，还是后来叱咤一时的军阀头子袁绍、袁术两兄弟的叔叔（家族势力远非张范可比）。袁绍、袁术都是三国著名的大帅哥，可见一脉相承的袁隗家基因不会太差，待嫁的袁姑娘想必也是美女一枚。天上掉下来这样一位白富美，是否就此接住？遗憾的是，男人天生的自尊本能地告诉张范，这样不行。于是，竟然一口给回绝了。（“太傅袁隗欲以女妻范，范辞不受。”《三国志》）袁隗未曾料到，这位平时文文弱弱的小白脸内心深处竟有如此高傲的小宇宙，一时尴尬万端，不知从何说辞。刚才提到，袁隗家四世三公，自然也是有涵养，于是不便发作，干笑两声，就此作罢。

白富美

白富美，通常和高富帅成为性别互补，特指皮肤好、家境好、相貌好的“三好女生”。一般情况下，白富美是男人心中的女神，其他女人眼中的敌人。当然，在一些苦逼“屌丝”眼里，往往羡慕嫉妒恨地将白富美们刻薄地描述为“白痴、富态、臭美”的一群脑残女性。

无独有偶，当时和张范年纪相仿的傅公明，几乎同时也拒绝了另一位高官提出的婚约。被拒绝的高官，名叫唐衡。这位唐衡同志，在汉桓帝时，由于参与了剿杀当时跋扈将军梁冀的行动，被封功为汝阳侯（在汉代，外姓封侯并不多见的，譬如建汉功臣韩信也无非淮阴侯）。至于傅公明，在史书上并不过多记载，但能得到唐衡的垂爱，想必也是德才兼备的美男了。令唐衡始料不及的是，傅公明竟一口回绝了他的美意。尽管唐衡浸淫官场数十年，骄横也是惯了，但对于这位死活不肯就范的毛头小子，竟然毫无办法。

尽管张范、傅公明等人摆出一副“视死如归”的模样，坚决不收受被动的爱情，但也并非所有男人都是这般有骨气的，终是会有人忍辱求全，气节泄了一地。譬如，曹操的贴身男秘荀彧就是其中一位。荀彧同志，在整个三国时代应该是比较有名的，若厚颜说来，曹操能统一北方，荀彧应是居功至伟的。身负高人一筹的才情，自然是众多待字闺中女人的梦想男人，况且，荀彧还有一付“好皮囊”。《襄阳记》记载，“荀令君（荀彧）伟美有仪容，至人家，坐处三日香。”可以看出，好身材的荀彧热爱熏香，身上总带有沁人清香，算是一个颇有品味的文艺青年。

如此才貌双全的未婚处男，自然引起多方关注。在众多关注的目光中，就包括了先前提亲被傅公明拒绝的唐衡。有了先前的教训，唐衡长了记性，于是也不过问荀彧，直接喊来他的老爹荀绲。荀绲在当时政坛，也算小有名气的政治明星。当然，在官场上摸爬滚打久了，荀绲自然知道唐衡的脾气，之前被人放了鸽子，面子已是挂不住了，倘若再三拒绝，必然恼羞成怒，届时恐怕是难以脱身的，只好一口答应了这门亲事。

荀彧本就是枚“乖乖男”，见父亲做了主张，心中纵是百般不情愿，也只能咬牙含泪应承了下来。**如此一来，唐衡原先失却的面子找了回来，自然笑逐颜开，只是可怜了荀彧这位白金青年，总以为奇货可居，最后竟然阴差阳错，却被唐家二手剩女给“潜规则”了**。倒是世人同情荀彧的悲惨遭遇，竟也相约开了恩，淡淡地绕开这桩绯闻，绝口不提。（“（荀彧）少有才名，故得免于讥议。”《后汉书》）

苦逼丑男相亲舞台频遭灭灯

中国女人们向来花痴，这应该也是事实。譬如顶着中华第一美男头衔的潘安同志，曾驱车在闹市上漫行，沿途的女人们见了，纷纷抛以媚眼，甚至步履蹒跚的老妇人们，也不禁风骚一把，把新采摘的水果直往潘安的车里丢。恰巧潘安有个同乡叫左太冲的，瞧见这般礼遇，不禁心动，也寻思着效法蹭点水果改善一下生活，无奈天生长相不堪，自然是遭来一头口水。（“安仁至美，每行，老妪以果掷之满车。左太冲绝丑，亦复效岳游遨，于是群妪齐共乱唾之，委顿而返。”《世说新语》）

如此看来，中国的女人们鼻梁上一直有副“好色眼镜”的，路间偶遇花样美男，一秒钟变花痴自然是信手拈来的，若转身遭遇丑男，恐要立马放下脸色，拾起端庄模样。我们不妨穿过潘安的绯闻，放下左太冲的牢骚，把时钟调回离此不远的三国时代，假装邂逅一把穿梭在爱情线上的那些丑男们。当然，我们会倘然地发现，相比憋屈的左太冲同志，三国丑男的境遇恐怕大抵也是如此。

第一个苦逼登场的丑男，名叫王粲。我们还是先翻开王粲同志的家族履历表：曾祖父王龚，祖父王畅，皆曾位列三公，父亲王谦，也曾是权倾一时大将军何进的帐下红人。可以看出，王粲出身官宦世家，浸染书香，按现在流行语讲就是蛮有才华的“官二代”。尽管家境显赫才华横溢，可王粲的长相却着实不敢恭维，可称“容状短小”(《三国志》)。**当然，倘若轮转至今，这自然不是问题。即便生的狗模狗样，但凡拿着“官二代”这张烫金名片，寻个丰乳肥臀的，恐怕也并非难事。可在当时，王粲同志却实实在在地从头到脚被打击了一遍。**

事情的原委是这样的：自董卓乱京以来，北方自此战乱不断，王粲同志虽说家底颇丰，但也经不起此番折腾，于是一个合计，举家南迁，前往荆州投奔了刘表。当时格局的诸侯许多，为何王粲不远千里独独选择依附刘表呢？原因大抵有二：

一是，一贯提倡爱民养士的刘表是个不错的领导，其辖下的荆州自然成了文人雅士偏爱之所，王粲本也附庸风雅，当然是志趣相投的。

二是，刘表和王粲原为同乡，而王粲祖父王畅，还曾是刘表的授业恩师。有了此等关系，王粲自然觉得自己仕途在荆州应该是光明的。

果如王粲所料，刘表听闻这位名扬四海的望族才子居然千里相依，脸上自然倍有面子，于是逢人便说，待他日相见，定要纳为东床快婿。也许，承载了先前过多的期许，事情往往适得其反。接下来的会面，气氛是颇为难堪的。见到久仰的才子，刘表却高兴不起来了，心里直悔当初把话说得太满。一旁的老伴，一把扯过刘表的衣袖，一番耳语道，老头子，这厮五短身材，面相犹如车祸现场，恐怕和咱家闺女不甚般配吧。

刘表老两口一个合计，成亲的事自是绝口不提了。可王粲却就此郁闷了，本来听风攀了名门亲家，亲朋好友早早就已送来贺礼，未想在大庭广众却被放了鸽子。老乡见老乡，背后放一枪，失望的王粲自然牢骚满腹。不久，王粲的怨念传到了刘表耳朵里。刘表肚量本就不大，于是同分管人事的干部一声招呼，王粲此人体弱多病，难堪大任，一些关键的职务就不要安排了。(“表以粲貌寝而体弱通侻，不甚重也。”《三国志》)自此，王粲被打入“冷宫”，只是做些寻章摘句的小文章。

没有桃花运也就罢了，未想连同事业线也一块抹去，这对于丑男王粲来说，绝对是段悲催的往事。此等境遇，直到曹操兵戈荆州，王粲顺势投其门下，事业才有所转机。原来，曹操自己本是丑男，惺惺相惜也是自然，只是王粲，据当年那位意气勃发的风华青年，已蹉跎了十数载光阴。有趣的是，到嘴的女人飞走了，这在三国时代绝不止王粲一人，譬如丁仪同志，肯定也能凑上一脚的。当然，此人也是丑男。

关于丁仪的家世，我们先做简单的交代。丁仪同志的父亲，名叫丁冲，是曹操工作多年的同僚，关系一向不错。早年曹操在中央政治地位还未确定，丁冲就料到此人必是绩优股，于是朝中诸多决定，自然总是靠着站队。到了儿子丁仪，虽说少了父亲的圆滑，但才华似乎更胜一筹，年纪尚浅即在京城负有盛名。对于爱才如命的曹操，丁家的这位潜力股自然是要收入囊中的，于是萌生了主意，要将自己的宝贝女儿许配给他。收到风声的丁家少爷，自然早早地开始张罗起床上用品。未曾想，丁仪裤裆里的热烈激情，却让曹操的儿子曹丕给生生浇灭了。

王 粲

王粲，文艺青年，汉末人气组合“建安七子”成员之一，著名博主，其博文《七哀诗》《登楼赋》等，为各大门户网站所推荐，点击过百万。另，此君博文好记，心思缜密，为围棋九段选手，曾和东汉顶级导师蔡邕先生结为忘年之交。后因患有先天性疾病，未听从名医张仲景医嘱按时服药，终英年早逝。

事情是这样的：嫁女儿毕竟也是大事，某日闲暇，曹操召来曹丕喝茶，聊说此事。曹丕本就是个“相貌控”，于是一个应答，“丁仪这人啊，偶尔闭着眼睛装装深沉还是可以的，倘若睁开眼睛，恐怕就要露馅了。”曹操一听，顿感好奇，问道何解。曹丕品了口茶，接着说道，“父王您钦点的这位准女婿，天生瞎了一只眼睛，这个形象恐怕不是太好。况且，小妹宫中长大，自然刁蛮惯了，要她嫁给‘独眼龙’，此后的日子看是难称和谐。”曹操想想也有道理，女婿五官不堪终也是不体面的，于是这段姻缘线就此打住。

得知自己的终身大事就此“跌停”，丁仪自然对搅局的曹丕心生怨恨。读书人有个弊病，就是受不住气，恰当时魏国王太子之位空悬，曹丕曹植哥俩都有机会。丁仪自然高调地站队曹植，摇旗呐喊。（“仪以不得尚公主为恨，与临菑侯植亲善，加以赞助。”《魏略》）看来，丁仪的政治眼光比他老爹差得太远了。当搞文艺的投身政治斗争中，结局自然是死路一条。到了曹丕即位，搞了秋后算账，寻了个缘由，竟把丁家满门抄斩了。

型男马超竟是天煞孤星

一直有个说法，英雄注定是孤独的。可像马超这般孤独的英雄，恐怕不多。当然，倘若翻开演义，锦马超无疑是风光的。“银甲白袍，眼若流星”，无论搁置哪个朝代，都绝对是帅哥一枚。回归战场，这位被西凉兵士奉为至尊战神的男人，曾把三国第一奸雄曹操打得割须弃袍，狼狈惊叫“马儿不死，吾无葬地”，即便后来军事失误，投靠刘备，也能官拜五虎上将，身享荣华。

可是，当我们合上演义，搬出史料，抹去尘封的灰，却不禁感触一股落寞的悲情扑面而来。原来，马超虽是名将忠臣之后，可到了父亲马腾之时，汉室已经羸弱不堪。西凉这个地方，一向山高皇帝远，中央无力，自然就有了私心。很遗憾的是，有野心的不止马腾一人，韩遂也是。当然，接下来的火拼估计就难免了。《典略》是这样记载的，“腾攻遂，遂走，合众还攻腾，杀腾妻子。”两虎相争，互有胜负也是常事，可悲催的是，拼着拼着，马超的妈就给拼没了。女人是衣服，孩子他爸马腾倒不觉得心疼。可没妈的孩子，恐怕是难逃草的际遇，马超后来的人生命运，也许此时就已注定。

那时还是小屁孩的马超，少了母爱，自然凭空多了几分暴虐。恰西凉本就是崇武之地，找碴碰瓷打架自是家常便饭。经过一番“练级”，青春期的马超已经成长为一只“愤怒的小鸟”，在当地小有名气。身负绝技，找仇家雪恨看来是必须的。可遗憾的是，政治斗争就像小孩子过家家，时隔多年，马腾韩遂二人居然又成了同穿一条裤裆的亲密无间好战友，满怀深情地手拉手共同敲打中央政权。

当然，作为当时中央政权的代言人，曹操自然无法忽视后方这颗“定时炸弹”，奈何路途遥远，讨伐的可行性似乎也不太高，于是一番安抚也是必然的。**就在你来我往的调戏安抚，加点偶尔闹闹的小矛盾的年月里，曹操和马腾像极了暧昧中分居两地的小年轻，又疼又痒地打发着日子，也算是相安无事**。不知不觉间，马腾年岁渐长，问鼎天下的雄心也淡了下来，竟然真对曹操产生了好感，于是对方一个督促，心动看来难免的。

豪宅香车美人，配套省部级高官待遇，见“心上人”终于答应投怀送抱，曹操开出的筹码自然是光鲜的。不过，在此次家族集体户籍动迁的大名单里，马超却不在其中。原来，打小缺少母爱的马超，一直是缺乏安全感，对自己不靠谱的老爹也没有了太多眷恋。与其寄人篱下，不如守着自己的一分田。选择自主创业的马超，自然接管了马腾留下的军队。（“征为卫尉，腾自见年老，遂入宿卫。又拜超弟休奉车都尉，休弟铁骑都尉，徙其家属皆诣邺，惟超独留。”《三国志》）

出来单干的马超，想方设法把家族产业做大是肯定的。当然，对于曹操来说，这是绝对不容许的。与其等着马超把地盘搞大，不如自己先把问题搞大。终于，曹操逮着西征汉中张鲁势力的机会，非要到关中视察工作。关中一直是马超的地盘，倘若曹操效仿汉高祖刘邦，祭出当年绑架淮阴侯韩信的招数，自己不就是瓮中之鳖？马超书读得不多，但道理不是不懂。如此盘数一番，一向敏感的马超急了。人急得时候，什么事情都干得出来，于是马超找到了杀母仇人韩遂。

当然，马超敲开韩遂房门，不是来报仇的，而是来认干爹的。“关东人不可信，今我马超弃父，以将军为父。”《典略》记载着这番对话，终于把马超打入了万劫不复的深渊。很快，韩、马达成同盟，扯开大旗公然造反。马超的反应如此激烈，这是曹操没有想到的。既然事态已经搞大，收拾残局自然是应该的。当然，这需要时间。就当曹操的智囊团们，在办公室里喝着咖啡论证征战可行性的时候，马超的铁骑已经杀到凉州冀城城下。

坐镇冀城，同马超打上照面的守将，名叫韦康。韦康这人，可不简单。《三国志》是这样描述的，“雅度弘毅，伟世之器”，在凉州可是拥有着极高人气的政治明星。不过，打仗不是比人气，而是比实力。数月围城之后，韦康终于沉不住气了。人沉不住气，就容易做傻事。头脑发热的韦康，不顾部将杨阜等人的反对，执意打开城门要和马超讲和。和马超谈条件，无疑是与虎谋皮，韦康的屁股还未坐上谈判桌，人头却早已挂上了城楼。兵荒马乱的年代，杀人并不是问题，但杀了一个颇有人气的好人，问题就出来了。

不久，马超亲手推倒的骨牌，终于开始发酵。原来，眼见“偶像主将”无端身死，韦康旧部杨阜、姜叙等人自然是义愤填膺。可马超兵强马壮，如何反戈一击，这可是要有学问的。于是，几个铁杆老粉丝寻了个机会，围在一起下了一盘不大不小的棋。“复仇者联盟”的分工大致是这样的，杨阜假意投降，潜伏马超身边适机反制。姜叙伏兵离冀城不远处的历城，谋划起兵“造反”。（“杨阜、姜叙等，合谋击超。”《典略》）

人风光的时候，同样也容易犯错。一路所向披靡的马超，眼见小小历城守将姜叙，竟胆敢以卵击石，冷笑一声，吩咐家中爱妻赶早到集市买点酒菜，张罗一顿烛光晚餐，凯旋之时也好交杯共饮。如此交代一番，马超在鸡鸣之时，亲率大军，倾巢出动，直赴历城。杀鸡用牛刀，城破自然是不费吹灰之力的。趾高气扬的马超，瞧见押解在地的姜叙家中老小，甚是得意。未想姜叙老母挣脱左右，厉声骂道：“汝背父之逆子，杀君之桀贼，天地岂久容汝，而不早死，敢以面目视人乎！”（《典略》）大庭广众被一阵呛声，马超自然面红耳赤，难堪之余，一声令下，竟将其家中老小，一并斩杀。

就当马超端坐别人家中，杀人老娘刷经验的时候，却万万没有想到，冀城爱妻张罗的那顿最后晚餐，自己竟然没份。原来，就在马超兵赴历城之时，杨阜早已号召一干“韦康粉丝团”，悄然占领了冀城老巢。待马超醒悟之时，回马枪杀到冀城城下，却为时已晚。在这场互刷人肉经验的血战中，杨阜身被五创，宗族昆弟死者七人，而马超一族，更是“全家覆没”，妻儿数十颗人头已悬挂城楼之上。戏剧的是，数日之前，韦康的人头也曾在这里待过。天堂地狱，一瞬之间悄然改变，内心世界早已血肉模糊的马超，终觉天旋地转。

恰在此时，军中情报传来，朝廷援军夏侯渊铁骑已在不远处集结。捐躯赴妻难，还是逃生思卷土？一阵盘算，马超终下不了当年项王饮血自刎的决心，于是带着残部逃亡汉中，投靠了张鲁。张鲁这人，割据汉中多年，近来一直有风声，曹操准备将其名下资产收储为“国有用地”，本就头疼不已，见马超前来投靠，自然也是欣喜。于是，由张鲁同志亲自牵头，大张旗鼓地开了场酒会，热烈欢迎西凉神将马超“兵败归来”，一阵客套寒暄之后，马超就此住下。

天煞孤星

天煞孤星，指命犯煞神，给周围的人带来祸害，一生注定孤独的人。和世人普遍观点“孤独的人，是可耻的”不同的是，孤星的信条为：孤独是孤独者的通行证。历史上著名的天煞孤星还有：一生杀人百万的暴力男白起、杀妻求将的绝情男吴起等。

对着一表人才的马超，张鲁瞧着欢喜，动了纳婿的念头。可刚经历丧妻之痛的马超能否答应，张鲁心中没底，于是派了亲信，前去打探了口风。没想到，没心没肺的马超居然一口答应了。可是，马超答应了，张鲁却反悔了。原来，张鲁的秘书踩住了裤脚，挤眼道：“马超这人命犯孤星，连爹妈都能抛弃，更何况其他人呢?”(“欲妻之以女，或谏鲁曰：有人若此不爱其亲，焉能爱人？鲁乃止。”《典略》）张鲁想想也是，于是断了结亲的念头。

行文至此，友情“插播”一下马超老爹马腾老同志的晚年光景。原先在帝都插花逗鸟过着惬意生活的马腾，终在马超的马蹄声中，举家搬进了大牢。**之前眉来眼去的曹操，撕破脸皮，居然比翻书还快。牢骚不断的马腾，盘坐在牢中，终于悟出了人生的两个道理：**

一、儿子是靠不住的；

二、老相好也靠不住的。

可就当马老同志思考出结果的时候，一家老小的人头却已飘零在异乡的冷风中。（“超与韩遂举关中背曹操，腾坐夷三族。”《后汉书》）有了马腾的前车之鉴，张鲁背上一阵凉气，心道这便宜岳父自然是当不得。可是，当不成上门女婿的马超，开始心生怨念。聪明的人，不满往往藏在心里，鲁钝的人，不满常常挂在嘴边。可惜的是，马超绝对不是个聪明人。听闻马超背地里说自己闲话，张鲁自然不快，心中暗骂道，即便是个帅哥，寄人篱下还是得讲规矩嘛。主宾不睦，翻脸是迟早的，可遗憾的是，“客场”作战的马超，又一次成为失败者，仓皇逃窜之间，终于投入了刘备的怀抱。

马超拍拍屁股跑路走人了，可在冀城之役中，侥幸逃脱的小老婆董氏以及独苗儿子马秋，却再没有此前的好运。张鲁投诚“朝廷”之后，董氏自然落入曹操手中。曹操这人虽然好色，可对“天煞孤星”的老婆，究竟还是不太敢碰，于是又移交给了张鲁。如何处置马超留下的孤儿寡母，张鲁遇到了难题。琢磨着曹、马两族素有血海深仇，曹老板的意思无非借刀杀人，又想起马超恩将仇报之恨，于是一个心狠，手起刀落，竟把马超残留的希望给掐灭了。

少年没妈，青年丧父，中年亡偶。所有韩国家仇泡沫剧的狗血剧情，让马超一人给占全了。客居西川的马超，每每想起“那些年，一起丢掉的亲情”，胸中自然怨闷难解，郁郁寡欢，不久终于一病不起。临没之时，上疏道：“臣门宗二百余口，为孟德所诛略尽，惟有从弟岱，当为微宗血食之继，深讬陛下，余无复言。”（《三国志》）一代铁血硬汉，竟“阻戎负勇，以覆其族（陈寿语）”，晚景落个如此凄凉。可怜之人，必然有其可悲之处，看来此话不假。

人气才子竟因转发“微博”掉脑袋

三国时代才子纷出，杨修应该能算个中翘楚。《世说新语》记载了这样一个故事，魏武王曹操曾经过曹娥的碑下（曹娥是东汉著名的孝女），看见碑的背面写着“黄绢幼妇，外孙齑臼”八个字，心中纳闷，于是询问一旁的杨修是否会意。杨修抬头轻看，微微一笑，答道，知晓。

杨修轻描淡写的表态，顿时让曹操来了兴趣，于是大手一挥道，你先不必说，让我想想。就这般行了三十里路，曹操恍然大悟道，原来如此。他叫杨修把自己的理解另外写下来。杨修写道，黄绢，是有颜色的丝，色丝合成一个“绝”字；幼妇，是少女的意思，少女合成一个“妙”字；外孙，是女儿的儿子，女子合成一个“好”字；齑臼，是承受辛苦的事，受辛苦合成一个“辞”(辤）字。这就是“绝妙好辞”。曹操把自己的理解一对，果然和杨修的一样，于是感叹地说，“你的智商，恐怕甩了我有三十里路啊。”

闲庭信步之间，才俊轻解谜题。看来，在曹操眼里，三国第一才子头衔恐怕是杨修的。当然，杨修同志不仅身怀奇才，而且还有良好出身。当时的杨家，可是洛阳城内数一数二的豪门世家，祖上四代都曾官至太尉

（东汉时，太尉是相当于宰相的官衔）。按如今表述，杨修可是不折不扣的“官N代”，至于他的仕运，我们不妨照搬《三国志》的一段记载：“修年二十五，以名公子有才能，为太祖所器，是时，军国多事，修总知外内，事皆称意。”青年得志的杨修，自然成了大V（一种通过官方认证，粉丝过百万的微博主），他的粉丝团里，不乏孔融这样的资深文豪对他赞誉有加，甚至连曹家的诸公子们，也纷纷添加关注求交往。（“自魏太子已下，并争与交好。”《三国志》）

可就是这样一位风头一时无两的时代风云人物，最后恰也因赶了时髦玩微博，悲催地被要了脑袋。事情的缘由是这样的：当年，曹操同刘备决战汉中，未想连吃败仗。寻思着强加进兵吧，粮草似乎后继不上，况且前面横亘着不共戴天的仇人马超，正虎视眈眈距守边界只等玩命。倘若收兵还巢，输给老对手刘备，心中自然不甘，恐怕要为蜀兵耻笑一番，掉了一世英名。正在愁眉不展之时，庖官轻敲房门，端了碗鸡汤。这个节点，曹操哪有心思进补，于是踱步窗台，顺手推开半面窗，依着栏杆，仰望星空。

此时，适逢夜深人静，窗外月明星稀，偶有鸦雀天上飞过。这样的气候，总会让人伤怀，特别对于曹操这样饱含人文情怀的男人来说。当然，我们不妨移步现代场景，来窥看究竟发生了什么。夜不能寐的曹操，心中灵光一闪，索性来张自拍发微博，可是接连数张，照片中自己均已两鬓斑白甚是憔悴。戎马半生，终究英雄迟暮，曹操不禁感叹，人生有如白驹过隙。感慨之余，曹操瞟见碗中漂浮鸡肋，此时也是半凉，于是一个随手，上传微博。

夜凉如水，睡不着觉的绝不止曹操，夏侯惇也是其中一个。摆弄着短信的夏侯将军，忽见曹操微博更新，不见言辞，只有一张鸡肋图片，心中甚是不解。疑惑之间，自然想起杨修，于是也是一个随手，@杨修：“魏王何意？”杨修本就是个微博控，自然不曾熟睡，见此消息，又是一个随手，转发并评论道：“从今夜口令，魏王退兵之心已决。”

一根鸡肋竟有如此玄机？夏侯惇大惑，私信道："何解？"将士们问何以得知魏王要回师，杨修说："从今夜口令，便知魏王退兵之心已决。鸡肋者，食之无味，弃之可惜。今进不能胜，退恐人笑，在此无益，不如早归。魏王班师就在这几日，故早准备行装，以免临行慌乱。"及至天明，转发已过数万。

浅睡了一夜，早起的曹操，洗漱之间，瞧见铜镜里的黑眼圈，心中莫名感伤。推门轻出，却见军营将士纷纷打包行囊，似有还乡之意，心中大为不解。于是信手叫过一位军士，问道，何人口令？军士摊开微博，说道，魏王请看。曹操大惊，急忙联系客服，更言道，此条微博为假消息，再转者以传谣论处。

翌日，曹魏的官方报纸纷纷号召广大官兵群众不传谣、不信谣。**至于谣言的"始作俑者"杨修，自然也免不了秋后算账的命运，以散布谣言罪，生生给取了脑袋。当然，以古为鉴，我们不禁要给出如下友情提醒："微博有风险，转发需谨慎。"**

转发十万"微博"引处女保卫战

尽管三国时代谋者如云，但有一人不可不提，此人名叫贾诩。翻开贾诩的个人履历，我们不禁惊呼，这位先后委身逆贼董卓、李傕、张绣之人，最后居然在曹魏政权体制内位列三公，可见政治智商之高明。可也就是这位三国顶级智者，却为历代文人口诛笔伐。譬如为《三国志》作注的裴松之先生如是评价："诩之罪也，一何大哉！自古兆乱，未有如此之甚。"至此起，三国第一毒士的黑帽稳稳地扣于贾诩头上。

为何裴老学士等一干文人要给贾诩如此"差评"？其中必然是有原因的。那么，我们不妨拨云见日，来还原一下当时事件的原委。东汉末年，董卓跋扈朝廷，引来同僚的诸多不满，终在京城被设计捕杀。董卓残部李傕、郭汜等人见大势已去，遣使诣长安请求赦免。可迂腐的王允居然没有同意，李傕等人"投怀送抱"不成，心生恐惧，不知所为，准备各自散逃乡里。

事件至此，本已平息。就当李傕等人准备打包回乡避难之时，参军贾诩提了条鱼，来到帐前。夫妻本是同林鸟，更何况军中将士，大难临头，参军意欲何为，李傕心中甚是疑惑，于是揶揄道："先生真是雅致，如今大家性命难保，您还惦记着鱼汤啊?”贾诩微微一笑，答道:“自古以来，枪杆子出政权，将军如若放弃抵抗，就犹如这砧上鱼肉，任人宰割。”“依先生高见，应该如何是好?”李傕想想也是，反问道。“这事好办，我们不妨打着为董太师复仇的旗号，忽悠一些不明真相的群众，搞个清君侧运动。若事不成，再走不迟。”贾诩贴耳轻语。（“闻长安中议欲尽诛凉州人，而诸君弃众单行，即一亭长能束君矣。不如率众而西，所在收兵，以攻长安，为董公报仇，幸而事济，奉国家以征天下，若不济，走未后也。”《三国志》）

李傕一听，笑道，此计大妙，若无先生提点，岂不误了大势。于是，**李傕连夜在自己的个人微博上贴上一条消息:“惊闻王允欲洗荡西凉之人，求辟谣。”消息一出，短短数日，转发竟然过十万。西凉诸将心想，董相国无辜暴毙，王允定是划策之人，这老匹夫一向不留情面，与其待毙，不如先发制人。**于是纷纷率军昼夜兼程，奔袭长安，及至长安城下，已集结数万之众。京城守将吕布，本就是贪生怕死之徒，一见大事不妙，立马弃城而逃。

都说江山如此多娇，可此时的帝都长安却是多难的，才走了草包吕布，又来了暴徒李傕。军人出身的李司令，平时只懂和几个姨太太互动调情，大字都不识一个，面前庞大的国家机器，如何打理终究一筹莫展。更加要命的是，李傕喜欢大搞运动乱扣帽子，但凡有些文化的官员，只要不听话，全以蛊惑朝廷为由被打入死牢。同样持有兵符的郭汜、樊稠，见李傕大有一手遮天之势，终于开始不买账唱反调，于是，中央朝廷出现了李傕、郭汜、樊稠“三权分立”的离奇现象，至于幼齿少年汉献帝，早已被三人晾到一旁凉快。

久违了安宁的京城，游走在李傕、郭汜、樊稠三人怒目相向的刀尖上，大有山雨欲来风满楼之势。为了对抗政敌，李傕做了一个大胆的决定，请外援出场。所谓的外援，就是关外大漠的胡羌蛮兵。胡羌之辈，属于茹毛饮血的游牧民族，向来不讲规矩，入关伊始，一路只知烧杀抢掠，即便京城之地，也是腥风血雨，朝野顷刻之间大乱不堪。

眼睁睁地瞧着胡羌蛮兵在帝都兴风作浪，引狼入室的李傕同志处境甚是难堪。更不堪的是，李傕当初为支付昂贵的外援出场费，竟开出空头支票，承诺事成之后，宫中大小女人一并交由处置。对如此荒唐的承诺，汉献帝自然勃然大怒，可胡羌之徒从来不讲道理，夜夜来宫门起哄索要女人。皇宫重地，本就禁止喧哗，倘若不慎言语交恶，胡人提刀进殿，那可如何是好。正当汉献帝愁眉不展之际，恰逢贾诩进宫汇报工作。见此尴尬情景，贾诩同志略思片刻，言道:“陛下勿扰，下官自有办法。”

原来，贾诩因自己当年只言片语，竟使中原遭此浩劫，心中本就不安，一直寻思机会赎罪。每每想到偌偌大汉王朝竟连自己的女人也保护不了，贾诩自是分外痛心。

贾　诩

贾诩，腹黑学博士，跳槽达人，据传智商测试高达 180，IQ 比肩孔明、郭嘉。曾先后在董卓、李傕、张绣、曹操旗下公司任职，参与策划的著名案例有：长安大屠杀、官渡大乱战等。因其计策毒辣，故时人冠之毒士头衔，后于曹丕一世进入公司董事会。但其腹黑处世作风，为江东 CEO 孙权所不齿，入选江东储备干部进阶培训的反面教材。

于是，一个月黑风高的夜晚，贾诩怀揣小皇帝的御诏，只身来到胡羌军营。胡羌首领见宫中来人，自然高兴，老远就嚷嚷道，老子的女人呢？贾诩也不客套，开门见山道:“诸位休急，女人本是身外之物，何必耿耿于怀。至于那帮宫中女子，本就娇生惯养好吃懒散之辈，倘若远徙大漠，成日哭哭滴滴，还不坏了好汉心情，如此成事不足，反倒多张嘴吃饭，这赔本买卖，不做也罢。何况，壮士们远道而来，所为何事？无非荣华富贵。圣上英明，早已备上酒筵千张，只等诸位光临，届时宫中珍宝，尽可把玩。倘要官爵的，什么骠骑将军、车骑将军，只管开口，圣恩浩大，一纸即可任命。”

胡羌之徒本是粗人，一桌好酒好肉招待，远比玉体横陈有趣，何况过把官瘾，也不失一场雅致，于是立马拍手赞同。（“帝患之，使诩为之方计。诩乃密呼羌、胡大帅饮食之，许以封爵重宝，于是皆引去。”《献帝春秋》）如是，李傕的一张空头支票，引来了豺狼虎豹。贾诩又开了一张空头支票，竟使强虏烟硝散尽。看来，无论在哪个年代，脑门上的含金量，是可以决定事业线深度的。（李傕下场身首异处，贾诩最终官列三公）

杯具的胖子们

人生就像一场旅行。有意思的是，无论人生的列车中转何处：幼稚园、小学、中学、大学，还是公司单位，似乎我们的身边总能寻到一位有爱的胖子。漫步三国，寻觅一番住在那个时代的胖子们，我们发现，虽然他们有一如既往的喜感，只不过在乱世的兵戈铁马下，似乎染上了悲催的色彩。

首先出场的这位胖子，名叫司马朗，是晋宣王司马懿的兄长。有趣的是，司马懿在诸多文艺作品中的艺术形象，大多是个瘦子，可他的这位哥哥，却是个天生胖子。《三国志》记载倒也直接："腰带十围。"腰这个部位，臭美的女孩子们应该是比较敏感的，这个月是胖了还是瘦了，拿把卷尺腰际一量就知晓了。当然，古书上也常用以作为计度古人腰围长度的基准单位，倘若引用东汉郑玄在《仪礼》注里的说法，以九寸为一围。如此估算，若某位美眉的"水桶腰"到此地步，花容失色恐怕是难免了。尽管算法有些夸张，但无论如何计量，司马朗是个胖子，这是毫无疑问的。

因为胖的干系，司马朗同志的少年时代，常惹些乌龙想必也是应该了。《三国志》是这样记载的："年十二，试经为童子郎，监试者以其身体壮大，疑朗匿年。"也就是说，小胖子十二岁那年，参加了当时国家组织的低龄干部贮备统一考试。当然，这和现在的体育比赛里，一般分为少年组、青年组、成人组一样，对年纪是有严格要求的。

面对考官的质疑，司马朗自然委屈，尖声反驳道："胖子怎么呢？人家长得就是酱紫嘛。成年人不许酱紫欺负人家小孩子嘛。我可是个有志气的胖子，我是不会哭的，我偏要笑偏要笑偏要笑……"（"朗虽稚弱，无仰高之风，损年以求早成，非志所为也"）考官瞧着这个小胖子言语稚气，憋红了脸的模样也算几分可爱，于是摆出慈祥模样，和蔼一笑，笔试资格总算有惊无险地拿到了。

肥　胖

肥胖，女性的头号天敌。若问女人：肥肉长在哪里你最不担心？恐怕会得到一直的回答：别人身上。因此，现在女性普遍达成一个共识：愿把自己10公斤的肉，换作自己10厘米的高度。另爆料，即便在以胖为美的唐朝，杨贵妃也曾因腰身上的肥肉为唐明皇所取笑。

相比司马朗考场上落下的乌龙，接下来登场的这位胖子，恐怕要郁闷的多。这位胖子的名字，叫做曹真。曹真的身份，是曹操的干儿子，有了这张招牌，自然在魏国是被讨好的角色。可就是这样一位人物，因为胖的缘故，却惹下了一鼻子的难堪，当然，我们先翻开《三国志》，把事情的缘由捋一番。

原来，魏文帝曹丕有个幸臣，名叫吴质，十分得宠（当时曹操已经"升天"）。某日，吴质外地调研回朝，曹丕命曹真等人给他接风洗尘，到吴质家搞联欢会，产生费用由公家报销。这个吴质，仗着曹丕宠幸，行事颇为荒唐，曾在朝中得罪不少人。晚会上，此君为了活跃气氛，喊上几个江湖艺人，表演了一出"二人转"，竟揶揄起席上客曹真、朱铄的身体特征（曹真极胖、朱铄高瘦）。被人当众戳痛短处，曹真当即表示了不满，吴质却也毫不相让，两人随即展开骂战，一场好端端的联欢会最终不欢而散。（"质召优，使说肥瘦，真负贵，耻见戏。"《三国志》）

长得胖，不仅会招来奚落，有的时候，甚至会引来血光。接下来的这位倒霉蛋，来头可是不小，因为他的身份认证，可是曹操的亲生老爹曹嵩。众所周知，曹嵩是太监曹腾的养子，太监这个职务，在东汉后期可是相当吃香的，至于家产自然也算丰盈。太监裤裆底下好乘凉，衣食无忧的曹嵩，心宽体胖自然也是应该。成年之后，拿着“父辈”留下的家底一张罗，妻妾成群自然不是难事。

本来，左拥右抱的曹嵩，快活日子过得也胜似神仙。可惜，汉末的世道终究乱了，要打仗了。揭竿的队伍里，他的儿子曹操就是其中一支。打仗自然要得罪人，曹操得罪的人里头，有个叫陶谦的。陶谦这人，可不是演义里宣传的那样谦谦君子，倒是很有脾气的，他曾和曹操抢地盘，碰了一鼻子的灰，自然寻思着找个撒气的主。于是，家门口的曹嵩自然进了名单。打不过别人，就找人爹出气，这在秦汉时代，是相当让人不齿的做法（当年项羽绑了刘邦的老爹，因碍于舆论压力竟也奈何不得）。不过，陶谦绝对做得出来。当然，曹操也想到了。

《世说新语》的记述倒是绘声绘色的：“嵩在泰山华县。太祖令泰山太守应劭送家诣兖州，劭兵未至，陶谦密遣数千骑掩捕。”看得出来，曹操的反应，比起陶谦的节操，还是慢下半拍。更悲催的是，曹嵩听闻门外马蹄声一片，竟以为是曹操派来的搬家公司，居然喊出家丁，洞开大门笑脸相迎。（“嵩家以为劭迎，不设备”）**接下来，自然是疯狂地大逃杀，曹操的内弟曹德眼见形势不对，拉上一干家丁组成肉盾，高喊爹地快跑。大难当头的曹嵩，不知为何道德情操忽然爆棚，竟不独自夜奔，倒也满怀深情喊上一干妈咪，寻思着从后门暗道悄然爬出。**

可接下来，却是见证“杯具”的时刻了。原来，有了曹嵩平时的照应，妻妾们居然个个肥头大耳，可这暗道，定做的标准倒是按于寻常身材。不用说，胖子自然卡住了。（“嵩惧，穿后垣，先出其妾，妾肥，不时得出”）逃生的路口堵住了，瓮中之鳖的一干人等，终于在一阵血雨腥风之后，零乱地横在了残亘破瓦之间。（“与妾俱被害，阖门皆死”）

虽说受了胖的牵连，但曹嵩的死，姿势虽然难看，倒也还算是安稳。接下来登场的这位胖子，可谓是死不安身。这个胖子，名叫董卓。董卓的生前，大家早已熟识，我们就不费笔墨。可是这位暴徒的死后境遇，却是堪称离奇。《英雄记》是这样记载的:“暴卓尸于市。卓素肥，膏流浸地，草为之丹。守尸吏瞑以为大炷，置卓脐中以为灯。”也就是说，董卓死后，被暴尸东市，守尸吏闲来无聊，见董卓脂膏甚多，试着把捻子插入肚脐眼中，未想真点起了天灯。满朝文武见此奇观，也顾不上官大爷身份了，竟和围观的士兵草民们，手拉手围成一圈，自发地开展了一场“官民一家亲”篝火舞会。

“贴吧”吐槽有风险

人是有思想的动物。可脑袋里的思想多了，总有一些消化不了的，得寻个法子排出来。泄私愤，得先挖个坑，往里头一倒，按现代话讲，就叫吐槽。话说得偏激了，总有一些“热心肠”的网管，温情脉脉地给个删帖，就当没事发生过。可吐槽这档子事，倘若搁在三国，可不一定好玩。

三国时代自然是没有3G网络，可却有“贴吧”。其实，这是汉末以来就有的一个传统。原来，桓、灵帝二世，贪官当道，政坛腐败，于是士大夫阶层出现了一种品评人物的风气，时人称为“清议”，按现代话讲，就是比较斯文的吐槽。吐槽多了，竟也成就了江湖地位，善于品评人物之人，被视为“天下名士”，也就是现在的“吧主”。他们每个月总有那么几天，拿上几个政治明星，贴在吧里进行讨论。上榜的人物，自然得小心翼翼，“网友”们总会八卦地挖出陈年旧事，通通晒上一遍。一些手脚不太干净的，譬如吃东西不给钱的、摸了隔壁二大娘屁股的，经此曝光，弄巧成拙，人气恐怕就会直线下滑。平时懂得装呆卖萌玩个小清新、扶个老婆婆过马路，人气大抵就会飙涨的。

有趣的是，汉末的上层领导们，也爱逛“贴吧”。于是，“贴吧”里的人

气，自然和官员的仕途直接挂钩了。如此一来，当时把握舆论导向的“吧主”们，经过这番顺势推舟，都成了人物。在这些人物里，最有名的应该要算许邵。许邵在历史上的名气，恐怕和曹操是脱不了干系的。可在当时，情况却是相反。或者说，曹操倒沾了许邵的光。原来，曹操还是籍籍无名的政坛菜鸟的时候，听闻了许邵的大名，于是隔三岔五地前去登门请教问题。曹操那张虔诚的外表下，藏着一颗装模作样的小心脏，老道的许邵还能看不出来？可为寻个耳根清净，终于还是答应了这位小后生的要求，不仅给写了帖子，还建了一个“百科”，词条内容是这样的：“治世之能臣，乱世之奸雄。”有意思的是，这个词条，未想一直红到了现代。

令人玩味的是，汉末风光无限的“吧主”们，轮转至三国乱战时代，日子过得却开始捉襟见肘了，譬如蜀汉治下官员廖立。这个廖立，应该是有点才华的。但凡有些才华的，自视当然甚高。《三国志》是这样记载的：“自谓才名宜为诸葛亮之贰。”也就是说，廖立认为自己的智商含金量，应该和诸葛亮一个水平（诸葛亮要是脑白金，那自己至少也是脑黄金），可政治座次，却落在了李严后面（李严和诸葛亮同为刘备的托孤重臣）。处处被人压一头，官场上混得不太如意的廖立，自然寻思着到贴吧里发帖吐槽。（“而更游散在李严等下，常怀怏怏”）

于是，廖立建了一个“蜀汉贴吧”。“贴吧”建好了，自然得添人气，于是每周末寻个时点，廖立总会准时发帖，一吐心中涛涛千言。我们在廖立同志的众多“神贴”中任意截取一二，来瞧瞧此君的吐槽之路。

如，《草包当家，屁民买单——致我的那些脑残同僚们》：向朗、文恭，凡俗之人耳。恭作治中无纲纪；朗昔奉马良兄弟，谓为圣人，今作长史，素能合道。中郎郭演长，从人者耳，不足与经大事，而作侍中。今弱世也，欲任此三人，为不然也。王连流俗，苟作掊克，使百姓疲弊，以致今日。”（《三国志》，下同）

又如，《关二哥，把你拉下神坛又何妨》：“羽怙恃勇名，作军无法，直以意突耳，故前后数丧师众也……”

再如，《贴牌的皇叔，你妈喊你回家吃饭》:“先主不取汉中，走与吴人争南三郡，卒以三郡与吴人，徒劳役吏士，无益而还。既亡汉中，使夏侯渊、张郃深入于巴，几丧一州。后至汉中使关侯身死无孑遗，上庸覆败，徒失一方……”

吐　槽

吐槽，网络用语，往往指带有个人情绪的抱怨、发泄甚至谩骂。三国时代吐槽（曹）第一人应为陈琳。其神作《讨曹檄文》直指曹家三代，更使曹操头风病愈。

看得出来，廖立文笔犀利字字珠玑，不仅指名道姓地吐槽阶级兄弟，还实名发帖毫不留情地麻辣点评了前任领导人（此时已是刘禅治下）。只是，这位自诩智商比肩孔明的同志，写写杂文开个专栏，恐怕还行，可真要在政坛摸爬，火候还是相去甚远。至于廖立的下场，《三国志》也是有交代。诸葛亮接到“网民”们的举报，立马给出了“坐自贵大，臧否群士，诽谤先帝，疵毁众臣，羊之乱群，犹能为害”的处理意见，连同原帖一并由秘书处转至后主。后主阿斗虽然智商不高，可这赤裸裸辱骂老爹的大白话还是读得出来，于是给了如下批示:“廖立狂惑，朕不忍刑，亟徙不毛之地。”悲催了的廖立同志，还在被窝里盘算着有多少回帖量和点击率的时候，就被破门而入的蜀汉“特警”们给拷走了。

行文至此，有人不禁发问，倘若一时兴起，在贴吧匿名灌水，恐怕是安然无事吧。其实，这也未必。《魏书》就记载了这样一个故事，讲的是曹操治下的魏郡有个愤怒青年，闲暇无事，荷尔蒙自然憋着难受，于是常到“贴吧论坛”里吐槽时政。这隔三岔五的吐槽，终于把曹操给惹毛了。曹操很生气，后果很严重，可当时的“贴吧”似乎也没有要求实名制一说，如何逮到灌水者，这自然成了一个头疼的问题。（“时有投书诽谤者，太祖疾之，欲必知其主”）

这本是个乱枪打鸟的问题，却让曹操顺藤摸瓜给理出了头绪。原来，灌水这哥们，偏要卖弄一番风采，在帖子里多处引用了《二京赋》。这《二京赋》，可是东汉时期科学、文学跨界大明星张衡同志的辞赋代表作（就是发明了地动仪，让现代地震局同志们顶礼膜拜的那位），其文章结构的严谨精密，被时人奉为汉赋中的精品。既然是精品，能够读懂的人自然不会太多。于是，曹操喊来了当时魏郡书记国渊，悄然铺开了一场“互联网”文明语言专项整治行动。

曹操的具体操作手法大致是这样的，先喊来几个青年公务员，注册几个颇为文艺的ID，比如“风干的秋刀鱼”、“麦克白的寂寞通心粉”什么的（名字一定要长），成天在贴吧里发些“装内涵”的文章。文章临了，总会加上这么一句：“所学未及，二京赋，博物之书也，世人忽略，少有其师，可求能读者从受之。”（《魏书》）当下文艺青年们，竟相约膜拜《二京赋》，非要寻个导师，这让那位蒙着“网络面纱”的灌水者内心有了小冲动。

其实，**倘若只是竖一个中指，吐两句“尼玛”，然后低调地一笑而过，恐怕倒也隐匿，可这个哥们，偏偏非要装一把文艺青年的人生导师**。于是，这位愤青，洋洋自得地在贴吧上发表了这样一篇文章，标题大抵是这样的：“文艺青年们，哥用《二京赋》给你们涨姿势。”当然，他的行踪，在一片叫好声中暴露了。锁定了目标，曹操接下来要做的，就是不动声色地搜集证据（这自然没有难度）。不久，那位高傲的文艺导师，终于被“人赃并获”，被关进了大牢。（“收摄案问，具得情理”）

英雄遗言“七宗最”

中国汉语言文化可谓博大精深，譬如“出生入死”(语出《老子》)，就堪称精辟。短短的四个字，极富哲学性地阐述了人生道意，每个人的一生，无非生死而已。无论是贩夫走卒，还是盖世豪杰，都抵不过百年岁月的摧噬，终会化成灰灰尘土。在这里，我们不妨八卦一番，来瞧瞧三国时代那些人气英雄们将死时都说了些什么。

最温情：曹操

遗言:“吾婢妾与伎人皆勤苦，使著铜雀台，善待之。余香可分与诸夫人，不命祭。诸舍中无所为，可学作履组卖（做鞋卖钱）也。”

曹操同志好色，这是路人皆知的秘密，可未想到，人之将死，依然对裙下风光念念不忘。可就在一代奸雄絮絮叨叨的遗言里（确切点讲应该叫遗嘱，出自《遗令》)，我们却读出了一种温暖的人文情怀。原来，女人在曹操的心里，绝非只是床上工具的，还有爱。当然，厚道的曹操不仅着手安排自己归天后一干妻妾们的住房问题（住铜雀台别墅套房)，还对一些职业技能相对较低的女侍也铺好了下岗再就业之路，思虑如此周全，可谓用心良苦。看来，一个女人一旦上了曹操的床，就等于为自己的人生买了一份靠谱的保险。

最矫情：刘备

遗言:“若嗣子可辅，则辅之；如其不才，君可自为成都之主。”

相对曹操的温情，刘备临终托孤就显得有些矫情了。当然，刘备本来就是一个矫情的人，更何况当时事态危急，前有东吴大军压境，后有北魏虎视眈眈，眼瞧着自己辛苦了大半辈子打下的一点基业，行将付之东流，兴许，此时把老实巴交的儿子托付给权臣诸葛亮，不失权宜之策。只是，如果当时诸葛亮不识时务，当真顺势拉过皇叔的手，接下来会发生什么？我们只能笑笑说：皇叔的话，认真你就输了。

最坑爹：董卓

遗言:“吾儿奉先何在?”

什么叫找死？董卓倒是演绎的精彩。就当这位曾经叱咤风云的奸雄被埋伏路旁的一干刀斧手围殴的时候，首先想到的不是拔马逃走，而是在原地高呼找儿子。正是这一张望，错过了逃生的最佳时机。殊不知，董卓好容易盼来的宝贝干儿子，照面的第一句话却是:“爹地莫怕，孩儿刀法好，一刀下去，不疼。”当然，董卓的遭遇，恰也暗合了中国人数千年以来就一直秉承的“优良”传统：坑爹。

最霸气：太史慈

遗言:“大丈夫生于乱世，当带三尺剑立不世之功。今所志未遂，奈何死乎!”

在三国诸多名将里，太史慈也许不是最出名的一位，可他的这句遗言，却是最荡气回肠的。行在乱世，生死由命，但求以七尺血肉之躯，建万世功勋，此言一出，谁与争锋。也许，我们只能哀叹上天的不允，让这位富有大无畏革命精神的全能战士过早地入土为安。可感叹之余，我们不禁试想，要是当年白门楼上吕布也有这番觉悟，可能在曹操刀下讨下一口活路?

最悲催：袁术

遗言:“袁术至于此乎!”

三国时代本是乱世，乱世里草民们的世界应该是这样的：为了争取狭小的安居保障房，或者能拿到可怜的一点低保，卑躬屈膝地活着，必要时甚至还得写封遗书以死抗争。但在富二代的眼里，三国的世界也许是这样的：喝喝名茶，玩玩跑车，顺便寻些女子轮流发生性关系。当然，袁术同志无疑是个富二代，可到了后来犯了事（玩大了，竟惦记着坐个土皇帝，惹了曹操不高兴），落魄跑路时，一路上还得摆出阔少爷的谱，非要VIP待遇，后因无法吃到蜜汁甜品，竟一时胸闷，大咤“袁术至于此乎”，呕血斗余而死。

最“二逼”：魏延

遗言:“谁敢杀我?”

即便蜀汉后期的军官配置让人诟病，以致有了“蜀中无大将，廖化当先锋”的说法，可魏延着实忘了，三国是个创造奇迹的时代（摆地摊的可以当皇帝，种地瓜的也能做丞相）。因此，魏延只能为自己的二逼语录买单了。当然，我们也完全有理由替魏延不值，因为他只是生错了年代，倘若轮回今日，行了坏事之后振臂高呼“谁敢杀我？我爸是李刚”，恐怕倒也可能毫发无伤。

最前卫：周瑜

遗言:“既生瑜，何生亮?”

关于周瑜和诸葛亮的是非恩怨，尽管演义费尽笔墨，可到了史料里，却未见零星记载。是史官们忌讳莫深？或者本就是子虚乌有？我们无从猜想。既是无从猜想，不妨搁在一旁，倒也可以专下心来，研玩一下这句八卦遗言。可这一深究，却读出了鲜为人知的内涵：原来，**周郎真不愧是周郎，早在两千年前，就已经着手规划国家的计划生育政策，这“既生瑜，何生亮”的潜台词不就正是:“只生一个好。”**

四大杯具软蛋哥

三国是个崇武的年代，撇下善战的武夫，即便是手无缚鸡之力的文人，似乎基因里也带着铮铮傲骨。当然，风气大抵如此，可也总有例外。我们不妨罗列四位三国时代最富有代表性的软蛋，来看看他们“疲软”的人生履历。

秦宜禄：被曹操戴绿帽子的软蛋

秦宜禄这人，在三国也许并不算出名。不过，一旦和曹操有了纠葛之后，关注度似乎就来了。当然，关于此君的介绍，我们还得搬来一段情色往事。秦宜禄原是吕布的部下，及至曹操下邳围城，城破之后，他的妻子因为姿色绝伦，于是就有了《三国志》里的这段记载：“及城陷，曹操见之，乃自纳之。”当然，夺人爱妻毕竟不太光彩，因此，对于这位新欢床上的前任，曹操没有太多刁难，倒也在军中安排了不错的差事。

老婆被新任领导潜规则了，秦宜禄同志却像什么事也没有发生过，每到闲暇时光，总会到广场上喂喂鸽子。终于，张飞看不下去了（当然刘备正跟着曹操混饭吃）。《魏氏春秋》是这样记载的：“（张飞）过谓宜禄曰，人取汝妻，而为之长，乃蚩蚩若是邪！随我去乎？”也就是说，张飞痛斥了秦宜禄一顿，喝道，人家曹操都给你戴了绿帽子，你居然还好意思赖在此地，厚着脸皮求包养。

被张飞喝上一通，秦宜禄急了。不过，他不是跟曹操急，而是和张飞急。终于，一个一言不合，张飞抡起丈八长矛，正色道：“你这不长进的东西，留你何用？”遂一矛刺于马下。（“飞杀之。”《魏氏春秋》）这位软蛋未穿上情敌曹操小鞋，反倒被路见不平一声吼的张飞给结果了性命，落得如此人生结局，真可谓让人啼笑皆非。

曹爽：贴上“富二代”标签的草包软蛋

如果人生能够NG的话，我们有理由相信魏明帝曹睿绝不会将托孤重任交代给曹爽这样一个草包。其实，对于智商这个问题，不能完全怪曹爽。他的生父曹真，本就是曹操的养子，虽然继承了荣华富贵，可曹氏家族引以为傲的优良基因，自然无法秉承。当然，关于曹爽最终的人生定位，我们还得从高平陵事件说起。

当年，曹爽陪同小皇帝曹芳前往高平陵拜祭魏明帝，一路倒也风光无限。可未料，蛰伏京都已久的司马懿，择时在城中悍然发动政变，入永宁宫向素来同曹爽不睦的郭太后上奏，称曹爽一族败乱国典擅权营私，应给以革职查办。尽管司马懿持兵京都，但当时的政治形势并不明朗，倘若曹爽带着皇帝移兵许昌，以天子之名号召全国兵马反击，鹿死谁手尚有悬念。

老辣的司马懿预判了形势，决定派说客蒋济星夜到曹爽驻军处做思想工作。一照面，蒋济道：“阿爽哥，你妈妈喊你回家吃饭。”曹爽惊愕道：“我还有家可回吗？”蒋济安抚道：“爽哥莫哭，太傅吩咐了，此次回去，只是免官，以往待遇，分毫不减。如若不信，洛水为誓。”（“唯免官而已，以洛水为誓。”《三国志》）

其实，**誓言这玩意，是最不可信的，谈过恋爱的人，大抵都知道，可**

曹爽年轻时应该没有好好谈过恋爱，反正，他是信了。于是，他拉着蒋济的手，破涕为笑道:“看来我这富二代，还得继续做下去啦。”(“爽既罢兵，曰：我不失作富家翁。”《魏氏春秋》）当然，等待着曹爽的，自是诛灭三族。

韩馥：被草包袁绍吓破胆的软蛋高官

韩馥此人，原是东汉的御史中丞。御史中丞这个职位，大概相当于现代的最高检察院副院长。后来董卓把政，韩馥被外调到冀州做了州牧。其实，汉朝当时的政治环境已经非常糟糕，把持一方的一把手是很有权力的，远比在中央做个京官看人眼色来得舒坦。况且冀州“民人殷盛，兵粮优足”(《三国志》)，人均GDP超过汉朝当时的平均水平，应该算是发达地区。就当董卓暴施虐行，各路诸侯起兵讨伐之时，韩馥就是其中一位。也就是说，韩馥同志可称三国时代最早创业的合伙人之一。

当然，既然是合伙，自然也有散伙的时候。当年合伙的盟主袁绍同志，看中韩馥手中的冀州股权，竟要加以收购。起初，韩馥还扭捏作态地抵抗了一番。（“袁绍之在渤海，馥恐其兴兵，遣数部从事守之。”《三国志》）可这一抵抗，袁绍怒了，于是下了一份最后通牒。

袁绍这人，后人给他的定位大抵是“漂亮的草包”。可遗憾的是，韩馥未见其草包的本质，却见识了漂亮的行头。于是，惊恐的韩馥选了一个月黑风高的夜晚，弃城而逃。其实，对于割据一方的军阀头子来说，枪杆子就是生命线，选择“单飞”，绝不是一个好的出路。

那么，韩馥跑到哪里了？他的老朋友张邈处。好好的一把手不当，非要厚着脸皮寄人篱下讨生活，韩馥同志这软蛋当的，也够憋屈。不过，事情还没完。原来，袁绍恰巧和张邈也有业务上的往来，派了手下前来洽谈“生意”上的事。一旁在座的韩馥，竟然以为自己的老朋友要出卖自己，回到家中竟患上了忧郁症，终于，又寻了一个月黑风高的夜，悬梁自尽了。

（“后绍遣使诣邈，耳语议事，馥时在坐，以为其图谋害己，遂自杀。”《三国志》）

刘禅：三国时代最具奉献精神的软蛋

民间一句“扶不起的阿斗”，似乎让这位蜀汉王朝的末代皇帝怂着的头颅，一搁就是两千年。缘何刘禅扶不起了，其实倒也众人皆知的。当年，司马昭两路伐蜀，钟会姜维方在缠斗，邓艾喊上一批死士，抱着棉被滚下山坡，竟径直杀向了成都城前。大敌当前，阿斗这位背负着光复汉室的精神领袖，理应固城坚守，歃血为誓，方不失英雄之举。可事实却恰恰相反，这位后主，“舆榇自缚，诣军垒门”(《三国志》)，以一个极其难堪的POSE到邓艾的军中请罪去了。

如此“大跌眼镜”的软蛋举止，自然要遭到后人唾弃的。亡国之君的名头本就不太好听，可连血性的作秀也给免了，后世的历代文人们自然要联名来口诛笔伐一番。不过，倘若站在今日的思维高度重新审视阿斗所为，除却其疲软的姿态导致家族政权倾覆之外，至少也让当时城中百姓们确实躲过了一场杀戮。也许，我们倒可以从另一个侧面给阿斗同志来个素描：这是一位有着悲天悯人情怀兼大无畏精神，为了国家统一事业不惜牺牲个人荣誉和家族资产的和平爱好者。

离奇的十大酷刑

自古以来，国人似乎对用刑之法一直颇有讲究。掌权者们，或为了报复政敌，或为了惩戒刁民，总会想方设法炮制一些前卫的反人体学意识形态的折磨人的手段，于是就有了凌迟、炮烙、虿盆、烹煮、车裂等酷刑，直让人不寒而栗。当然，如若把目光锁定三国时代，大抵也能整理出十大酷刑，只是，比起诸如五马分尸等不忍直视的传统酷刑，它们大多似乎要"调皮"一些。

酷刑一：和董卓作对

常年浸淫在羌胡文化圈里的董卓，绝对可以堪称一部真人版的酷刑百科全书。关于董卓在人体解剖学上的造诣，恐怕三国仅有，自古少有。譬如，此君曾把诱降俘虏的几百名北方反叛者，集体押解至城市广场中央，大庭广众之下上演人体肢解直播：令士兵剪掉舌头，然后斩断手脚、挖掉眼睛，最后生生活埋。又如，董卓曾把俘虏来的数百名起义士兵，用布条缠绑全身，头朝下倒立，然后浇上油膏，点火活活烧死。其施刑手法，可谓残忍至极。如此想来，当年袁绍胆敢在朝殿之上，同董卓举刀相向，还能毫发无损地全身而退，可是幸运至极。

酷刑二：看曹操睡觉

如果说，和董卓做对手不是一件好主意的话，那么，同曹操套近乎也绝非一件好差事，特别是对于照顾曹操起居的低级侍从而言，值夜班在精神上绝对是种煎熬。原来，曹操这人有个坏习惯，就是梦游。单纯梦游也就算了，还好梦中杀人。因此，但逢曹操寝于帐中，下人们一般能做的，就是偷偷地在远处观望，务必不可近身。倘若遇见领导睡熟转身打翻马桶或者踢掉被子，也不可急于拍马屁上前套近乎。曾有一近侍，就因太过敬业，见领导没有睡好，竟良心不安，欲上前收拾，却被梦中曹操跃剑拔杀。

酷刑三：请刘备吃饭

中国人讲究吃，请客吃饭自然本是愉悦的事情，可吃饭吃出了命案，这就不太好玩。遗憾的是，猎户刘安的妻子，就无端摊上了这件烂事。原来，刘备某日迷失深山，慌不择路，借住刘安处一宿。刘安听闻刘备皇叔身份，心里自想巴结，可无奈家中余粮无几，于是和掌勺的老婆起了争执。请客怎能失了面子，刘安一时兴起，索性举起大棒，往其后脑就是一个闷棍，眼瞧发妻应声倒下，尚有呼吸，刘安却是不动声色，拿起菜刀，摆出屠杀动物的姿态，将其大卸八块，放入油锅。于是，一顿颇具“汉尼拔式”的人肉盛宴就此铺开。

酷刑四：陪孙权喝酒

中国人食桌上的文化，除却了吃，恐怕就是喝了。有这样一句场面话，叫做“感情深，一口闷”。可俗话也说，“小酒怡情，大酒伤身”，常年奋战在酒场的朋友应该都深有体会，毫无节度地喝酒对身心绝对是种折磨。可是，东吴的领导人孙权，恰恰就是一位信奉“一口闷”的主，其酒场信条就是:“喝吐不要紧，吐了继续喝。”因此，陪孙权喝酒绝对是件苦差事，如果不喝到胃出血，都不好意思下酒桌的。有个叫虞翻的哥们，因酒量不济，寻个借口溜下桌，却被孙权认定为不给面子，差点给推上了断头台。

酷刑五：被关羽索命

关羽此人，在不同的朝代，评价似乎大不相同。有的时候，他可以是一个圣人；有的时候，他还可以是个财神；可有的时候，他却被贬成一介武夫（譬如在当今这个意识流亢奋的年代）。可是，在他的身上，确实又笼罩着太多的神奇色彩。譬如，参与谋害关羽的直接策划人吕蒙，不日竟患上了精神分裂症，惶恐终日癫狂暴毙。至于北面的曹操，更相传得了关羽首级之后，一个打量，却见盒中头颅怒目圆睁，竟吓得头风病患，终日只觉天崩地裂，随后卧床不到一年，就拖着形如毁木的躯骸到天府报到了。

酷刑六：遇张飞酒疯

和浑身散发着传奇色彩的二哥关羽相比，老三张飞绝对是个粗人。粗人爱喝酒，这本是天经地义，可喝酒后发酒疯的，张飞却是入了“门道”。因此，作为张飞的部下，但凡遇见领导喝酒，估计都得绕道行走。若恰巧行了背运，撞上了枪口，被五花大绑地钉在木架之上，一顿猛抽毒打自然是逃不了的。只是，干多了坏事，迟早是要还的，后来军中的“剪刀手”范疆、赵达半夜犯险行刺，也正是不堪忍受此厮折腾。

酷刑七：逼孔明放火

诸葛亮是个文化人，可在三国乱世，如若仅仅懂得讲文明懂礼貌，那么你就输了。因此，诸葛亮也有自己的法宝，就是放火。自博望坡出道第一把火开始，再到火烧赤壁，及至云南爆烤兀突骨藤甲兵，诸葛亮用火的道法可谓犀利残忍。可是，人受困火海却无处逃生，痛楚、窒息、绝望、癫狂、幻乱、撕心，身受的诸多折磨恐怕无法言表。也正是为此，晚年诸葛亮每每回想往事，总夙夜忧叹，直呼生平“作孽”太多，必折阳寿。

酷刑八：和香香同床

萝莉配大叔，在物欲横流的今日，似乎成了主流配置。当然，此番配置有个前提，即大叔必须是事业有成的钻石男。可遗憾的是，当时刘备还只是一名领了暂住证，租于孙权名下房产（借荆州）的老房奴。由于地位的不对等，两人的婚姻生活绝非演义里描述的那般美好。强势的女汉子香香每次行房，总会要求随行百余女婢执刀侍立，但凡刘备入内，内心必是忐忑不安，生怕床上一时疏忽，惹了夫人没了兴致，遭来无端横祸。后来诸葛亮以旁观者姿态每每回忆了此事，描述得更是不留情面：“近则惧孙夫人生变于肘腋之下，当斯之时，进退狼跋。”房事竟堪比受刑，看来，刘备这男人当的也够窝囊。

当代十大酷刑

据“路边社”权威发布，网民票选出的当代十大酷刑有：1.减肥；2.早起；3.断网；4.剧透；5.想念一个人；6.喝毒牛奶；7.和处女座相处；8.工资不够花；9.说话说一半；10.上班挤公交。

酷刑九：同周瑜演戏

若要三国评选最佳男演员，周瑜至少是个候选。譬如“群英会蒋干中计”这出，周瑜就凭借着娴熟的演技，以及基情四射地同床共枕，把远道而来的老朋友骗得团团转。当然，要和周瑜演对手戏，并不是一件轻松的事，譬如东吴老将黄盖，为了配合周瑜的“戏瘾”，不得不在迟暮之年，脱下衣裳，爬上刑架，任由都督鞭挞。当然，对于周瑜这样敬业的演技派，为求演出效果逼真，自然要鞭鞭见血，只打得老黄盖皮开肉绽。

酷刑十：替孙皓打杂

历史总是充满了巧合。三国时代的开篇，和杀人狂董卓是脱不了干系的，那么，三国时代行将结束之时，似乎也有必要请个杀人狂收尾了。于是，孙皓应景地出现了。**作为孙家王朝的第四代领导者，孙皓杀人恐怕纯粹是为了“学术研究”。为了向偶像董卓同志致敬，此君悉数研究前辈的各宗杀人手法，譬如剥人皮、锯人腿、挖人眼、烤人肉，并有效地做好各项笔记**。当然，为了检验自己在杀人界的学术水平，孙皓还会时不时拿自己的手下做活体实验，并将各项指标记录在案。通过孜孜不倦地摸索探究，其专业技能终于直逼董卓。